# 卢 评 贪 渎

## ——透视国内职务犯罪现象

卢拥军 著

**南开大学法学院博士生导师 万国华教授 审订点评**

南开大学出版社

天 津

**图书在版编目(CIP)数据**

卢评贪渎:透视国内职务犯罪现象 / 卢拥军著. 一天津:
南开大学出版社,2011.12

ISBN 978-7-310-03837-4

Ⅰ.①卢…　Ⅱ.①卢…　Ⅲ.①职务犯罪－研究－中国
Ⅳ.①D924.304

中国版本图书馆 CIP 数据核字(2012)第 004030 号

### 南开大学出版社出版发行

**出版人:孙克强**

地址:天津市南开区卫津路 94 号　　邮政编码:300071

营销部电话:(022)23508339　23500755

营销部传真:(022)23508542　　邮购部电话:(022)23502200

\*

天津市蓟县宏图印务有限公司印刷

全国各地新华书店经销

\*

2011 年 12 月第 1 版　　2011 年 12 月第 1 次印刷

787×960 毫米　16 开本　17.5 印张　1 插页　319 千字

定价:33.00 元

如遇图书印装质量问题,请与本社营销部联系调换,电话:(022)23507125

# 序 言

从古至今，无论是封建君主时代，还是现代社会，世界各国都十分重视"为政清廉"。"为政清廉"是以德治权或以德治吏的核心。它对官员的基本要求是：不以权谋私，不搞权钱交易，不贪污、不受贿、不行贿，实质是以德管官。然而无数事实证明，仅仅以德治官是远远不够的，要想真正做到"为政清廉"，必须以法治官。

目前，我国正处于社会主义初级阶段，人们日益增长的物质文化需要同落后的社会生产力之间的矛盾仍是社会的主要矛盾。也就是说，社会所能提供的财富，通过正当劳动所能获得的物质报酬，还远远不能满足人们的物质欲望。还存在着职务犯罪滋生和蔓延的土壤和条件。有些人为了获取更多的物质财富，就采用不正当的手段，行贿受贿，导致职务犯罪。

贪污、贿赂、渎职等职务犯罪是腐败现象的极端表现，且其行为主体较为特殊，是国家工作人员，因此，较之一般犯罪也就具有更大的社会危害性：职务犯罪严重破坏了社会主义民主政治。国家工作人员如果在职务活动中歪曲了人民的意志，违背了职务活动的宗旨，甚至把人民赋予的权力当作牟取私利的工具，滥用职权或失职渎职，就会对社会主义民主政治造成严重破坏，践踏社会主义法制。职务犯罪往往会造成国有资产严重损失和流失，破坏公平竞争的经济秩序，引发市场失控或混乱，最终会破坏社会主义市场经济建设。同时也会极大地败坏党风和社会风气，污染社会环境，扰乱社会主义精神文明建设。

巨资流失、高楼坍塌、食品掺假……多少官员因为利欲熏心，不择手段拼命敛财，最终将党性、道德、法纪抛之脑后，使自己走上了不归路。作为从业二十余年的法制记者，我看在眼里，痛在心里。道义呼唤良知，责任书写正义。

本书深刻剖析了新中国建国以来职务犯罪的特点、产生原因、发展规律及预防对策，并筛选典型职务犯罪案例，以期其如警钟长鸣，时刻警示着国家工作人员，防范职务犯罪的发生。

抵不住诱惑，抗不住私欲，禁不住贪婪，手握重权就危险；忍不住清苦，耐不住寂寞，守不住名节，身居高位终白费。一个政党的前途和命运，归根结底取决于人心向背。惩贪治渎，还民以公，取信于民，百姓方能安居乐业，国家才能长治久安！

为了使本书更具专业性与权威性，我特别邀请了南开大学法学院博士生导师万国华教授为我们"说"法，初旭、刘晓逾、成彦峰、王玲、郑丹萌等协助点评。万教授在百忙之中给予的真诚支持与帮助让我备感荣幸与感激。相信他的精彩点评定会带给读者更多的思考与启示。

在本书出版之际，我要特别感谢南开大学商学院副院长、博士生导师薛有志教授及南开大学出版社编审胡晓清老师给予的真诚指导与帮助；感谢纪检监察和政法系统各级领导及同志们，他们都曾给予了我许多支持与鼓励。书中的不足之处，还望各界朋友给予批评指正。

卢拥军<br>2012 年 1 月 16 日

# 目　录

# 第一章 历览前贤国与家 成由勤俭败由奢

## ——反腐必要性

### 反腐倡廉显新意

"反腐倡廉建设"是党的十七大对党风廉政建设和反腐败斗争的新概括。过去通常的提法是"党风廉政建设"、"反腐败斗争"、"反腐倡廉工作"。"反腐倡廉建设"的提法，更符合反腐败斗争的长期性、复杂性、艰巨性的特点和经常化、制度化、法制化的路子；更适应中国特色社会主义总体布局，有利于更好地把反腐倡廉融入经济建设、政治建设、文化建设、社会建设和党的建设之中，拓展防治腐败工作的领域；有利于更好地整合反腐倡廉力量，把坚决惩治腐败和有效预防腐败有机结合起来，统一起来，做到两手抓，两手都要硬。

### 一、反腐倡廉的意义

在我国，改革开放和建设社会主义市场经济体制，既为真正的共产党人开拓进取，为国家、为人民建功立业提供了大显身手的舞台，同时也给某些蜕化变质者提供了更多腐化堕落的机会。历史经验告诉我们：任何阶级、阶层、政党、社会、集团，只要真正为老百姓办好事、办实事，就能吸引民众、获得支持、壮大自身；就能形成较强的吸引力、感召力、影响力和凝聚力。就执政党而言，就会巩固自己的执政地位，扩大自己的执政范围；相反，如果"执政为己"、"掌权图利"，就会降低社会成员对执政党、政府机关的满意度，失去民心、丢掉政权。

中共中央总书记胡锦涛在庆祝中国共产党成立90周年大会上指出，坚决惩治和有效预防腐败，关系人心向背和党的生死存亡，是党必须始终抓好的重大政治任务。如果腐败得不到有效惩治，党就会丧失人民信任和支持。全党必须警钟长鸣，充分认识反腐败斗争的长期性、复杂性、艰巨性，把反腐倡廉建设摆在更加突出的位置，以更加坚决的态度，更加有力的举措推进惩治和预防腐败体系建设，坚定不移地把反腐败斗争进行到底。

**（一）反腐败斗争具有紧迫性**

反腐败斗争关系到党的生死存亡，关系到我国社会主义的前途和改革开放事业的成败。中国共产党是中国工人阶级的先锋队和全国各族人民利益的忠实代表。我们党以全心全意为人民服务为宗旨，保持清正廉洁，得到了人民群众的拥护和支持，从而我们党和国家事业兴旺发达。但是，我们必须清醒地看到，在改革开放和市场经济的条件下，某些党政机关工作人员中出现了官僚主义、贪污受贿、任人唯亲、贪赃枉法、腐化堕落、道德败坏等丑恶现象。如果任其蔓延，就会使党变质、国变色，人民民主专政国家亦将毁于一旦。因此，要保证党不变质、国不变色，改革开放顺利进行，就必须加强法制建设，惩治腐败。

**（二）反腐败斗争具有长期性**

邓小平同志指出："惩治腐败斗争，不能搞一天两天，整个改革开放过程中都要反对腐败。"产生腐败的原因不可能在短期内完全消除，这就决定了反腐败斗争的长期性。从思想上看，封建主义的残余思想和资产阶级的腐朽思想还会对我们一些党员和干部产生腐蚀作用。从制度上看，在社会主义初级阶段，由于监督机制不健全，权力制约机制不健全，共产党的执政地位有可能被某些腐败分子用于谋取个人的私利。因此，要通过长期的制度建设和思想教育才能最终消灭腐败行为。

**（三）反腐败斗争具有艰巨性**

我国现阶段的反腐败斗争，是在严峻复杂的国际环境下，在国内经济体制深刻变革、社会结构深刻变动、利益格局深刻调整、思想观念深刻变化和各种社会矛盾凸显的历史条件下进行的。当前党内廉政建设和反腐败斗争呈现出成效明显和问题突出并存，防治力度加大和腐败现象易发多发并存，群众对反腐败期望值不断上升和腐败现象短期内难以根治并存的态势。

惩治腐败符合广大人民群众利益，但腐败是一个历史性的顽症，反腐败斗争必然要遇到腐败势力的抵制和反抗。同时，反腐败斗争涉及社会经济、政治、思想、文化、法律诸多方面，具体处理起来较为复杂，因此，开展有效的反腐败斗争必然会遇到许多困难和阻力。

## 二、新时期反腐倡廉的新特点

中共中央总书记胡锦涛在庆祝中国共产党成立 90 周年大会上指出，各级领导干部都要牢记，我们手中的权力是人民赋予的，只能用来为人民谋利益。行使权力就必须为人民服务、对人民负责并自觉接受人民监督，决不能把权力变成牟取个人或少数人私利的工具。

### （一）现阶段腐败现象的新特点

在现阶段，随着反腐败斗争的不断深入，腐败本身也在不断发生演化，呈现出一些新的特点：

有些腐败分子已经基本完成"原始积累"。腐败分子的"原始积累"主要通过以下六个途径来完成：大批量、多层次的土地批租；利用权力大量违规放贷；违规减免税收；股市"圈钱"；走私放私以及利用国家重点工程建设转包"分肥"等。

有的地方出现了"送子女、配偶出国，亲属海外定居，把腐败赃款转移出境，自己外逃"的腐败新动向。2003年8月27日，全国人大常委会正式批准了《联合国打击跨国有组织犯罪公约》，这将有助于我们加大对外逃腐败分子的打击力度。

一些腐败分子的手段更狡猾、更隐蔽。主要表现为以下三种形式：一是权力的"期权化"。不少腐败分子在以权谋私行为中，"现货"交易少了，"期货"交易多了，不再是当即攫取利益，而是等多年以后，甚至退休以后，再连本带利收取好处。二是权力的"假借"和"转让"。纵容、默许自己的子女、配偶等用自己的名义捞取好处，这种移花接木、李代桃僵的手法很有代表性。三是赃款"漂白"，资本增值。腐败分子通过不法手段攫取了"第一桶金"后，千方百计利用这"第一桶金"为资本，在权力的"关照"下，使之不断增值，把不法收入逐步变成合法收入。同时，不少腐败分子的反侦查意识提高，常常把自己打扮成"廉洁"干部形象，用以迷惑民众及监察机关；而一旦被查处，则负隅顽抗，百般抵赖。

### （二）现阶段反腐倡廉思路的变化

党中央的反腐思路在十六大以后发生了三大变化：

从十二大到十六大以前，中央的提法都是要"反对腐败"，而十六大报告明确指出，要"反对和防止腐败"。加上"防止"一词，是一个重大的战略性变化，即把反腐重点转到了"打"与"防"并重。这一转变对我国的反腐败斗争具有深远的意义。

十六大以前，我们把反腐败界定为一场"严重的政治斗争"，而十六大报告则指出，"坚决反对和防止腐败，是全党一项重大的政治任务"。

十六大以前，我们在谈党的建设时通常是指"三大建设"，即思想建设、作风建设和组织建设。十六大以后，我们把"制度建设"和"反腐倡廉"加了进去，成为"五大建设"。由此，反对和防止腐败必须立足于"制度反腐"。

此外，2012年1月10日，中国共产党第十七届中央纪委第七次全体会议在京闭幕。全会上，中共中央总书记胡锦涛发表了重要讲话，其中最引人瞩目的一点是强调要"保持党的纯洁性"。专家指出，无论是胡总书记的重要讲话，还是全会的公报，都传递出了反腐倡廉的新信号。

思想纯洁：筑牢反腐精神防线

"要大力保持党员、干部思想纯洁，加强思想建设，教育引导广大党员、干部坚定理想信念、坚守共产党人精神家园，认真学习和实践中国特色社会主义理论体系，坚持不懈加强党性修养和党性锻炼，牢固树立正确的世界观、权力观、事业观。"胡锦涛总书记在全会讲话中强调。

当前，党员干部的主流是好的，但一些党员干部也存在着理想信念不坚定的问题，对中国特色社会主义缺乏信心，在大是大非问题上认识模糊、态度摇摆。

全会上，中央对此再次作出部署：

——加强反腐倡廉教育，紧紧抓住社会主义核心价值体系这个兴国之魂，认真开展理想信念教育、党性党风党纪教育和从政道德教育，大力加强政治品质和道德品德教育；

——把廉政文化建设纳入社会主义文化建设总体布局，广泛开展廉政文化创建活动；

——加强反腐倡廉宣传工作，认真梳理和总结党的十七大以来反腐倡廉建设取得的理论成果和实践经验，营造良好舆论环境。

队伍纯洁：清除党内害群之马

胡锦涛总书记在讲话中强调，要大力保持党员、干部队伍纯洁，把好党员入口关，加强思想上入党教育，选好干部配好班子，加强日常教育管理，建立健全党员党性定期分析制度。

我们党历来重视队伍建设，特别是一以贯之地反对腐败，确保党员干部队伍的纯洁。专家指出，当前少数党员干部为政不廉，利用职权谋取非法利益，违纪违法问题比较严重。有的党组织对党员干部监督不够，选拔任用干部把关不严。面对这种情况，必须实施严格的监督、执行严明的纪律，才能防止党员干部腐化变质。

针对领导干部的监督问题，全会强调：认真执行党内监督条例，深化和拓展巡视工作，强化纪检监察派驻机构对驻在部门及所属系统的监督，深入开展执法监察、廉政监察、效能监察，推行政府绩效管理……

针对严格组织人事工作纪律问题，全会强调：加强对地方各级领导班子换届、拟提拔干部的廉政考察，加强对干部选拔任用全过程的监督，营造风清气正的换届环境。

作风纯洁：切实维护群众利益

"要大力保持党员、干部作风纯洁，教育引导党员、干部坚持群众路线，把实现好、维护好、发展好最广大人民根本利益作为检验纯洁性的试金石，坚持奋发向上、百折不挠的精神，弘扬勤俭节约、艰苦奋斗的作风。"胡锦涛总书记强调指出。

全会公报特别强调要"加强党的作风建设",提出了一系列要求:

——切实加强领导机关和领导干部作风建设,针对换届后领导班子和干部队伍新情况,通过加强教育、完善制度、强化监督,促使各级领导干部加强党性修养,弘扬良好作风,保持清正廉洁,努力树立新班子的新面貌新形象;

——加大作风整顿力度,坚决纠正少数党员干部脱离群众、作风霸道、特权观念严重等不良倾向……

本次全会就维护群众利益问题从三个层面作出了部署:进一步加大专项治理力度,切实解决反腐倡廉建设中人民群众反映强烈的突出问题;深入治理党员领导干部在廉洁自律方面存在的突出问题;着力解决发生在群众身边的腐败问题,坚决防治侵害群众合法权益问题。

*清正廉洁:有效防治消极腐败*

胡锦涛总书记在全会上强调,要大力保持党员、干部清正廉洁,严格执行廉洁自律各项规定,坚决查办腐败案件,加大从源头上防治腐败工作力度,加强警示教育。

改革开放特别是党的十六大以来,我国始终坚持治标和治本两手抓、惩治和预防两手硬,反腐倡廉建设取得显著成效。同时,一些地方、部门和领域腐败现象仍易发多发,一些群众反映强烈的问题屡禁不止,反腐败斗争形势依然不容乐观。

对此,全会公报强调,要紧紧围绕党的十八大胜利召开,既扎实抓好党风廉政建设和反腐败斗争各项长期性、基础性工作,又切实解决反腐倡廉建设中人民群众反映强烈的突出问题,全面推进党风廉政建设和反腐败工作。

**(三)新时期反腐倡廉新措施**

1. 实行银行账号实名制

2007 年 6 月 29 日,中国人民银行会同公安部建成联网核查系统。银行机构在办理银行账号业务时,可以通过该系统核查相关个人的公民身份信息,从而方便、快捷地验证客户出示的居民身份证的真实性。7月 26 日,中国人民银行时任副行长苏宁在新闻发布会上说,联网核查系统的建成运行,标志着中国在银行账号实名制特别是个人账号实名制方面取得突破性进展。作为一项基础金融制度,联网核查公民身份证信息、落实银行账号实名制意义十分重大,有利于从源头上遏制贪污受贿、洗钱等违法犯罪活动。

2. 国家预防腐败局成立

2007 年 9 月 13 日,国家预防腐败局挂牌成立。中央纪委副书记、监察部部长马馼兼任国家预防腐败局首任局长。从此,在中国的反腐败格局中出现了一个国家级预防腐败的专门机构。

国家预防腐败局的主要职责有三项：一是负责全国预防腐败工作的组织协调、综合规划、政策制定、检查指导。二是协调指导企业、事业单位、社会团体、中介机构和其他社会组织的防治腐败工作。这是国家预防腐败局一项有特色的职能。三是负责预防腐败的国际合作和国际援助。马驭在国家预防腐败局成立新闻发布会上说，国家预防腐败局今后将以加强对权力运行监督制约为重点，采取有效措施防止权力滥用。

成立国家预防腐败局，是党中央、国务院科学判断形势，为深入推进预防腐败工作采取的一项重大举措；是坚持反腐倡廉战略方针，构建惩治和预防腐败体系的需要；是有效开展预防腐败工作的需要；是履行《联合国反腐败公约》的需要；是我国反腐倡廉建设向纵深发展的必然要求。

3. 《政府信息公开条例》发布

2007年1月17日，国务院第165次常务会议通过了《政府信息公开条例》。4月5日，温家宝总理签署国务院令，公布《政府信息公开条例》。该《条例》于2008年5月1日起施行。《条例》共5章88条，对政府信息公开的范围和主体、方式和程序、监督和保障等内容作出了具体规定。《条例》确立了政府信息的主动公开和依申请公开制度、政府信息公开发布制度、政府信息公开监督和保障制度。

制定《政府信息公开条例》旨在保障公民、法人和其他组织依法获取政府信息，提高政府工作的透明度，促进依法行政，充分发挥政府信息对人民群众生产、生活和经济社会活动的服务作用，是建立行为规范、运转协调、公正透明、廉洁高效的行政管理体制的重要举措。

《政府信息公开条例》的出台是对政务公开制度的完善，填补了我国在政府信息公开法律法规方面的空白，为推进反腐倡廉建设提供了重要法规支持。

4. 《行政机关公务员处分条例》实施

2007年4月4日，温家宝总理主持召开国务院第178次常务会议，审议并通过《行政机关公务员处分条例》。《行政机关公务员处分条例》共7章55条，自2007年6月1日起施行。它在总结多年来行政惩戒工作实践经验的基础上，对行政机关公务员处分的原则、种类、适用、权限、程序和申诉等作了具体规定，是新中国成立以来第一部全面、系统规范行政惩戒工作的专门行政法规。

《行政机关公务员处分条例》的出台为严肃行政机关纪律，规范行政机关公务员的行为，促进行政机关及其公务员勤政廉政、依法履行职责提供了法律依据，有利于克服公务员处分的随意性，填补了我国公务员处分的法律适用空白；能够促进公务人员依法行政，从根本上遏制公务人员违法违纪行为的发生。

5. 国有企业领导人员廉洁自律"七个不准"

在第十七届中纪委二次会议上，中纪委专门就国有企业领导人员廉洁自律问题提出了"七个不准"。

（1）不准利用职务上的便利通过同业经营或关联交易为本人或特定关系人谋取利益。

（2）不准相互为对方及其配偶、子女和其他特定关系人从事营利性经营活动提供便利条件。

（3）不准在企业资产整合、引入战略投资者等过程中利用职权谋取私利。

（4）不准擅自抵押、担保、委托理财。

（5）不准利用企业上市或上市公司并购、重组、定向增发等过程中的内幕信息为本人或特定关系人谋取利益。

（6）不准授意、指使、强令财会人员提供虚假财务报告。

（7）不准违规自定薪酬、兼职取酬、滥发补贴和奖金。

6. 启动省级防逃追逃协调机制

2011年9月2日，与远华案主犯赖昌星被遣返归国的消息呼应，我国启动省级防逃追逃协调机制试点，涉及上海、广东、黑龙江、江苏、浙江、福建、江西、山东、河南、云南等10个省市。此举主要针对国家工作人员因私出国（境）登记备案、出国（境）证照审批保管、出入境资金监测等重点环节，以期加强监管、完善制度，不断加大防逃工作力度。

近年来，国内官员腐败形势严峻。据中国人民银行2008年完成的一份报告，进入20世纪90年代中期以来，外逃党政干部，公安、司法干部和国家事业单位、国有企业高层管理人员，以及驻外中资机构外逃、失踪人员人数高达16000至18000人，携带款项达8000亿元人民币。

由于法律、外交等因素，海外追逃障碍巨大，成本极高。因此，把腐败分子"堵在国门之内"，成为降低成本的首选。

2008年秋，浙江省温州市委常委、鹿城区委原书记杨湘洪因公率团出国考察期间滞留法国不归，引起社会广泛关注。据中国人民大学反腐败与廉政政策研究中心主任毛昭晖透露，此后不久，中央纪委监察部和国家预防腐败局即对官员出国不返事件进行了专题调研。此次调研后，中央纪委监察部便开始着手建立防止腐败分子外逃的信息共享机制和预警机制。

2010年初，中央纪委监察部与中组部、公安部、司法部、外交部等17个部门建立了防范违纪违法公职人员外逃工作协调机制部级联席会议制度，加强了中央各部门之间在防逃追逃贪官方面的合作。

北京航空航天大学廉政研究所副所长杜治洲这样总结贪官外逃的轨

迹：转移资产——家属先行——准备护照——猛捞一笔——不辞而别——藏匿寓所——获取身份。"这其中每一个环节都存在严重的信息不对称。掌握公权力的贪官掌握的信息远远超过了其监督主体。即使监督机构偶然掌握了贪官的这些大部分信息，也是分散的、割裂的，比如金融机构了解某贪官的资产状况，但海关或纪检部门、检察机关可能不知道。"杜治洲说，这种信息孤岛的现状在很大程度上抑制了现有制度和机制的防逃功效。

过去的无数案例也表明，仓促外逃的贪官多是在有关部门尤其是纪检监察机关、检察机关准备或者正在对其采取措施，或纪检监察机关、检察机关正在查处与其有密切关系的其他违法犯罪人时，悄悄潜逃。

2002年4月，河南省烟草专卖局原局长蒋基芳在党校参加厅级干部培训期间，了解到其经济问题被群众举报，已引起纪检部门注意，于是突然中断学习返回郑州，稍作停留后便从上海秘密离境。浙江省建设厅原副厅长杨秀珠外逃则是由于与其有经济联系的胞弟和开发商因贿赂犯罪被捕，她意识到自己任温州市副市长兼金温铁路温州段建设指挥部总指挥期间的经济问题已经暴露，遂于2003年4月20日携家人从上海浦东机场出境，经由新加坡转至美国。云南省交通厅原副厅长胡星，也是在云南省纪委正准备找他谈话时，突然出走，逃往新加坡的。

### 三、廉政建设的法制措施

#### （一）实现权力的法治化

1. 实现权力的赋予法治化

权力的赋予与权力的获得是一体之两面。从给予权力者的角度，权力起始于赋予。从接受权力者角度说，权力赋予的过程就是权力获得的过程。但什么机关、什么人才有条件去获得权力，通过什么程序去获得权力，获得哪些权力，都需要法律的指引。

我国目前的权力不当赋予或不当获得的现象，总是与腐败联系在一起的。"买官卖官"、"跑官要官"就是一个特定权力滥用的起点，就是一个特定权力走向腐败的开端。"买官卖官"与"跑官要官"，都是对于权力的非法赋予和获得，都是对于人民权利本质的背叛。

保障权力赋予与获得的正当性的根本，不是法治而是民主。民主对于权力的意义是根本的，是决定性质的。但是如果没有法治，民主就没有保障，民主就会为集权、专制所取代，权力就会从其起点被扭曲、异化。

2. 实现权力的行使法治化

权力的行使应当是法治最大的着眼点。腐败行为都是在权力运行之中出现的。将权力行使法治化，首先要求将权力主体法治化。权力主体内在的法律意识与法律自觉状况在很大程度上决定着其行为的合法程度。

其次，将权力行使法治化还包括将权力的内容法治化。一个权力主体享有哪些权力应当有法律的具体规定，各种权力拥有者也必须严格遵守法定的权力内容作出自己的权力行为。权力内容的法治化，是权力行使法治化的核心部分。

再次，将权力行使法治化，要求将权力的行使过程法治化。权力的行使必须依照法定的程序进行。不遵守法定的程序，权力就必然是滥用的。不按照程序运作的权力极易产生腐败或者为腐败提供便利条件。

3. 实现权力的监督法治化

权力监督的法治化是指权力监督的主体、程序等方面的法治化。

**（二）推进社会法治化**

1. 社会法治化是反腐倡廉的社会基础

社会法治化是指社会实现法治的过程，以及社会实现法治后呈现出来的整体状态。权力的广泛性质要求反腐倡廉必须以社会的法治化作为前提和基础。

2. 社会法治化是反腐倡廉的重要措施

社会法治化有利于推进反腐倡廉和廉政建设，确保政治清明与为政廉洁。它是反腐倡廉的社会基础，也是反腐倡廉的有效措施。

社会法治化可以使掌权者慎用权力，增强抵制腐败的自觉性，减少腐败的可能性，降低腐败的几率。社会法治化可以为权力拥有者随时敲响警钟，使权力拥有者消除腐败而不受处罚的侥幸心理，勤勤恳恳、踏踏实实地工作。

社会法治化还可以为监督者提供一个良好的监督环境，使监督者更好地发挥出反腐倡廉的作用。在法治环境尚未建立的时候，监督总是困难的，大多数公民出来指证腐败者时都会有所顾虑。他们会害怕打击报复。如果整个社会都法治化了，打击报复的事件必将大幅度减少，人们对于腐败者的恐惧也必然会减低，而对于腐败的指控就会更加大胆，腐败者也就更难逃法网。监督者必将有更多的法律意义上的保障。

治理腐败不仅需要完备的法律、法规和有效的法律监督机制，而且还需要有较强法律意识的公民参与。如果人们的法律意识、法律观念较为淡薄，那么即使有非常健全的法律法规制度也难以发挥作用；如果没有基本的法律知识、法律意识、法律观念，公民就无法充分行使自己监督法律实施的权利。我们还常看到，有些领导干部之所以违法犯罪，一个重要原因就是法律观念淡薄。因此，我们要强化普法教育，在全社会树立法律至高无上的信念，这样才能铲除腐败生存的空间。

综上所述，反腐倡廉工作是一项关系党和国家命运乃至民族大业的长期系统性工程，只有将其纳入社会主义法制轨道，才能形成标本兼治的长效机制，从根本上铲除腐败行为生存的空间和土壤。随着反腐倡廉工作向深层次、宽范围的不断推进和发展，其必将为社会主义法制建设提供一个良好的政治保障和立法保障。

## 反腐历程大回顾

中国共产党90年（1921～2011）的奋斗历程，也是一个纯洁组织、预防和遏制腐败的历程。从毛泽东提出"两个务必"、带领全党开展"三反"、"五反"斗争，邓小平强调"整个改革开放过程中都要反对腐败"，江泽民号召全党"从党和国家生死存亡的高度"认识反腐倡廉的重大意义，到党的十六大以来以胡锦涛同志为总书记的党中央继续坚定不移地推进党风廉政建设和反腐败，展示了我党立党为公、执政为民、彻底清除腐败的决心和信心。

### 一、中国共产党成立初期至建国前

1926年，党中央颁布的中国共产党第一份反腐败文件诞生，即《关于坚决清洗贪污腐化分子的通告》，要求各级党组织采取果断措施，坚决制止党内腐化现象的发生。1927年成立了中央监察委员会。

1933年，由毛泽东签署的《关于惩治贪污浪费行为——中央执行委员会第26号训令》中规定：贪污500元，死刑。

1949年3月，毛泽东在迎接新中国成立的中共七届二中全会上高瞻远瞩地指出："可能有这样一些共产党人，他们是不曾被拿枪的敌人征服过的，他们在这些敌人面前不愧英雄的称号；但是经不起人们用糖衣裹着的炮弹的攻击，他们在糖弹面前要打败仗。我们必须预防这种情况。"正是这些正确的论断和深刻的忧患意识，为共产党执政后防止和反对腐败，作了理论上和思想上的准备。

### 二、建国后至1978年

新中国成立后，我们党就高度重视反腐败斗争，把反腐败与巩固政权、加强党的建设联系起来。1950年5月1日，中共中央发出《关于在全党全军开展整风运动的指示》，同年6月6日，毛泽东在七届三中全会上的书面报告中号召全党进行一次整风运动，这对于新生的人民政权的建立，对于执政党队伍的纯洁，起到了积极的重要作用。

1951 年 12 月，党在全国范围内开展了大规模的"三反"（反贪污、反浪费、反官僚主义）运动。1952 年 1 月 26 日，中共中央发出关于"五反"（反行贿、反偷税漏税、反盗骗国家财产、反偷工减料、反盗窃国家经济情报）斗争的指示。运动一开始，毛泽东就发出了"尤其注意打一亿元以上的大老虎"的批示。1952 年 2 月 10 日，大贪污犯刘青山、张子善被执行死刑。"三反"、"五反"运动是建国后反腐败的第一次实践。

在人民政权建立之初和正在进行社会主义改造的阶段，采取"三反"、"五反"这样搞运动的形式反腐败，是与当时的条件和环境相适应的。

### 三、1978 年至党的十五大

1979 年五届人大二次会议通过的《刑法》、《刑事诉讼法》等，都涉及对腐败现象的法律制裁。这样，新时期的反腐斗争就有了组织基础和法律基础。

1982 年，全国人大常委会通过了《关于严惩严重破坏经济的罪犯的决定》；1982 年 4 月 13 日，中共中央、国务院颁布《关于打击经济领域中严重犯罪活动的决定》；1988 年，全国人大常委会通过了《关于惩治贪污罪、贿赂罪的补充规定》；1989 年，最高人民检察院、最高人民法院联合发布《关于贪污受贿、投机倒把等犯罪分子必须在限期内自首坦白的通告》；1989 年 8 月 19 日，监察部也发出了《关于有贪污贿赂行为的国家行政机关工作人员必须在限期内主动交代问题的通告》。

1993 年 1 月 1 日，中纪委、监察部合署办公，履行党的纪律检查和行政监督两项职能；1993 年 8 月，中纪委召开第二次全会，按照领导干部廉洁自律、查办违纪违法案件、纠正部门和行业不正之风的三项工作格局来全面部署反腐败工作，党风廉政建设和反腐败斗争进入一个新的阶段。1997 年，第八届全国人民代表大会通过修订后的《刑法》，对贪污贿赂犯罪作了专章规定，使之成为反腐败的锐利武器。

### 四、党的十五大至十六大

1997 年 9 月，党的第十五次全国代表大会明确指出："反对腐败是关系党和国家生死存亡的严重政治斗争。……坚持标本兼治，教育是基础，法制是保证，监督是关键。通过深化改革，不断铲除腐败现象滋生蔓延的土壤。"这是反腐败工作从治标为主向标本兼治迈进的标志，表明中国的反腐败斗争已经进入一个新的阶段。

## 五、党的十六大以后

2004 年 9 月，十六届四中全会通过的《中共中央关于加强党的执政能力建设的决定》进一步提出了"抓紧建立健全与社会主义市场经济体制相适应的教育、制度、监督并重的惩治和预防腐败体系"的要求，并明确提出了坚持"标本兼治、综合治理、惩防并举、注重预防"的十六字反腐战略方针。

2006 年 10 月 11 日，十六届六中全会通过的《中共中央关于构建社会主义和谐社会若干重大问题的决定》指出：党风正则干群和，干群和则社会稳。反腐倡廉是加强党的执政能力建设和先进性建设的重大任务，也是维护社会公平正义和促进社会和谐的紧迫任务。坚持党要管党、从严治党，贯彻标本兼治、综合治理、惩防并举、注重预防的反腐倡廉战略方针，推进教育、制度、监督并重的惩治和预防腐败体系建设。认真执行党风廉政建设责任制，巩固和发展全党动手抓党风廉政建设的局面，以优良的党风促政风带民风，营造和谐的党群干群关系。

## 六、十七大对廉政建设的新要求

### （一）由"工作"上升为"五个建设"

十七大一个重大的亮点是，首次明确提出反腐倡廉建设的概念，将党的建设完善为思想建设、组织建设、作风建设、反腐倡廉建设和制度建设"五位一体"大布局。反腐倡廉由"工作"上升到"建设"，不仅仅是一词之易，至少有三个标志性意义：第一，把反腐倡廉建设放在了更加突出的位置，作为党的建设的有机组成，这是党的建设从战术思维上升到战略思维的重要标志；第二，科学论证了反腐倡廉的积极作用，淡化了"斗争"意味，而是经济和社会发展的建设的一部分；第三，全面概括了反腐倡廉的整体职能，作为一种建设，要更加发挥标本兼治、综合治理的作用，从重个案、重局部转到重机制、重整体。这是党风廉政建设从过去的单项强调如制度反腐上升到全面建设的重要标志。

十七大报告为这一历史性转向提供了理论创新和思想基础，要真正上升到"建设"范畴，反腐倡廉还需要三大支撑：

一是纲领支撑。无疑，《惩防腐败体系实施纲要》的出台正是为了承担指引整个反腐倡廉建设的作用。要坚持不懈地对《党章》中反腐倡廉部分和《纲要》进行完善，划分各个阶段目标，党内有共识的先做、社会反映和要求特别强烈的先做、能适应现有政治体制的先做，先从试点和一般性规定做起。

二是框架支撑。最能长期发挥作用的莫过于制度，最有效力的制度莫过于法律。要把反腐倡廉建设置于国家法制建设中统筹安排。逐步把一些党内制度上升为法律，使党内规章与国家法律法规相辅相成，相互协调。

三是组织支撑。高度注重各级、各部门、各领域反腐倡廉动作的整体性、手段的综合性、措施的渐进性、制度的层次性，把整个反腐倡廉建设融为一体。

### （二）由"公开"深化为"四个分开"

十六大报告中强调公开，而十七大报告中强调分开。这些年来，我们对各种公开进行了积极探索，措施不可谓不细，要求不可谓不严，但最终却是有成绩而没有效果，群众认可而不满意。其深层次原因就是单提公开并没有解决"部门利益化"的症结问题，那就是行政权力的市场化：部门无限扩大自己手中的执法权，原则要求改成强制要求、自愿项目改成法定项目、定期检查变为日常检查，法律一提加强监管，那么这个行业从产到销所有环节都要全程检查达标；事业机构严重行政化，承担了本应由政府承担的行政职能；有的部门为了逃避公开的约束，把行政权力转嫁给自身脱胎出来的行业和中介机构，从中分肥，形成没有监督约束，却有垄断权威的"二政府"。因此，必须在公开的基础上强调"政企分开、政资分开、政事分开、政府与市场中介组织分开"。遏制行政权力的滥用，关键不在于"透明政府"，而在于"有限权力政府"。这一过程中，政府要退位、部门要离位、市场要补位、监督要到位。

### （三）由"并重"到突出 "三个注重"

十七大为什么要在教育、制度、监督三者并重的惩治和预防体系中特别强调"更加注重治本，更加注重预防，更加注重制度建设"呢？

从制度反腐的方针提出后，中央先后出台了一系列权力制约的重要制度。但是不管是述廉制度，还是收入申报制度，甚至是纳入整个干部考核体系的党风廉政建设责任制考核制度，这些在国外行之有效的制度在我国却没有发现一起重大的腐败犯罪案件。相反，传统的巡视制度却发现了不少问题。发现不了问题的制度一定有严重缺陷。现在看来，这些制度不能有效发挥作用究其原因还是脱离了群众。领导述廉，评廉的却是干部；收入申报给组织，却没有公开给社会；党风廉政建设考核则是上级部门实施的，群众无法参与。而巡视制度的成功之处，正是因为它跳过了政治体系中"层报"的规则，把监督的信息触角直接延伸到了基层和群众。因此，应注意以下三个方面：

一是避免将制度设计主体过分拘泥为行政体系内部的专家，应充分吸取社会的力量和群众的智慧。

二是跳出长期依靠权力落实制度的圈子。要实现由权力落实制度向用制度落实制度的转向，要改变文件逐级线式落实方式，形成各级主客体同时知晓信息的网式落实体系。

三是跳出责任追究局限于内部的圈子。任何制度都应该设计一个结果公示环节，接受群众监督。

**（四）由加强监督渐进为"两个相互"**

"建立健全决策权、执行权、监督权既相互制约又相互协调的权力结构和运行机制"有两个方面的意义：

一方面，决策权和执行权强调了协调而忽视了制约。从党内来看，当前呈现出严重的党组织行政化倾向，导致党员的等级化、组织权力的个人化、决策权和执行权同一化而监督边缘化。从政府来看，人大立法机关缺乏制定专业化法律的能力，给政府特别是部门从法律上留下极大自由度；同时对现代行政所涌现的众多新领域较为陌生，只能规定需要完成的任务和目的，使对其的监督流于表面。

另一方面，监督权强调了制约而忽略了协调，而且这种制约是单向的。监督权也是一种权力，具有与生俱来的谋利倾向，而理论界长期忽视监督机构越界侵权的可能性，对监督缺少约束规定，使监督主体的价值渗入到了制度中。监督权的违法，通常更带有隐蔽性，更容易造成全局危害。权力结构和运行机制的健全和完善要杜绝三大"死角"：改变执行权一家独大现状，把决策权和执行权有效分离，防止监督权力的滥用。

**（五）由多项改革汇集至"一个改革"**

从源头治腐的角度出发，十七大报告中不再罗列过去的"四项改革"，而是直接提出行政管理体制改革这个关键。行政管理体制改革是经济体制改革、政治体制改革、社会体制改革以及其他各项改革的连接点、交汇点和关节点。解决行政审批制度改革、财政体制改革、组织人事制度改革、政府投资体制改革等难点，都离不开行政管理体制改革。当前行政体制的具体特征是：专业化程度高；分工明细、职能交叉多，过多地涉足微观经济领域，淡化了政府的公共服务和宏观管理职能。因此，反腐倡廉建设在行政管理体制改革中应当注重以下四个方面：一是"责任"，须化解政府中存在的机构重叠、职责交叉、政出多门的矛盾以及权限冲突，建立明晰的行政责任体系；二是"节俭"，须使财政支出取向为最必要，使用达到最大效益；三是"效能"，须规范行政审批，简化公务手续和环节，提高政策执行效能；四是"公平"，须公平公开地处理社会事务，公平公正地选人用人。

## 明清吏治话廉政

中国社会中其实是有一个优良的廉政传统的，并且历史上也涌现出了许多真儒、清官和廉吏。一些开明君主制定的政策制度，也为中国廉政建设作出了重要贡献。中国的廉政史的源头可追溯到原始氏族部落联盟时期的尧舜时代，那时的人们已经有了廉政的自觉，并为后世留下了民主议事、"有德者居其位"的廉政经验。

在中国廉政发展史上，有许多成功的、行之有效的制度建设是值得肯定和借鉴的，如成型于周的御史监察制度、明代的《大明律》等，这些都在中国廉政史上具有十分重要的地位。

## 一、明朝的廉政建设概况

明代的廉政制度设置，既有继承，又有创新，在中国廉政史上有着重要的地位。明王朝建立后，首先考虑到的是惩贪倡廉。中央设置并完善"三大府"，即中书省、都督府和御史台（洪武十五年，改御史台为督察院）。其中，御史台执掌纠察弹劾全国大小官吏之权，为明朝监察制度中国家一级的机构。洪武六年（1373），朱元璋诏令刑部尚书刘惟谦详定《大明律》，于洪武三十年（1397）颁行全国。明太祖还相当重视奉公守法的职守教育，切戒贪财肥己。洪武九年，朱元璋严厉处置了著名的"空印案"，对贪腐官员进行了严肃惩处。

英宗即位初期即致力于整肃吏治。他首先对布政使司、按察使司及府、县官进行廉能考察，并下诏荐举贤能担任监察御史及地方官职。此举收到了明显的倡廉效果，出现了许多廉政清明的御史官员。

正德年间贪污之风肆行，上行下效，遍布官场。特别是刘瑾党羽，无不大肆索贿，积财如山。至刘瑾败后籍没时，共抄得黄金 24 万锭又57800 两、银元宝 500 万锭、碎银 158 万余两、宝石两斗，余物不可胜计。世宗即位之初，着手革除正德年间的政弊，并推行一些廉政措施。嘉靖四十一年，严嵩被解职抄家，清查其贪污财产，仅白银就多达 200余万两，其搜刮所得珍珠宝器，甚至超过皇室之所藏。崇祯时，朝廷设置了台谏（御史台和谏官合称）言官，其职责为振纲纪，掌风宪，正官邪，揭贪贿。

## 二、清朝的廉政建设概况

清朝是我国历史上最后一个封建王朝。清政府充分吸取历代尤其是明朝覆亡的深刻教训，实行严格的廉政措施，从严治吏。措施具体体现于《大清律例》的规定之中：首先是严禁在朝官员结党营私；其次是严禁结交近侍，防止宦官擅权误国；再次是严禁贪赃枉法、苛派勒索；最后是严禁行贿受贿、徇私舞弊。

清代在加强中央集权的封建专制统治中，相当重视都察院的作用。都察院作为专司稽查、弹劾官员的行政机构，既是皇帝的耳目，担负着监督各级官员的职责，同时也是上达民意、辨别是非、稳固皇帝专制的重要手段。清代考绩的通行标准为"四格"。即"才"（指才干，分长、平、短三等）、"守"（指操守，分廉、平、贪三类）、"政"（指政务，分勤、平、短三类）、"年"（指年龄，分青、中、老三类）四项。雍正初年，开始实行养廉银制度，把各级官员隐性而非法的收入合法化，通过增加官员的收入而养成廉洁之风。康熙朝的崇尚清廉，雍正朝的敬诚立公，乾隆朝的宽严相济，使清代进入"全盛"时期，经济繁荣，文治昌明，民生安康。

清末，统治者政治上闭关自守，生活上穷奢极欲，国家日益衰败。光绪二十四年，光绪皇帝实行改革，提出了效法西方资本主义制度改造中国的变法主张，在法制、官制、教育、文化、经济等诸多方面，均提出了一系列纲领及具体建议，即"戊戌变法"，但仅维持百余天，史称"百日维新"。1911 年，清政府实施《大清新刑律》。有专章规定有关腐败定罪（如漏泄机务罪、渎职罪、侵占罪、赃物罪等）问题。


## 时代楷模谱清廉

中国历史上曾出现过许多清官廉吏，形成了一个优良的廉政传统。

中国共产党人继承了这种优良的廉政传统，在以毛泽东、邓小平、江泽民、胡锦涛同志为核心的党中央领导下，大力扬善抑恶、激浊扬清，提倡廉洁奉公、弘扬正气，在反腐倡廉的工作中取得了举世瞩目的巨大成就。

毛泽东等老一辈无产阶级革命家艰苦朴素、勤俭节约、率先垂范的革命精神永远是我们前进的动力和精神支柱。

在新时期，亦涌现出许多优秀的共产党员，他们在全面建设小康社会、建设中国特色社会主义伟大实践中，充分发挥着先锋模范作用。他们的思想和实践，诠释着中国共产党全心全意为人民服务的宗旨，是新时期共产党员先进性的具体体现。


### 一、一件棉衣——毛泽东同志的廉政故事

延安城北门外的杨家岭是一个偏僻的小村庄，只有几孔土窑洞，在抗日战争最艰苦的日子里，毛主席就住在这里，日夜辛勤操劳，领导着全国人民的民族解放战争。有一年，天气逐渐变冷了，中央机关的同志

们已经穿上了新发的棉衣，而毛主席身上穿的，仍是那件已经穿了好几年的灰土布棉衣，两个胳膊上，也不知补过多少次补丁，袖口都露出了棉花。警卫员们几次提出要给主席换一件，可他总是说："现在边区的经济很困难，大家的生活都很艰苦，我们应该省吃俭用。棉衣破了，洗洗补补，还可以穿嘛！"

警卫员把情况反映给管理局，管理局就给主席做了一件新棉衣。警卫员趁主席休息的时候，把新棉衣送进去，把那件破棉衣取了出来。主席起床后，看见一件新棉衣放在凳子上，旧棉衣却找不到了，便喊警卫员，指着新棉衣问道："这是哪里来的？"警卫员说是管理局给主席做的。"为什么？我有棉衣穿嘛！"主席有些不高兴了，"这件棉衣太好了，我不要。还是把我的破棉袄拿来吧。"警卫员赶忙说："那件棉衣已经拆了，烂得缝不起来了。"最后主席决定说："这样吧，给我领一件和你身上穿的一样的灰布棉衣吧！"警卫员只好给主席领了一件普通的灰土布棉衣。

### 二、一个普通的党员——周恩来同志的廉政故事

1935年6月底，中国工农红军胜利地走过了荒凉无际的大草地，来到四川省西部两河口一带休整。部队驻扎下来以后，改选了支部，和周恩来在一个党小组里的，有一个跟随他一起长征的警卫员，叫魏国禄，经过改选，大家一致选举魏国禄为新的党小组长。

有一次过组织生活，魏国禄考虑到周恩来同志工作非常繁忙，就有意没通知他参加。周恩来就问魏国禄："小组长同志，我们为什么很长时间不开党小组会呢？"魏国禄回答说："看到首长很忙，没有通知您。"周恩来同志脸上顿时严肃起来："唉，那怎么能行！我是个党员，应当过组织生活。如果确实有事不能参加，我自己可以向你请假，你不通知我可是你的不对呀。在我们党内，每个人都是普通党员，谁都要过组织生活，这是党性问题，你明白吗？以后开会一定要通知我啊。"

红军到达陕北根据地以后，魏国禄想到周恩来同志为国家大事忙得抽不出空来，就想代他缴了五分钱党费，周恩来同志对魏国禄说："军政大事重要，缴党费也重要，这是每个党员的义务。"说完把五分钱放到魏国禄手中就走了。魏国禄手捧五分钱，眼望着周恩来同志的身影，心里激动万分。五分钱虽小，但周恩来同志始终把自己看做是一名党的普通战士的革命精神，将永远激励和教育他人。

### 三、一卷票子——刘少奇同志的廉政故事

1942年麦熟的时候，大树村熊老爹家隔壁住下了一个高个子、约莫

四十来岁的干部。这位干部到村后，逢着熊老爹没事，他就唠家常，还帮着熊老爹薅草，日子久了，比一家人还亲。熊老爹逢人就夸，说他懂穷人们的心思。

一天，这位干部到熊老爹菜园里来买菜，熊老爹正在忙，这位干部二话没说，就帮着熊老爹一起干。待把菜弄好了，从口袋里摸出一卷票子递给熊老爹，说是菜钱，熊老爹一看就动了气，说："同志啊！你三天两头地帮俺弄地，别说你来拿，俺送也得送给你呀！"

这位干部见老爹高低不肯要，就坐下和老爹磨蹭了一会儿，只好拿着菜走了。到了傍晚，熊老爹想吸袋烟，摸着烟袋里有卷东西，不像烟丝，掏出一看，嗨，还不是那票子！

熊老爹准备把钱还给那个干部，却好几天再也没见到他，一打听，都说那干部就是刘少奇同志，三天前就走啦！这一下，可把熊老爹急坏了，他一口气奔回家对老伴说："你晓得这卷票子是谁的，刘少奇同志的！"当下，熊老爹就叫老伴给他小褂上缝个口袋，把票子装在口袋里。

打从这天起，熊老爹那件褂子再也不离身了。干活热了，别人让他脱了，熊老爹说："我不热，我褂子上有宝贝。"干活累了，别人让他歇会儿，熊老爹说："我不累，我褂子上有宝贝。"

这卷票子就一直靠在熊老爹的心上，从没离开过。


### 四、一百个毫子——朱德同志的廉政故事

1929 年深秋，红军胜利地攻下了于都县下方屋土围，朱德军长和士兵一样，也发到了一百个毫子的薪饷。他戴了很久的斗笠破了，打算去买一顶。

一天，朱军长和通讯员来到于都银坑圩上挑选斗笠，忽然传来一声叫卖"米果"的喊声，叫卖的是一个中年妇女，背上背着一个婴儿，身旁还跟着两个一丝未挂的小孩，被秋风一吹，浑身直打哆嗦。朱军长像慈母一样，抚摸着两个小孩的头，关怀地说："同志嫂，现在天气这么冷，小孩不穿衣服，可要当心着凉啊！"

那妇女是雇农巫景南的妻子，见有人这样关心自己的孩子，感激地点了点头，低声说："家里穷，孩子多，嘴巴都顾不上，哪还有钱做衣服呢？"

朱军长听了，赶忙叫通讯员把钱拿出来，并说："你把钱送给这位同志嫂，好给孩子添两件衣衫。"通讯员赶快从挂包里掏出个纸包包，塞在景南嫂的米果篮子里，深情地说："同志，这是朱军长送给你的。"说完，向她挥了挥手，就跟着朱军长走了。

景南嫂愣愣地望着朱军长背上挂的那顶破斗笠，心里有说不出的

激动。她打开纸包一看，原来是一百个白花花的银毫子，不禁热泪盈眶地说："朱军长比爹娘还亲啊！"

### 五、一条棉门帘——彭德怀同志的廉政故事

彭德怀同志第二次率兵北上攻打榆林时，司令部驻扎在镇川堡附近的一个小山村。当时，已是11月上旬，北风呼啸，天寒地冻，部队供给困难，御寒的棉衣还未发放，全军将士都还穿着单薄的军装。彭老总比大家更艰苦，他把仅有的一件旧棉大衣，硬让门外站岗的警卫战士轮替着穿，自己却单衣薄裤，白天冒寒风检查工事、了解军情，晚上坐在土窑洞里不是翻阅文件，就是铺开地图制定作战计划，有时忙得通宵都不合一眼。窑洞里又未生火，门上只挂着一条布门帘，每到深夜，西北风直往窑洞里灌。

后勤部的同志再三考虑之后，用碎布头七拼八凑给彭老总缝了一条棉门帘。彭总发现了窑洞门上挂的棉门帘，找来警卫连长问道："这门帘是哪儿来的？"警卫连长知道隐瞒不住，就照实说了。彭老总一听生气地说："我彭德怀是人民的公仆，不是人民的老爷，为什么要搞特殊呢？你的眼睛怎么老盯着我呢，我们好多指战员白天黑夜都蹲在坑道里，他们不是娘生的、不知道冷吗？"彭老总这一番话，使警卫连长深受感动，他按彭老总的吩咐把棉门帘送给了伤病员。彭老总住的窑洞门上，则又挂上了那条旧布门帘。

### 六、节约了一半汽油——董必武同志的廉政故事

1957年，董必武同志做了最高人民法院院长。当时，他家住在北京钟鼓楼后一个昔日王府的大院里。院子很大，有花园有水池，很气派。由于"高院"离此很远，每天往返不仅不方便，而且还需要很多人来送文件，花费了不少人力物力。董老考虑着搬到离"高院"较近的中南海去居住，尽管当时中南海的房子较为窄旧，但他仍不改初衷。一天晚上，董老和盘托出自己的主意，却立即遭到尚在读书的子女们的反对。董老耐心细致地对全家人说："第一，为我一个人，要有警卫排，要烧窝炉，要煤，要人跑这么远送文件，搬到中南海，这些都统一解决了，为国家节省了人力物力。我不该搬吗？该搬。第二呢？"稍作停顿后，他更深沉地继续说道："我上班太远，要坐很长一段距离的汽车，要用掉不少汽油。如果家在中南海，再到高院上班，近了一半路程，也就节约了一半汽油。我们国家还穷啊。"

1958年初春的一天晚饭时，还在读初中的女儿董楚青急于扒饭，三

扒两赶就吃完了，掉了不少饭粒在桌上。小楚青丢碗就想跑，结果被董老叫住。"你看看，你看看。"董老连连说到。年岁还小的女儿楚青茫然不知所措，怔怔地望着饭粒，默不作声。饱读诗书的董老马上联想起唐代李绅"锄禾日当午"的诗句，便循循善诱地对女儿说道："碗里、桌上有多少饭粒？'谁知盘中餐，粒粒皆辛苦'啊！粒粒不能丢啊！"接着又严肃地说："拣起来吃了。"此后，女儿楚青改掉了这个坏习惯，再也不浪费粮食了。

### 七、一摞老碗——贺龙同志的廉政故事

1937年腊月，贺老总、关政委率领红二方面军从富平庄里镇移驻同官县的陈炉镇。陈炉镇是耀瓷产地，部队进驻后，立即把方圆几十里的土匪收拾得一干二净，救济平民，恢复瓷业，广受民众称颂。有一天，勤务兵把贺老总的战马拉出来遛。那战马跑惯了羊肠小道，不习惯走镇上用瓷器碎片铺成的路面，只听一声长啸，挣脱缰绳，放开蹄子撒起欢来。不大功夫，那战马闯进了赵家的瓷场，一个窑工捎着一摞老碗刚从窑中出来，人正走着，马把碗板撞了一下，一摞老碗当下给摔得稀巴烂。撵马的勤务兵到跟前一看，闯大祸啦！赶紧认错，还掏出几块铜元给人家赔碗钱。可是推来让去，赵家的窑工硬是不收。勤务兵只好拉着马回到住处，把这事给贺老总说了。贺老总一听，放下正在看的文件，和勤务兵一起来到瓷窑，窑工们正忙着出窑哩，一看贺老总来了，"哗"的一下全围上来。勤务兵当着大家的面说："贺老总是来赔老碗的。"挤在人群里的赵家掌柜的一听这话，死活都不让赔，说："几个老碗嘛，打了就算啦！老总那么忙，快坐下歇歇。"贺老总便坐在一块红砖上，和大伙拉起了家常。拉了两个多钟头，才挥手向大伙告别。

第二天早上，大伙发现瓷窑的碗板上，放着二十个铜元和一张纸条，纸条上写着几句顺口溜：我的马碰碎大老碗，留言给大伙道个歉。二十个铜元当碗钱，每人一个做纪念。据说现在陈炉镇还有人保存着当年贺老总给赔的铜元，赵家还把那张纸条收藏着哩！

### 八、县委书记的好榜样——焦裕禄同志先进事迹摘选

1962年冬，焦裕禄受党的委派来到了兰考，先后任县委第二书记、书记。

当时兰考的风沙、内涝、盐碱等自然灾害很严重，农业产量很低，群众生活很苦。焦裕禄同志以高度的革命精神，对干部和群众进行思想教育、阶级教育和革命传统教育，激起全县人民群众抗灾自救的斗志，

掀起了挖河排涝、封闭沙丘、根治盐碱的除"三害"斗争高潮。

在除"三害"斗争和各项工作中，他以身作则，带病实干。1964 年 5 月 14 日，终因积劳成疾，被肝癌夺去了生命，年仅 42 岁。焦裕禄临终前对组织上唯一的要求，就是"把我运回兰考，埋在沙堆上，活着我没有治好沙丘，死了也要看着你们把沙丘治好"。

### 九、一腔热血洒高原——孔繁森同志先进事迹摘选

有这样一位内地的汉族干部，曾经两次进藏，视少数民族同胞为骨肉，最终以身殉职，倒在了他所热恋的雪域高原，实现了"青山处处埋忠骨，一腔热血洒高原"的誓言。他就是孔繁森。这位模范干部的事迹，为新时期的共产党员树立了楷模。

孔繁森，1944 年出生于山东聊城一个贫苦的农民家庭。他 18 岁参军，在部队干了 7 年，1966 年加入中国共产党。1969 年复员后，他先当工人，后被提拔为国家干部。1979 年，时任地委宣传部副部长的孔繁森主动报名到西藏工作。1993 年，孔繁森进藏工作期满，但他继续留在西藏，担任了阿里地委书记。

他在岗巴县任县委副书记的三年间，跑遍了全县的乡村、城区，与藏族群众结下了深厚的友谊。在拉萨市任分管文教、卫生和民政工作的副市长期间，他到任后仅四个月的时间，就跑遍了全市八个县区所有的公办学校和一半以上的村办小学，为发展少数民族的教育事业奔波操劳。为了结束尼木县续迈等三个乡群众易患大骨节病的历史，他几次到海拔近 5000 米的山顶水源处采集水样，帮助群众解决饮水问题。任阿里地委书记后，他深入调查研究，求计问策，寻找带领群众脱贫致富的路子，在不到两年的时间里，他跑遍了全地区 105 个乡中的 98 个。在孔繁森的勤奋工作下，阿里经济取得了快速发展。

1994 年 11 月 29 日，孔繁森到新疆塔城进行边贸考察，返回阿里途中不幸发生车祸以身殉职。孔繁森同藏族人民建立了深厚的感情，谱写了一曲感人至深的奉献之歌、奋斗之歌。

### 十、忠心耿耿的人民公仆——郑培民同志先进事迹摘选

"做官先做人，万事民为先。"这句话出自郑培民的内心。郑培民同志在调任湘西前后，一直以这句话作为自己的准则，廉洁从政、尽职尽责、鞠躬尽瘁，为改变贫穷湘西做出了一系列感人事迹。他以自己的实际行动指明了一条真正的中国共产党干部应该走的路，一条带领人民走向富裕的路，从而赢得了人民群众的衷心赞誉。

郑培民同志生前任湖南省委副书记、省人大常委会副主任。作为领导干部，他经常深入基层。在湘西工作时，他跑遍了湘西大山中的 218 个乡镇，为群众排忧解难。在群众遇到危险时，他冲在前面。1998 年 7 月 24 日，常德市安乡县发生溃堤，在人心惶惶的时刻，郑培民逆着撤退的人流赶到一线指挥抢险，堵住了洪水，然后调来医疗队，搭起了帐篷学校。他离开时，嘱咐司机绕道走，怕车后的灰尘影响老百姓。

郑培民同志逝世后，他的三件遗物（一本防腐账本、一本廉政记录和几十本日记）和最后一句遗言："不要闯红灯"让无数人为之感动。

胡锦涛同志指出："郑培民同志是新时期领导干部的优秀代表，全党同志特别是广大领导干部都要向郑培民同志学习。"

## 反腐进程之滥觞

### 一、第一个有关反腐败的文件

1926 年 8 月 4 日，中共中央扩大会议向全党发出了《关于坚决清洗贪污腐化分子的通告》。这是中共历史上最早的反对贪污腐化的文献。

这个通告发布于大革命的高潮中。1924 年 1 月，中国共产党同孙中山领导的中国国民党实现第一次合作。共产党员可以以个人身份加入国民党，并在国民党、国民政府、国民革命军里担任职务。当时，工农群众运动蓬勃发展，为适应革命形势的需要，党的中央执委扩大会议确定，应当大力发展党的组织。党员数量迅速增加，从 1923 年的 400 余人猛增到 1925 年的 3 万余人。但一些投机分子乘大革命之机"也来敲 CP（即中共）的门"，一些思想不纯、作风不好、品质恶劣的分子混入了革命队伍。他们混入党内后，不是为了革命，而是为做官，不是为人民服务，而是为谋取私利，继而发生侵吞公款、化公为私等贪污行为，损害了党在群众中的威望。当时，主要表现之一是官僚主义滋长起来。"负责工作的同志，有雇佣劳动倾向，缺少从前那样刻苦奋斗的精神和自发的革命情绪。因此，纵然能守纪律也不免形式主义、机关主义的流弊。"表现之二是做官热。共产党员竞相到国民党政府里去做官。表现之三是"同志中之一部分，发生贪官污吏化（即有经济不清楚、揩油等情弊）"。这种形势对中国共产党提出了拒腐防变的新的要求。为此，1926 年 8 月 4 日，中共中央扩大会议发出通告，要求各地党组织坚决清洗贪污腐化分子，制止党内腐化现象的发生。通告指出："在这革命潮流仍在高涨的时候，许多投机腐败的坏分子，均会跑到革命的队伍里来，一个革命的党若是容留这些坏分子在党内，必定会使他的党陷于腐化，不但不能执行革命的工作，且将为群众所厌弃。所以应该很坚决的清洗这些不良分子，和这些不良倾向斗争，才能巩固我们的营垒，才能树立党在群众中的威望。"这次扩大会还通过决议，要求各级党部："迅速审查所属同志，如有此类行为者，务须不容情的洗刷出党，不可令留存党中，使党腐化，且败坏党在群众中的威信。"中央要求各级党部"立即执行，并将结果具报中局"。这是中国共产党历史上颁布的第一个惩治贪污腐化分子的文件。它表明党在幼年时期就十分警惕剥削阶级思想对党的腐蚀，并郑重表示党对腐败现象是根本不能容忍的。

翌年（1927 年）成立了中央监察委员会。

### 二、第一次设立党的纪律检查机构

党内监督是保证党不腐败、不变质的重要组织措施。中国共产党创立时即规定了严格的监督制度。中共一大通过的《中国共产党纲领》规定："工人、农民、士兵和学生的地方组织中党员人数很多时，可派他们到其他地区去工作，但是一定要受地方执行委员会的最严格的监督。""地方委员会的财务、活动和政策，应受中央执行委员会的监督。"中共二大专门作出了《关于议会行动的决议》，对共产党员参加议会活动规定了严格的监督制度，这些监督制度由于历史的局限并不完善，但它们为党的监督制度形成与完善奠定了基础。

1927 年 4 月，中国共产党第五次全国代表大会选举产生了党内维护和执行纪律的专门机关——中央监察委员会。这是党的历史上首次设立的纪律检查机构。大会选举产生的中央监察委员会由 10 人组成，主席是王荷波。

1927 年 6 月，中共中央政治局通过的《中国共产党第三次修正章程决案》中，专列了"监察委员会"一章。该章规定：在全国代表大会、省代表大会上选举中央及省监察委员会。中央及省监察委员得参加中央及省委员会议，但只有发言权而无表决权。中央及省委员会，不得取消中央及省监察委员会之决议，但中央及省监察委员会之决议，必须得中央或省委员会之同意，方能生效执行。此外，"党的中央机关"一章中，也有涉及监察委员会的条款，其中规定：由党的全国代表大会，讨论与批准中央监察委员会的工作报告，改选中央监察委员会，并决定中央监察委员会的组成人员。从上述这些规定可以看出，当时对于成立纪检机构的目的及机构的设置、职权和地位等，都是比较明确的。但是，由于党是首次设立纪检机关，缺乏经验，对于监察委员会的具体任务和具体工作权限等问题并没有完全解决，再加上当时处于革命低潮，大批共产党员包括中央监委书记王荷波惨遭国民党反动派杀害，因而，中监委未能充分履行自己的职责。但是中共五大选举产生的中央监察委员会和《中国共产党第三次修正章程决案》的通过，标志着我党纪律检查制度的初步创立，具有重要的意义，为后来党的纪检机构的发展和完善奠定了基础。

### 三、第一个反腐倡廉举报箱

1931 年，中华人民共和国的雏形——中华苏维埃共和国临时中央政府在江西瑞金成立。政府设置了工农检察部控告局。同年，工农检察部控告局设立了我党用于反腐倡廉的第一个举报箱。该箱挂在江西兴国县高兴区苏维埃政府。木箱体积为 16 厘米×18 厘米×18.5 厘米。正面用毛笔工工整整书写三个大字——控告箱。控告箱右面、左面、上面用毛笔写满了小字："苏维埃政府机关和经济机关有违反苏维埃政纲政策及目前任务、离开工农利益、发生贪污浪费、官僚腐化或消极怠工的现象，苏维埃的公民无论何人都有权向控告局控告。"左面的几行字标注着举报的原则："控告人向控告局投递的控告书，必须署本人的真姓名，而且要写明控告人住址，同时要将被告人的事实叙述清楚，无名的控告书一概不处理。倘发现涉嫌造谣控告事，一经查出，即递交法庭受苏维埃法律的严厉制裁。"

### 四、第一个以"贪污"命名的反贪污贿赂法令

20 世纪 30 年代初，随着革命根据地的增多，苏维埃政权的建立，一些人开始以权谋私。从 1932 年起，以毛泽东为主席的中华苏维埃共和国临时中央政府开始制定惩治贪污浪费行为的具体办法和标准。1932 年初到 1934 年秋，中共在中央苏区开展了第一次大规模的反腐倡廉运动，重点是反贪污浪费、反官僚主义。期间，制定了惩治贪污浪费行为的具体办法和标准。1933 年 12 月 15 日，由毛泽东等署名发出中华苏维埃共和国《中央执行委员会第二十六号训令——关于惩治贪污浪费行为》（简称《二十六号训令》）。其全文如下：

《中央执行委员会第二十六号训令——关于惩治贪污浪费行为》

（1933 年 12 月 15 日）

为了严格惩治贪污及浪费行为，特规定惩罚办法如下：

（一）凡苏维埃机关、国营企业及公共团体的工作人员利用自己地位贪污公款以图私利者，依下列各项办理之：

（甲）贪污公款在五百元以上者，处以死刑。

（乙）贪污公款在三百元以上五百元以下者，处以两年以上五年以下的监禁。

（丙）贪污公款在一百元以上三百元以下者，处以半年以上两年以下的监禁。

（丁）贪污公款在一百元以下者，处以半年以下的强迫劳动。

（二）凡犯第一条各项之一者，除第一条各项规定的处罚外，得没收其本人家产的全部或一部，追回其贪没之公款。

（三）凡挪用公款为私人营利者以贪污论罚罪，照第一第二两条处治之。

（四）苏维埃机关、国营企业及公共团体的工作人员，因玩忽职务而浪费公款，致使国家受到损失者，依其浪费程度处以警告、撤销职务以至一个月以上三年以下的监禁。

中央执行委员会主席　毛泽东

副主席　项　英

张国焘

这一训令是以"贪污"命名的第一部反贪污贿赂的法令，它使当时的反腐败斗争有法可依，推动了斗争的深入发展。它的颁布，在我国有关贪污罪的立法史上也具有重要意义。它首次提出了贪污罪的概念，明确给贪污罪下了定义，从而结束了我国法制史上将贪污犯罪以其不同的形式，分别、零散规定于《刑法》各篇的状况，起到了创制罪名、统一罪名的重要作用。

1937 年 3 月 13 日，毛泽东以中华苏维埃共和国中央执行委员会主席的名义，将它再次颁布，令各级政府遵照执行。此后，不同时期的革命根据地大都制定了以"贪污"命名的反贪污贿赂的专门法规，主要有山东省《惩治贪污暂行条例》（1940 年 12 月 3 日）、《惩治贪污公款暂行条例》（1943 年 8 月 1 日）；晋西北《惩治贪污暂行条例》（1941 年 9 月）；晋冀鲁豫边区《惩治贪污暂行条例》（1942 年 2 月 11 日）、《惩治贪污条例》（1948 年 1 月 18 日）；晋察冀边区《惩治贪污条例》（1942 年 10 月 15 日）；渤海区《惩治贪污暂行条例》（1947 年 5 月 6 日）；苏北区《奖励节约惩治贪污暂行条例》（1949 年 9 月 1 日）等。

## 五、第一次开展反腐倡廉运动

1932 年初到 1934 年秋，中共在中央苏区开展了第一次大规模的反腐倡廉运动，重点是反贪污浪费、反官僚主义。这也是我党历史上开展的第一次反腐倡廉运动。

1931 年 11 月 7 日下午 3 时许，中华工农兵苏维埃第一次全国代表大会在江西瑞金县叶坪村的谢氏祠堂隆重开幕。大会的召开宣告了中华苏维埃共和国临时中央政府的建立，标志着中国各苏区的红色政权，终于以国家形态登上了中国政治舞台。

新生的苏维埃政权以根本区别于旧政权的崭新姿态出现在人们面前。参加到苏维埃政权中进行工作的工人、农民、士兵、知识分子和其他劳动群众，在革命战争的艰苦年代中，艰苦奋斗，廉洁奉公，为革命事业作出了出色的贡献，巩固了红色政权。

但毋庸讳言，新生的苏维埃政权建立在四周白色政权的包围中，处在旧思想、旧风俗、旧习惯势力的侵蚀骚扰之中，所以铺张浪费、贪污腐化、以权谋私、官僚主义、消极怠工等腐败现象伴随着新生政权的产生就时有出现。权力腐败的病毒，对于新生的苏维埃政权，已开始在它的某些细胞中产生败坏作用。处于敌人四面包围、残酷"围剿"中的苏维埃政府和工农红军，如果不及时惩处腐败，整饬队伍，势必严重脱离群众而自毁长城，因腐败而丧失战斗力，导致政权的覆灭。因此防止腐败，当时已成为关乎中国共产党领导下的红色政权生死存亡的问题。

中国共产党第六届中央委员会第三次全体会议（扩大）指出："更首先需要党在苏维埃区域中实行更集中的组织与军事纪律。要使每个党员对于革命、对于一切组织行动负严格的责任，尤其要严厉的反对党员中有官僚主义腐化堕落或比一般群众处在特别优越的地位的状态。"在中共中央领导下，苏维埃临时中央政府开展了以反对贪污浪费、官僚主义和消极怠工为主要内容的反腐败斗争，加强了廉政建设，巩固了新生政权。

为了造成一股强大的群众舆论，苏维埃临时中央政府机关报《红色中华》特地在 1933 年 12 月 5 日发表社论，号召苏区广大党员、干部、群众起来同贪污浪费、官僚腐败作无情的斗争。1934 年 1 月，在江西瑞金召开的第二次全国苏维埃代表大会上，中央政府正式发布训令：要在红色革命根据地的区、县、省及中央苏维埃政权机关内，开展一次反贪污、反浪费、反官僚主义的惩腐肃贪运动；苏维埃各级监察机关要密切配合群众，发挥监察部门的作用，搞好检举控告贪污受贿、堕落腐败分子的工作。毛泽东也在这次大会的报告中指出："应该使一切政府工作人员明白，贪污和浪费是极大的犯罪。"于是，一场以反贪污、反浪费、反官僚主义的惩腐肃贪运动在中央苏区展开了。

在这次运动中，各级工农检察委员会发挥专门机关的作用，紧密依靠群众，狠抓典型，查处了左祥云案，熊仙壁案，谢步升贪污腐化案，唐仁达侵吞公款、公债、公物案等一大批大案要案。一些公职人员的贪污浪费、官僚主义、消极怠工等行为，被揭露出来，受到监禁、撤职、严重警告等处分。1934 年，中央工农检察委员会主席团总结了中央机关反贪污斗争的成绩。在中央机关共查出有贪污行为的会计科长和会计 10

人、管理科长及科员 8 人、总务处长 3 人、司务长 4 人、采办科长及科员 8 人、财务处长 3 人、总务厅长 1 人、局长 3 人、所长 1 人、厂长 2 人；贪污公款除大洋 2053.66 元外，还有棉花 270 斤、金戒指 4 个。这些"贪污分子送法庭制裁的 29 人，开除公职的 3 人，包庇贪污与官僚主义者送法庭 1 人，建议撤职改调工作的 7 人，给严重警告的 2 人，警告的 4 人"。中央机关做了榜样，带动了基层的反腐败斗争。瑞金县的贪污案、雩都县的挪用公款经商营私案等都相继被揭露出来。

中央苏区反腐败斗争取得了重大成绩，当时虽然对一些案件的处理存在着扩大化或偏重的倾向，但从总的方面来看，对保证革命战争和苏区各项建设，特别是加强中央苏区党政机关的廉政建设，巩固工农兵政权起了重要作用。同时，积累了宝贵的反腐败斗争经验，在我党反腐倡廉的历史上留下了重要的一章。

### 六、第一个被执行枪决的腐败分子——谢步升

谢步升，瑞金九区叶坪乡人，共产党员，原任叶坪村苏维埃政府主席。1932 年 5 月 9 日中华苏维埃共和国临时最高法庭二审终审，维持原判，判决"把谢步升处以枪决，在 3 点钟的时间内执行，并没收谢步升个人的一切财产"。这一天下午 3 时，叶坪村苏维埃政府主席谢步升在江西瑞金伏法。这是我党反腐败历史上枪毙的第一个"贪官"，也是中华苏维埃共和国工农检察机关查办的第一个贪污大案。

谢步升家境贫穷，12 岁时给地主打短工。1929 年参加工农武装暴动，任云集暴动队队长。1930 年参加中国共产党，并任叶坪村苏维埃政府主席。虽然这个官职不大，但随着苏维埃临时政府的建立，他的声望陡然增高，思想作风逐渐变质。他利用职权贪污打土豪所得财物，偷盖苏维埃临时中央政府管理科公章，伪造通行证私自贩运物资到白区出售，谋取私利。他为了掠取钱财，秘密杀害干部和红军军医。他生活腐化堕落，诱逼奸淫妇女。事发后，查办案件遇到一定阻力。时任瑞金县委书记的邓小平认为：这是苏维埃临时中央政府成立以来发生的第一桩腐败案，此风不杀，何以了得！"我们苏维埃临时政权建立才几个月，有的干部就腐化堕落、贪赃枉法，这叫人民群众怎么相信我们的党，相信我们的政府？"毛泽东知道这件事后指示说："腐败不清除，苏维埃旗帜就打不下去，共产党就会失去威望和民心！与贪污腐化作斗争，是我们共产党人的天职，谁也阻挡不了！"1932 年 5 月 5 日，瑞金县苏维埃裁判部对谢步升进行公审判决，判处谢步升死刑。谢步升不服，向中华苏维埃共和国临时最高法庭提出上诉。4 天后，以梁柏台为主审的临时最高法庭在核实事实的基础上，否决了谢步升的上诉。当日，即 5 月 9 日，红都瑞

金响起了苏维埃临时中央政府成立后的第一声惩治腐败分子的枪声。

### 七、第一个被处决的处级以上干部——左祥云

中央苏区时期，为筹建中央政府大礼堂和修建红军烈士纪念塔、红军检阅台、博生堡、公略厅等设立了"全苏大会工程处"。

中央政府总务厅任命左祥云为主任。这在当时是重大工程。中央政府为解决经费、材料等问题，采取发动群众购买公债、鼓励捐献、厉行节约、支援建设等一切措施，筹集了10万元的资金和物资。整个工程于1933年8月动工。11月就有人举报左祥云与总务厅事务股长管永才联手贪污工程款，经常大吃大喝，还强迫群众拆房，随意砍伐群众树木。中央人民委员会"即令中央工农检察部抓紧调查群众的检举"。经初步调查，发现左祥云在任职期间勾结反动分子，贪污公款246.7元，并有盗窃公章，企图逃跑等问题，犯有严重罪行。据此，中华苏维埃共和国中央政府主席毛泽东亲自下令命总务厅扣押左祥云听候处理。然而，总务厅管理处长徐毅却放走了左祥云。事情发生后，毛泽东责令中央工农检察委员会一定要将民愤极大的左祥云一案查个水落石出。左祥云被抓回，中央总务厅的腐败问题暴露无遗。1933年12月28日，毛泽东同志主持中央人民委员会会议，讨论了左祥云及总务厅腐败案件。1934年1月4日中央人民委员会公布了有关决定。1934年2月13日，最高法院在中央大礼堂开庭公开审判左祥云及有关人员。审判历时近五个小时。法庭认定："左祥云贪污公款大洋246元7角。勾结徐毅打介绍信到下肖区，准备有计划的逃跑，勾结反动分子刘良芹、刘良棉买卖路条（刘良芹以10元钱卖给左犯一张路条，刘良棉送左犯逃跑至江口得了5元钱）。盗窃我们的军事秘密图去献给白军，并企图逃到湖南组织蒋介石的游击队来进攻苏维埃，又私偷公章和介绍信到雩都参加主席团会议，企图做反革命的活动"。判决左祥云死刑，执行枪决。同时，对其他有关人员做了相应判决。1934年2月18日，对左祥云执行了枪决。这是我党历史上对因贪污等腐败问题而判处死刑的较高级别的干部，也是毛主席直接过问的腐败案件。

## 古井贪腐国企痛

继古井集团安徽古井贡酒股份有限公司原总经理甘绍玉被法院以受贿罪一审判处有期徒刑 15 年，并没收个人财产 100 万元，追缴违法所得后，安徽省亳州市中级法院一审又以受贿罪判处古井集团原副总裁、古井房地产集团原董事长李运杰有期徒刑 15 年。至此，古井集团系列腐败案 11 名涉案高管中已有 6 人被判刑。

2007 年 4 月 16 日，坐落在安徽省亳州市 80 公里以外偏远小镇的古井集团总部的宁静被打破，本应主持周一例会的董事长王效金没有现身。而亳州市政府官员出现在当天的古井集团中层干部紧急会议上，并当场宣布，王效金夫妇已于三天前被纪检部门从家中带走调查。

正当众人还在为这个消息震惊不已时，古井集团及其子公司相继又有多名高管被纪检部门调查或被要求协助调查，随后，其中被确认存在违法违纪行为的数名高管被移交给检察机关立案侦查。

2006 年 4 月，古井集团原副总裁、财务总监刘俊德被亳州市纪委"双规"，成为古井集团第一个被"双规"的高管。2007 年 4 月 15 日，安徽省纪委从有关部门抽调组成的百人办案组来到亳州，这意味着有关部门正式介入古井腐败系列案调查。

王效金一案由中央纪委督办、安徽省纪委和安徽省检察院联合组成的调查组具体负责调查、亳州市纪委协助调查，后被安徽省检察院立案侦查；其他涉案高管由亳州市纪委调查，后移交亳州市检察院立案侦查。

涉案高管大部分在同一时期被"双规"，但进入司法程序的时间不同。2007 年 4 月 17 日，安徽省纪委从各基层检察院抽调了多名干警，加上市检察院共 20 名反贪干警全部到位，全力侦破此案。查办此案历时近一年，通过办案规范了古井集团的管理、促进了古井集团的发展。如今古井集团窝案虽仍未尘埃落定，但是它对国企改革以及反腐产生的警示意义已慢慢开启。

2007 年 9 月 10 日，安徽省检察院以涉嫌受贿罪对王效金进行立案侦查。检察机关初步调查显示，1991 年 10 月至 2007 年 2 月王效金利用职务之便，先后收受有关广告公司、酒厂、商贸公司等企业负责人贿赂达 800 多万元，为行贿人在广告业务承接、产品供应、货款支付、经营代理等方面提供便利。

出生于1949年的王效金在36岁时调到亳州古井酒厂任生产副厂长，两年后担任厂长；1989年，在众多白酒企业面对市场变化无所适从时，王效金率先推出"降价降度"策略，带领古井酒厂走出困境，也因此被誉为"中国酒界第一人"。工人出身的王效金在他的前半生实现了当初的理想，缔造了古井的辉煌，然而在58岁这年，王效金的梦想因为腐败戛然而止，这样的人生轨迹或许与其性格中的弱点不无关联。

"独裁、专制、自负"是古井人评价王效金时最常用到的词汇。信奉"铁腕"管理观的王效金强势且专断，很少采纳别人的意见。多年以来，随着环境的变迁，王效金的经营思路以及曾经创造古井神话的集权制管理模式日趋僵化，且备受争议，但没有人敢当面提出。

落马的古井高管中有很多是王效金一手提拔起来的，古井集团原副总裁刘俊德就是其中之一，古井系列案的案发也是由他开始的。

2006年4月，刘俊德被亳州市纪委"双规"，时隔近一年半之后，被移交亳州市检察院立案侦查，于2007年9月29日被逮捕。

2008年2月20日，亳州市中级法院公开开庭审理刘俊德涉嫌受贿案。检察机关指控，2003年至2006年，刘俊德先后4次收受山东烟台华新包装有限公司总经理姜国武贿赂款共计8万元。2004年8月，刘俊德为给安徽盛臣集团拆借资金，收受盛臣总经理徐华的贿赂美元2万元及价值2.4万元的手表。

庭审中，控辩双方争议的焦点集中在一套价值122万元的房产的性质上。

2003年4月，万基集团总经理、广东深圳万基药业有限公司董事长陈伟东打算从古井集团拆借1亿元资金用于炒股，经多次商谈，刘俊德同意先与万基集团做7000万元委托理财业务。2003年12月至2004年1月，刘俊德违背古井关于委托理财的相关程序，与万基集团签订了7000万元的资产管理合同，并将这笔拆借资金汇到相关股票账户上。2004年2月18日，陈伟东召开万基集团高管会议，研究并决定为刘俊德在上海购买房屋。2004年底，王效金从古井集团内部听说刘俊德与万基的委托理财业务后，找刘俊德核实。知道实情后的王效金要求刘俊德追款。但此时股市疲软，即使再平仓，古井也会损失严重。2005年6月，刘俊德将万基为其购买的房屋以其妻子的名义办理了房产证。此时，万基从古井拆借7000万元购买的股票已被套牢，无力偿还到期的借款。两个月后，古井起诉万基，最终万基实际归还古井8000多万元。

在庭审中，刘俊德辩称说王效金知道7000万元拆借资金的实际用途，并表示万基为其购置房屋与资金拆借无关，而是陈伟东为了聘请他到万基工作才送给他一处房产。

王效金在担任古井集团董事长期间，曾将一些亲戚安排在集团公司及其子公司担任重要职务，一审被判处有期徒刑 15 年的古井贡酒股份有限公司原常务副总经理、销售公司总经理朱仁旺是王效金的外甥女婿，有关部门在查处古井窝案时将其列为"2 号人物"。

2007 年 7 月 9 日，检察机关对朱仁旺立案侦查。令查办此案的亳州市谯城区检察院反贪局局长徐建民印象深刻的一个细节是，朱仁旺在被侦查期间研读法律书籍，经常询问干警自己会被判几年。

法院审理查明，朱仁旺于 1994 年至 2007 年期间多次非法收受 81 人贿赂款共计人民币 212 万元、美元 0.9 万元。2008 年 1 月 14 日，法院以受贿罪一审判处朱仁旺有期徒刑 15 年，并处没收个人财产 80 万元。

销售商和代理商们向朱仁旺行贿的目的主要有这样几方面：开发新品种酒、争取经销权、降低供货价格、增加市场推销费用、扩展销售区域范围、获得销售补偿、处理积压酒产品，等等。

法院认为，朱仁旺明知他人有请托事项，仍收受他人所送财物，钱款数额明显超过朋友间的正常往来，并且为请托人谋取了利益，构成受贿罪。据悉，在法院一审宣判后，朱仁旺提出了上诉。

与朱仁旺相似的是，古井贡酒股份有限公司的全资子公司、安徽老八大酒业有限公司原董事长阮昆华收受的贿赂中也有相当一部分来自酒类销售商。

建筑、房地产领域的商业贿赂由来已久，在不同类型的企事业单位中，基建部门成为权钱交易的高发区，在这个意义上，古井窝案也未能"免俗"。古井贡酒股份有限公司基建修缮部原经理李万林，以及古井集团原副总裁、古井房地产集团有限责任公司原董事长李运杰都在这一环节落马。

在古井腐败窝案中，李万林案最早进入司法程序，2007 年 5 月 12 日，亳州市检察院对李万林立案侦查。

法院审理查明：1987 年至 2005 年，李万林利用其负责古井工程项目建设的职务便利，为安徽省太和县第二建筑公司、阜阳建工集团在工程承包、工程款拨付等方面谋取利益，先后多次收受他人财物共计 89.6 万元。2007 年 11 月 26 日，安徽省蒙城县法院一审以受贿罪判处其有期徒刑 12 年。李万林不服判决，提出上诉，亳州市中级法院二审认定，由于李万林具有自首情节，归案后认罪态度好，积极退出全部赃款，悔罪明显，依法可减轻处罚，判处其有期徒刑 7 年，并处没收个人财产 20 万元，追缴违法所得。

李运杰是古井集团唯一一名由基层工人做到集团副总裁位置的高管。2008 年 2 月 28 日，李运杰受贿案在亳州市中级法院一审开庭审理。检察机关指控，李运杰利用职务之便，受贿人民币 227 万元、港币 80 万元、美元 0.2 万元。

在前后近 10 年的时间里,李运杰在古井房地产集团有关建设项目的建筑设计、工程监理、安装、装饰等环节收受贿赂。检察机关指出,李运杰还存在索贿行为,其中向浙江华汇机电设备安装有限公司第二分公司经理徐武均索取 40 万元人民币。在 8 名行贿人中,李运杰仅收受或索取徐武均的贿赂就达 82 万元。法院一审以受贿罪判处李运杰有期徒刑 15 年。

## 医药采购"潜规则"

"潜规则"一词最早出现在娱乐圈,但不久就成为各行各业里只可意会不可言传的交易的代名词。一提"潜规则",大家便心知肚明地知道那大多特指幕后交易。北京市丰台法院审结的一起医疗贿赂案,就牵出了医疗行业的"潜规则"。该案的主角是 31 岁的李某及其所在的北京某医疗器械有限公司。

李某 2000 年 7 月毕业于北京联合大学中医药学院,2000 年 12 月到北京某医疗器械有限公司工作。该公司于 2000 年成立,注册地在门头沟区,是家私人公司,胡某是法定代表人也是公司总经理(目前胡某在逃),经营范围是医疗器械、仪器仪表等,该公司代理德国德尔格公司的医疗器械产品销售,包括麻醉机、呼吸机和手术室吊塔等产品。直接销售对象是北京和天津的各大医院,在天津也有办事处。李某来公司后一直从事产品的销售工作,2004 年底被任命为副总经理,负责管理公司在北京的销售业务。

2002 年 7 月到 2006 年 9 月,李某及其所在公司为了向北京市各家医院推销公司的呼吸机、手术室吊塔、麻醉机、手术床、监护仪等总价值 1200 余万元的医疗器械,以公司的名义先后数次向北京市 11 家大中型医院的院长、科室主任等 17 人行贿,总金额达 160 万余元。

2007 年 6 月 21 日,李某被检察机关以单位行贿罪提起公诉,后检察机关又追加指控被告单位北京某医疗器械有限公司犯单位行贿罪。

站在丰台法院刑事审判法庭上的李某,听到了法官对自己的一审判决:"被告人李某犯单位行贿罪,判处有期徒刑 1 年 6 个月"。法院同时还判决:被告单位北京某医疗器械有限公司犯单位行贿罪,判处罚金人民币 500 万元。

什么是"潜规则"?肯定是相对于"明规则"或"正规则"而言不能拿到桌面上来说的,它决不敢被公示于人,但又是在某一行业里得到广泛认同、起着实际作用、人们"必须遵循"的一种规则。

可能很多人厌恶它,但使用它比遵守"正规则"更易达到目的,获得想要的利益，因此人们心照不宣地执行它。反之，谁不遵循这种"潜规则"，谁就有可能会被挤出行业圈外，甚至被淘汰。

在法律法规尚不完善的中国市场，由于"权力对市场无所不在的干预"，商业贿赂成为一些行业和领域的"潜规则"。商业贿赂在垄断领域是高发区，尤其活跃在医药采购等领域，李某案就牵出了"冰山一角"。

权力与贪欲结合时，商业贿赂才会发挥作用，李某用自己的实际行动验证了这句话。李某行贿的对象都是握有实权的医院院长或各科室主任、科长，只要他们对谁点头，几十万乃至上百万的货款就会花落谁家。因此，在李某之类的行贿者眼里，他们是"潜规则"追逐的对象，是自己或公司获得利益的关键人物。

李某及其公司非常恪守"行规"。首先，他们以多种方式"联络感情"，对医院的实权派人物竭力逢迎，有求必应，而且做到滴水不漏。他们以送礼、报销各种发票、出国考察为诱饵与医院领导"增进感情"；其次，他们行贿比例明确且事先告知对方，一般都是按产品价格的 5%～10%给医院领导回扣，而且都是按行规以"学术支持费"名义送去的，让人觉得拿着不烫手，甚至理所当然。

据李某交代，他们的送礼对象都是"对公司销售产品有影响或有决定性作用的人，希望和这些医院领导搞好关系，为以后能够继续向这家医院卖设备提供方便"。其实，行贿者和受贿者都非常明白，李某们就是希望购买设备的医院在招标活动中排除其他竞争公司，使自己的公司获得交易机会，从而将自己的产品销售出去。听说电力医院手术室要改造，为了与另一个竞争对手竞争，他们去该院院长办公室 20 多次，家里 2次，"感情投资"终于见效，他们"中标"了 9 套吊塔、4 套手术灯……李某认为"不给人家钱，医院肯定就不要我们的产品"，甚至感到"不给人家钱，都没有脸再去医院"。但最终"没脸"的不仅是李某，还有那些被"潜规则"拉下马的 17 个院长、科长们。

当然，李某并非能全部打点到位，就有人曾对他甩过脸子。他说，在某医院，一个设备处长和一个 ICU 主任曾拖着不签字，而没他们的签字，医院的财务就不给结剩余货款，在请示老板同意后，李某给两个人每人 1 万元，货款很快就结清了。送去的钱仍然有着冠冕堂皇的理由——"技术支持费"。李某还说，甚至有的人因为给钱少了，再也没订过他们的设备。"潜规则"的水到底有多深，恐怕只有身在其中才能体会。

和李某一个公司的销售经理秦某在接受检察机关调查时说："如果不给他们返钱，公司就不可能中标，医院也不可能买公司的设备"。他解释道："一般都是我们先给对方一个给予好处的承诺，现在市场就不是良性竞争，谁给的回扣多，谁的业务就会多。"他说，回扣的上限一般是销售金额的 10%，有时为了与初次打交道的医院建立关系，他们甚至给出了高于 10%的回扣。

从中我们可以清楚地看到"潜规则"像市场经济下的一股暗流,虽然见不得阳光,但私下却暗波汹涌,搅乱了市场秩序,也搅动了贪心。

在李某案开庭时,检察官在公诉意见中曾提出:"本案行贿对象的人数比较多,这 17 名受贿人员中上至卫生局局长、医院院长、副院长、党委书记,下至医院的科室主任、副主任,均系医院掌握采购医疗设备一定职权的人员,且大部分是中共党员,有的还曾经在抗击"非典"一线立功受奖。"按"潜规则"办事是有风险的,这一点,受贿者们很清楚,但他们终未能抵挡住钱的诱惑。

一个医院的呼吸科主任曾对着李某送去的厚厚一沓钱犹豫着说:"太多了,要不给我安排出国吧。"李某马上见机行事地说:"没事,咱们都说好了,您要是想出国,我们再给您安排学术会议。"而该院的原物资采购供应中心主任则推辞了两下,半推半就地收下了钱……

法网恢恢,疏而不漏。行贿者与受贿者终会受到法律的制裁。

## 共和国"问斩"高官

成克杰,男,壮族,1933 年 11 月出生于广西上林县,1984 年 2 月加入中国共产党,1957 年 9 月参加工作,北京铁道学院铁道管理专业毕业,大学文化,高级工程师。1952 年至 1957 年在北京铁道学院铁道管理专业学习(1953 年至 1954 年为北京俄文专修学校留学生部留学预备生),1957 年 9 月至 1969 年任柳州铁路局湛江车站实习生、技术员、南宁分局技术员。1969 年至 1979 年任柳州铁路局湛江车站技术员、湛江办事处业务指导员。1979 年至 1980 年任柳州铁路局南宁分局技术员、工程师。1980 年至 1983 年任柳州铁路局南宁分局副总工程师。1983 年至 1984 年任柳州铁路局南宁分局副局长兼总工程师。1984 年至 1985 年任柳州铁路局副局长。1985 年至 1986 年任柳州铁路局局长兼党委副书记。1986 年至 1989 年任广西壮族自治区副主席。1989 年至 1990 年任中共广西壮族自治区委员会副书记、自治区副主席。1990 年至 1998 年 1月任中共广西壮族自治区委员会副书记、代主席、主席。中共十四大当选为中央委员,1998 年 3 月当选为全国人大常委会副委员长。

1993 年底,成克杰与情人李平准备各自离婚后结婚,商议趁成克杰在位,利用其职权,为婚后生活共同准备钱财。此后,两人开始有目的、有计划地聚敛钱财,疯狂地上演了一幕幕权钱交易的"二人转"。1994 年 3 月 10 日,为了"名正言顺"地赚钱,成克杰利用职权,将广西银兴房屋开发公司由原隶属广西国际经济技术合作公司改为直接隶属自治区人民政府办公厅领导和管理，获"好处费"2000万元。

1996年上半年至1997年年底，通过李平得知能获取"好处费"后，成克杰帮助银兴公司承接广西民族宫工程及解决建设资金，成、李获得银兴公司的贿赂款人民币900万元、港币804万元。1994年7月至1997年底，成克杰和李平在接受银兴公司请托过程中，还先后收受了该公司负责人周坤送给的人民币、港币、美元以及黄金钻戒、金砖、黄金工艺品、手表等贵重物品，价值人民币55万余元。1994年7月至10月，通过李平得知能获取"好处费"后，成克杰利用职务上的便利，帮助广西信托投资公司及下属广西桂信实业开发公司联系贷款共计人民币1600万元，成、李从中收受贿赂款人民币60万元。1997年7月，通过李平得知能获取"好处费"后，成克杰利用职权为铁道部隧道工程局谋取承建岩滩水电站库区排涝拉平隧洞工程，成、李从中收受贿赂款人民币180万元。1994年初至1997年4月，成克杰还利用职权帮助合浦县原副县长甘维仁、北海市公安局海城分局原局长周贻胜、广西壮族自治区计委服务中心原主任李一洪提级或调动，成克杰单独或与李平共同接受贿赂款合计人民币28.8万元、美元3000元。采取这种"二人转"的方式，成克杰通过批项目、要贷款、提职级等多种方式，伙同李平或单独非法收受贿赂款、物合计人民币4109万余元。

北京市第一中级人民法院根据被告成克杰犯罪的事实、性质、情节和对社会的危害程度，依照《中华人民共和国刑法》第三百八十五条第一款，第三百八十六条，第三百八十三条第一款第一项、第二款，第五十七条第一款的规定，于2000年7月31日宣判，以受贿罪判处成克杰死刑，剥夺政治权利终身，并处没收个人全部财产。一审宣判后，成克杰不服，向北京市高级人民法院提出上诉。北京市高级人民法院依法组成合议庭，依照《刑事诉讼法》的规定，对此案进行了审理。合议庭讯问了成克杰，听取了他本人不服判决提出的上诉理由和辩护人的辩护意见，全面审查了北京市第一中级人民法院一审判决认定的事实和证据及适用法律。8月22日，北京市高级人民法院作出二审裁定：驳回成克杰上诉，维持原判，依法报请最高人民法院核准。9月7日，最高人民法院核准成克杰死刑。

## 八大贪腐案略览

### 一、田凤山

田凤山利用担任黑龙江省人民政府省长、国土资源部部长的职务便利，为他人谋取利益，以及利用职权、地位形成的便利条件，通过其他国家工作人员职务上的行为，为请托人谋取不正当利益，多次非法收受他人贿赂共计人民币 436 万余元，被判处无期徒刑。

### 二、韩桂芝

韩桂芝系黑龙江省政协原主席，利用担任中共黑龙江省委组织部副部长、部长、省委常委、省委副书记等职务便利，为马德等人在职务晋升、调整等方面谋取利益，先后多次非法收受上述人员给予的款物共计人民币 702 万余元，被判死缓。

### 三、陈希同

陈希同系北京市委原书记，因涉嫌贪污和玩忽职守，于 1998 年 2 月 27 日经检察机关决定逮捕。1998 年 7 月 31 日，北京市高级人民法院对陈希同贪污、玩忽职守案进行了公开宣判：以贪污罪判处陈希同有期徒刑 13 年；以玩忽职守罪判处陈希同有期徒刑 4 年；两罪并罚，决定执行有期徒刑 16 年。赃物没收上缴国库。

### 四、张国光

张国光系中共湖北省委原副书记、湖北省原省长。在辽宁任职期间，利用担任沈阳市委代理书记、书记、辽宁省委副书记的职务便利，接受请托，为沈阳一家公司获取银行贷款和承揽工程，为马向东等人在晋升等方面谋取利益，收受贿赂共计价值人民币 57 万多元，被判处有期徒刑 11 年。

### 五、宋平顺

天津市政协原主席，2007 年 6 月涉嫌犯罪，自杀。宋平顺道德败坏，包养情妇，滥用手中权力，为情妇谋取巨额不正当利益。情节严重，影响恶劣，严重违反了党的纪律，中共中央纪委报经中共中央批准，开除宋平顺党籍。

## 六、刘方仁

刘方仁系贵州省委原书记、省人大常委会原主任。非法收受他人钱款折合人民币 677 万余元，被判无期徒刑，没收赃款，没收个人全部财产。

## 七、李嘉廷

李嘉廷系中共云南省原副书记、云南省原省长。利用职务便利，为他人谋取利益，先后 30 次伙同妻儿或单独收受财物折合人民币 1810 余万元。案发后，其妻自杀。李被判处死刑，缓期二年执行。

## 八、刘志华

刘志华 1999 年起担任北京市副市长。2006 年 6 月，刘志华被"双规"，12 月中旬被"双开"。2008 年 10 月，刘志华受贿案在河北衡水中级法院一审开庭，被控索取、收受他人财物 690 余万元，被判处死刑，缓期二年执行。

**【教授点评】**

俗话说"莲，因洁而尊；官，因廉而正"。官员自重是拒腐防变的基础，自省是拒腐防变的关键，自警是拒腐防变的屏障，自励是拒腐防变的动力。但现实的官场中人却并非完全地廉洁正派。

历览前贤国与家，成由勤俭败由奢。自国家产生以来，腐败一直与人类相伴而行，被人形象地称为"政治之癌"。全球化的当下，它的存在对各国政府的正常运行构成了严重的危害。作为执政党的中国共产党，一方面肩负着构建社会主义和谐社会的任务，另一方面又面临着腐败的威胁。因此，重视和加强党的廉政建设，是党必须认真对待和解决的一项重大课题。要在实践中找到一些行之有效的方法，总结出一些成功的经验加以推广运用，这样才能为国家富强、民族振兴、人民幸福提供有效保障，从而加快构建社会主义和谐社会的进程。

目前我国腐败问题的主要特征有以下几方面：易发多发性，最高人民检察院提供的数据显示，2003 年 1 月至 2006 年 8 月，中国检察机关共查处贪污贿赂犯罪 67505 人，平均每月有近 1600 名官员因腐败锒铛入狱；官员腐败级别高，中纪委近几年查处的省部级高官腐败犯罪案件已达 100 多人，例如"贪渎档案"中提到的陈希同、成克杰、韩桂芝等；贪腐数额大，例如陈良宇案中被挪用的社保基金数额高达 32 亿元；"群蛀"现象严重，例如古井集团窝案中就有一批高级管理人员涉案；以及有法不依等。成克杰、田凤山、韩桂芝等高官不顾法律和《党章》的规定，为了一己私利贪污受贿，在金融、建设、教育、人事等方面为请托人谋取不正当利益，与党和政府构建服务型政府、构建和谐社会的目标严重相背离。

有人说，预防腐败的关键在于制度建设，制度建设得好，则腐败少，制度建设得不好，则腐败多。我国历来注重反腐制度建设，党从成立之日起，就把反腐倡廉作为至关重要的政治任务常抓不懈。第一个反腐文件、第一次设立党的纪律检查机构、第一个反腐倡廉举报箱……都见证了党中央反腐败的决心和努力。2002 年 11 月，党的十六大确立了"标本兼治、综合治理、惩防并举、注重预防"的反腐倡廉工作方针，使得惩治与预防腐败的关系更加明确。中央积极健全惩治和预防腐败体系，颁布了一系列制度规定，如 2005 年 1 月中央印发了《建立健全教育、制度、监督并重的惩治和预防腐败体系实施纲要》。

现阶段我国更是着重完善法律法规，将预防腐败工作纳入法制化的轨道。在《中华人民共和国刑法》第八章中用了 15 个条文、12 个罪名明确规定了贪污贿赂犯罪，第九章中用了 23 条、34 个罪名规定了渎职犯罪。除此，还颁布了《中华人民共和国法官职业道德准则》和《中华人民共和国检察官职业道德准则》用以规范法官和检察官的职业行为。为预防腐败，中华人民共和国最高人民法院颁布了"五个严禁"：严禁接受案件当事人及相关人员的请客送礼；严禁违反规定与律师进行不正当交往；严禁插手过问他人办理的案件；严禁在委托评估、拍卖等活动中徇私舞弊；严禁泄露审判工作秘密。为使执法者代表公平正义作了规范。

"水能载舟，亦能覆舟"，反腐倡廉有助于党政机关干部更好地践行立党为公、执政为民，关系到人民的命运前途，符合广大人民的根本利益；反腐败可以帮助国家工作人员在思想上树立"不想贪"的信念，符合现阶段的工作任务；反腐败关系到党和国家的生死存亡，符合党和政府构建社会主义和谐社会的目标。预防腐败构建廉政体系，不仅是实践问题，也是理论问题。理论不清，实践活动必然遭遇困惑和尴尬。开展反腐败斗争，最理想的莫过于将腐败现象一扫而光，但由于腐败是权力的派生物，只要有权力这个腐败温床的存在，那么，不管如何竭尽全力严厉打击，腐败行为都不会全部消失。因此，建立科学的廉政体系只能极力遏制腐败行为的发生而无法根除。同时，要将反腐倡廉工作纳入法制化的轨道，树立法律的权威，建立以制度约束为主、个人自我约束为辅的防止腐败体系，最终使官员做到"位高不忘责任重，权重不移公仆心"。

# 第二章　金樽美酒千人血　玉盘佳羹万姓膏

## ——腐败危害论

### 职务犯罪危害多

严重的社会危害性是犯罪的首要基本特征，也是其本质特征，职务犯罪自然也不例外，其也具有严重的社会危害性。但职务犯罪由于其犯罪主体的特殊性——具有一定职务、掌握一定权力而表现出比一般犯罪更为严重、社会危害性更大的显著特征。具体表现为：

#### 一、危害多数人的生命财产安全

职务意味着责任，意味着管理，其对象涉及人数多，涉及面宽，如果职务行为人严重不负责任，不履行或不正确履行职责，或滥用职权，就会损害多数人生命财产的安全。如有关主管领导或工程管理人员严重不负责任，不按有关规定履行职责，或徇私舞弊、贪污受贿，就会造成工程质量低劣，出现豆腐渣工程等问题，从而导致工程不能用，甚至倒塌造成人员伤亡等人民群众生命财产严重受损情况的发生。

#### 二、造成公共财产的大量流失

贪污、挪用等职务犯罪严重违反国家的财经纪律及有关法律法规，往往造成公共财产的大量流失，损害国家和人民的利益。因为贪污、挪用行为人往往掌握有一定权力，如掌握着数额较大的公共财产管理权、使用权等，如果他们私心严重，利欲熏心，就会不择手段违法违纪，侵吞、动用公款，就会造成大量公共财产的流失，就会造成比盗窃、抢劫、诈骗等犯罪行为后果更为严重的公共财产损失。

### 三、腐蚀国家的肌体，危害国家的长治久安

贪污贿赂、渎职侵权等职务犯罪，不仅严重腐蚀国家肌体和人们的灵魂，败坏党风和社会风气，降低党和政府的声誉，严重破坏社会主义精神文明建设，而且直接危害国家机关的正常活动，削弱国家的职能。同时，职务犯罪还必然阻碍社会主义民主政治建设的步伐，干扰党和国家的方针、政策、法律、法令的贯彻和实施，破坏社会主义法制的统一和尊严，破坏社会主义市场经济建设，危害国家的长治久安。

## 职务犯罪原因析

职务犯罪作为一种社会历史现象，其产生的原因很多，也很复杂，但归纳起来，其产生原因可分为内因和外因两种：

### 一、内因

内因，即职务行为人自身的因素，包括职务行为人的素质、修养、人生观、世界观、价值观等。可以说，职务行为人的素养、人生观、世界观、价值观决定了职务犯罪发生的内在可能性。这很容易理解，如果职务行为人思想觉悟不高，素养差，追求享乐，贪图名利，则其利用职务或因为职务而犯罪的可能性就大；反之，如果职务行为人思想觉悟高，素养好，一切以国家和人民利益为重，则其利用职务或因为职务而犯罪的可能性是很小的。另外，目前我国公民尤其是国家工作人员法律素质不高、不懂法也是职务犯罪产生的重要因素。以行贿和受贿罪为例，行贿人为办成事，往往认为给受贿人财物是正当的，理所当然的，符合情理的；而受贿人为他人办成事以后，索要或收受他人财物，往往也认为正常，属"礼尚往来"。再以挪用公款罪为例，挪用人往往认为"借"公款用几天，随后就还了，没什么大不了的事，等等。犯了罪还不知道，反而认为正常，这就是法律素质不高、不懂法的具体体现。

### 二、外因

外因，即引发职务犯罪的外部因素。职务犯罪作为一种社会历史现象，其种类繁多，形式各异。引发职务犯罪的外部因素很多，也很复杂，但归纳起来，主要有以下几种：

## （一）不良社会风气

时下，求人办事、请客送礼、塞红包已成为社会普遍现象。无论小事、大事，公事、私事，合法之事、不合法之事……要想办成，大都得出点儿"血"。其实，这是一种极不正常的社会风气，可以说，大家都深恶痛绝，因为我们大家都有求人办事的时候。在此，我们且不去追究这种不良社会风气源于何时，缘于何因，只论其实质。而言其实质，或许会有很多人认为这是中国人重情义、礼尚往来思想的具体表现。笔者认为这种认识是犯了逻辑上偷换概念的错误，或者说是犯了凡事一概而论的错误。礼尚往来是我们中华民族的传统美德，但它应是在一定范围内起作用的，如亲戚朋友之间、私人之间，等等。而对于公务、职务行为来说就不能再以重情义、礼尚往来去行事了，否则，对于受益人来说那就是投桃报李思想在作怪，而对于职务行为人来说则是官本位思想在作祟。而在这两种思想支配下，行贿和受贿行为必然会发生。

## （二）国家公职人员收入普遍不高

目前，受我国经济和社会发展水平等因素的制约，国家工作人员的收入普遍不高，而社会上先富起来的一部分人则收入偏高或很高，且有时出手大方，这种情况往往导致国家工作人员心理失衡，或利用职权贪污受贿、徇私枉法，或应付工作，失职渎职。

## （三）规章制度和监督管理欠缺

规章制度对于规范国家工作人员的行为，引导其正确履行职权具有重要作用；监督管理对于保障各项规章制度的贯彻落实，减少各种职务犯罪具有重要作用。所以规章制度不健全、监督管理不到位很容易导致职务犯罪的发生。如平时我们所说"小金库是腐败现象滋生蔓延的温床"，其中的"小金库"实质上就是因规章制度不健全、缺乏监督管理而出现的产物。

## （四）执法不严

反腐败这么多年了，腐败不止，惩治职务犯罪这么多年了，职务犯罪时有发生，原因何在？除了上述因素以外，执法不严也是一方面。执法不严、违法不究在一定程度上助长了犯罪分子的嚣张气焰。职务犯罪分子更是如此，他们往往认为，凭借其构筑的关系网，即使犯了罪也能摆平、逍遥法外。这是目前很多职务犯罪分子敢于顶风作案、大肆敛财、失职渎职的心理基础，在这一心理基础支配下，他们敢于以身试法，敢于肆无忌惮。执法必严、违法必究是遏制职务犯罪的有效举措；执法不严、违法不究则是助长职务犯罪的催化剂。

## （五）权力的失控

公共权力是根据公共意志组织、协调和控制社会公共生活的力量，它是基于人类共同生活的需要而产生的。自国家产生以来，公共权力主要表现为国家的政治权力。历史实践表明，无论是少数人还是多数人统治的国家，都无法做到统治者全体直接行使各种具体的国家职能权力，而只能经授权程序由部分人代为行使。从理论上说，任何授权关系都存在着权力被代行者非合理使用的风险，这是权力政治学的一般常识。当具体的公共权力偏离了法律规范的轨道，被用来服务于个人或小集体的意志和利益时，权力通常就处于同授权人整体的意志和利益相冲突的状态。这时，权力蜕变为个别人实现私欲的手段，成为被滥用的力量。

在社会主义的中国，公共权力即人民的权力，人民的权力主要是由公职人员代行的。这种授权关系会不会由于社会制度的先进而自动免除了权力被代行者滥用的可能性？现在我们已经可以明确，先进的社会主义制度条件下的公共权力同样存在被其代行者滥用的风险。实行改革开放以来，我国的反腐败斗争一直在进行，但是腐败的蔓延之势并没有得到根本遏制。其主要原因就是单纯的打击和处罚并不能从根本上解决权力滥用的问题，既然授权关系是必需的，那么为了防止权力的滥用，就应当对权力的代行者从制度上施以有力的约束和监督。权力腐败的泛滥说明现行的权力体制对授权后权力行使过程的控制力和约束力还不足，使得权力行使人有较大的个人随意行为的空间。而权力失控后，加之经济和社会的诱因，必然发生滥用的情形，正所谓"绝对的权力导致绝对的腐败"。

从政治的层面来看，我国政治生活和公共管理中所发生的权力失控现象，主要是由于现行政治体制中权力配置上存在以下一些弊端：

首先，权力过于集中。权力过分集中是我国党政领导体制中传统的弊端。早在改革开放之初，邓小平同志就指出党和国家领导制度中的主要弊端之一是权力过分集中，而过分集中往往把党的领导变为个人领导。"必然造成官僚主义，必然要犯各种错误。""不少地方和单位，都有家长似的人物，他们的权力不受限制，别人都要惟命是从，甚至形成对他们的人身依附关系。"有些人自恃大权在握，专横跋扈，违法乱纪，贪污受贿，最终滑入腐败的深渊。固然，腐败分子的堕落有其个人品质的原因，但是他们的腐败活动既然发生于体制内，这就要求我们必须认真检讨制度环境存在的内在的疏漏。无疑，正是过分集权的体制为某些掌权的人提供了自由使用公权的可能。过大的权力膨胀了他们的个人意志。而且，权力过分集中还使得纠正权力过错的代价大大提高。

其次，权力使用过程中缺乏有力的制约和监督。权力现象的一个客观规律是，没有制约的权力容易被滥用。在失控和约束不力的情况下，个人的意志常常会由于没有压力和牵制而轻易地进入权力使用过程，从而使权力行使人形成不谨慎甚至是随意的精神状态。由于缺乏制约机制作保障，权力行为的规范也往往流于形式，失去了其应有的权威和严肃性，得不到真正的贯彻。江泽民同志说，权力被滥用而又得不到制止，往往就会出现大问题。我国发生的各种腐败现象有力地证明了这一点。虽然在党政体制中有专职监督各级权力的机构，但监督权和被监督权之间明显失衡，使得监督机构的职能作用受到限制。权力运作的规律表明，权力越大、越关键，就越是应当予以规范和约束。而现实权力体制中的情况却相反，地位越高，受到的制约和监督却越弱。正因为制约监督不力，才使得某些人有恃无恐，肆意妄为。

## 公职犯罪心理探

具有国家公职身份或其他从事公职事务的人员，通常被称为公职人员。公职人员在从事公务活动中，违反职责，故意或过失实施严重危害国家和人民的利益而应受到刑罚处罚的行为，即为职务犯罪。通常，我们以职务犯罪的主要罪过形式不同为标准，将职务犯罪分为职务故意犯罪和职务过失犯罪。职务故意犯罪具体表现为贪污罪、挪用公款罪、受贿罪、私分国有资产罪及《刑法》分则第九章渎职罪中的一部分犯罪行为；职务过失犯罪具体表现为渎职罪中的过失犯罪。

### 一、社会环境和社会矛盾对公职人员职务犯罪的心理影响

#### （一）社会环境对公职人员职务犯罪的心理影响

从心理学的角度讲，环境是指在人的心理、意识之外，对人的心理、意识的形成产生影响的全部条件，包括个人身体之外存在的客观事实，也包括身体内部的运动与变化。作为具有一定职权的公职人员实施职务犯罪同样与一定的社会环境有关。社会环境是一个多质、多维的有机结合，其对公职人员犯罪心理的影响，在不同的层面和范围起着作用。特别是社会环境中的消极因素，往往是诱发公职人员违法犯罪的一个不可忽视的外在客观因素。我们认为，社会环境的变化作为一个客观存在的外在因素，其对公职人员犯罪心理的影响，主要体现在以下几个方面：

1. 私有观念的存在，以及社会上的一些不正之风，诱发了部分公职人员的贪婪心理。社会存在决定社会意识，私有心理和私有观念的存在本是正常的社会现象，然而，过去的一段时期里，我国的工作重心主要放在经济建设上面，对思想政治工作有所放松，再加上一些媒体过分地渲染西方国家高消费的物质生活，对社会风气起了不良的导向作用，使不劳而获、享乐至上等资产阶级腐朽思想有了广泛的市场。一些公职人员把正常的私有心理和私有观念内化为贪婪的自私自利心理，并在这种

不良心理支配下，将其外化为贪污贿赂等职务犯罪行为。原湛江海关关长曹秀康在海关总署任职时，曾经是一位正直、廉明的官员，但当其被派到湛江海关任关长，手中握有一定的职权后，情况却发生了变化。来奉承巴结他的人多了，而他也被这些现象迷惑，认为自己工作这么多年，也应该享受一下了。于是开始放纵自己，逐渐被走私分子的糖衣炮弹"俘房"，最终走上了断头台。

2. 市场经济发展所产生的负面效应，使一些公职人员产生"金钱至上"的心理，并外化为权钱交易行为。市场经济的竞争性、开放性和资源配置市场化，以及商品交易和流通的平等性，有利于生产力的发展；但也存在一些负面效应，如一些人不择手段地追逐利益，信奉物质至上、金钱至上。特别是一些收入一般的公职人员，面对经济收入与当今物质消费的强烈的反差，产生了不平衡心态，在思想上萌发了权钱交易的念头，一旦有适当的机会和条件，就会把权力作为私有化了的商品进行交易，换取金钱。

3. 社会控制弱化和监管制度的漏洞，增强了一些公职人员的侥幸心理和投机心理。职务犯罪行为是受社会控制能力的影响和制约的，社会控制能力强，就能较有效地控制职务犯罪。当前，我国社会正处在转型时期，一些法律、法规不完善，执法不力，监督制约机制亦有所欠缺，这就增强了那些意志比较薄弱的公职人员的侥幸心理和投机心理，使其利用职务之便实施犯罪。

**（二）社会矛盾对公职人员职务犯罪的心理影响**

当前，我国正处于社会主义初级阶段，经济体制正由计划经济体制向市场经济体制过渡，由于多种经济成分并存，市场经济的负面效应与计划经济的弊端同时存在，各种社会矛盾交织在一起，使职务犯罪的诱发力增大。

1. 经济权力化和权力经济化，为"权钱交易"等职务犯罪打开方便之门。当前，在经济生活中，经济权力化、权力经济化的现象还相当严重地存在着。如果缺乏必要的监控机制，便会为某些职务犯罪行为的产生提供可能。当公职人员的犯罪心理萌发后，职务或工作上的有利条件就具有很大的诱惑力，企图利用这一条件牟取私利便成为公职人员职务犯罪的一个重要的心理特征。

2. 新旧体制转轨过程中出现两种体制并存的局面，造成缺陷叠加这一社会矛盾，为某些公职人员提供了犯罪的土壤。在两种体制并存的情况下，旧的计划体制和新的市场体制在发挥有效调节作用的同时，它们各自的缺陷和不足叠加在一起，给经济生活带来了一系列棘手的问题，同时也为一些职务犯罪提供了条件和机会。一些公职人员趁转轨时期存在的某些缺陷和矛盾，利用职务之便，大肆收受贿赂和侵吞国家财产。

3. 社会分配制度缺陷是诱发公职人员职务犯罪心理的催化剂。随着改革开放的深入，以及多种分配方式的并存，不同社会成员之间的经济收入拉开了越来越大的距离，尤其是个体、私营企业和承包经营者迅速富裕起来，还有一些走私等经济违法犯罪者暴富，强烈刺激了原来有经济优势、社会地位较高的部分国家工作人员。为了平衡心理，补偿"分配不公"引起的损失，少数人便产生"用我的权换你的钱"的心理，一旦有适当的条件、机会，便贪污受贿。

4. 地区经济发展的不平衡，加重了部分公职人员的不平衡心理。那些身处"老、少、边、穷"地区，经济发展比较落后的地方的公职人员，与经济发达地区的公职人员相比，经济收入差距很大，同一职务、同一级别报酬却不同。这使一些公职人员的心理更加不平衡，更加脆弱，只要有小小的诱惑，就会铤而走险，不惜以身试法。

### 二、公职人员实施职务犯罪的心理

行动是受思想支配的，任何犯罪行为都是在特定的心理支配下进行的。当犯罪可能比从事其他可供选择的合法行为带来更大的利益，而只需付出较小的代价时，犯罪人就会选择犯罪。国家工作人员利用职权实施的贪污贿赂、渎职和"侵权"等职务犯罪也不例外。从近年来检察机关查办的职务犯罪案件来看，少数公职人员之所以沦为罪犯，除了客观方面的原因外，不正常乃至畸形的心理状态无疑是驱使他们堕落的"助推器"。

公职人员职务犯罪的心理，在不同的阶段有不同的特征。其犯罪心理轨迹在很大程度上是由其自身的社会经历和个性特点所决定的。归纳起来，公职人员实施职务犯罪的心理主要有以下十种：

一是"见钱眼开"的贪婪心理。贪婪是一切贪利性犯罪的共有心态，是贪污贿赂等职务犯罪的共同心理，是走向犯罪道路的主要思想基础。具有贪婪心理的人，为了钱财，可以不择手段，铤而走险，采取各种形式，甚至冒着生命的代价，肆意收受贿赂、挪用侵吞公款。如原广东省罗定市建行广海办事处负责人陈某，为了达到贪财图利的目的，利用职务之便，在一年多的时间里，采取收回委托贷款、客户还贷不入账、偷支储户存款等手段，疯狂地贪污、挪用公款100多万元，用于个人挥霍、赌博，或借给他人经商牟取暴利。

二是蒙混过关的侥幸心理。不少公职人员犯罪，都是侥幸心理占上风时陷进去的。一方面，他们有固定的经济收入，生活上有保障，并不愿意因贪污贿赂而丢掉公职，希望"鱼与熊掌"兼得；另一方面，他们都有一定的文化水平，智商较高，往往自认为身份特殊，见多识广，"保护伞"厚，且行为隐蔽、方法巧妙、手段高明、赃证藏匿天衣无缝，或相信朋友不会出卖自己，在自信能侥幸过关的情况下走上犯罪道路。

三是难以自控的矛盾心理。这种人虽然见钱眼开，打心眼里羡慕大款巨富一掷千金的派头，产生了利用手中权力捞一把的念头，但慑于法律威严，缺乏以身试法的勇气。然而，金钱和物质的巨大诱惑最终还是占了上风。他们在尝到甜头的同时，又摆脱不了紧张与恐惧，害怕自己的罪行暴露后身败名裂，累及亲人。"做贼心虚"正是这种犯罪心理的真实写照。这种惊恐的心理状态，外显为慌乱、猜疑心重、不安等情绪。有的人作案后犯罪的兴奋感觉与担心犯罪被察觉后得不偿失的心理相互矛盾，从而感到耳鸣、心悸、胸闷、呼吸急促、咽喉干燥、无饥饿感、无睡意，坐立不安。在此情况下，外界的各种刺激信号会对许多犯罪人员的心理发生导向作用。如果在犯罪人员能够感知的范围内，出现其他同类人员被司法机关抓获的刺激信号，往往会抑制其继续犯罪的心理，促使其短时期内打消犯罪的想法。被惩处的职务犯罪人员的地位越高，或者与其社会地位、家庭状况、工作经历等越相似，产生的抑制犯罪心理作用就越强烈；有的犯罪者甚至会因此作罢，洗手不干。如果在犯罪者能够感知的范围内，得知其他同样有职务犯罪经历的人不被查处，就会强化他们继续犯罪的心理。有些犯罪人员若同时收到上述两种刺激信号，矛盾的心理会异常激烈，如果抑制犯罪的心理最终取胜，则犯罪者会想方设法掩盖过去的犯罪；如果继续犯罪的心理占了上风，则犯罪者会进一步巧妙地设计继续犯罪的手段，使之更加诡秘和难察觉。

四是深感吃亏的补偿心理。有些公职人员在社会分配拉开差距的情况下，看到别人待遇比自己高，住房比自己好，或者原来的下级各方面都超过了自己，或者看到才华、学问比自己差的暴发户发了财，便产生不平衡的补偿心理。有些公职人员在犯罪最初阶段，不具有利用职务非法谋利的积极性、主动性，而是处于消极、被动的状态；当陷入犯罪的泥潭时，错误地认为这是对自己工作多年的补偿。有些老干部认为自己为党工作了几十年，没功劳也有苦劳，过去收入少吃了亏，现临近退休该捞一把，为晚年留条"后路"，也算是对过去的补偿。于是，他们贪婪地攫取财物，恨不得把几十年的"损失"全部补回来。原广东省茂名市石化物资供应公司党委书记兼副经理谢某，虽是处级干部但家境并不富裕，认为自己辛辛苦苦工作了几十年，别人都一个个富起来了，自己却过得寒酸，心理极不平衡，便想趁仍在位有权之机捞一点补偿。于是利用自己掌握的物资供应大权大肆索贿受贿。

五是贪图享乐的虚荣心理。随着改革开放的深入，市场经济的发展，拥有实权的某些公职人员爱慕虚荣，一心追求个人享乐，被金钱、人情和关系所包围，成为"糖衣炮弹"袭击的对象。他们思想上逐渐放松了警惕，从拒绝吃请到逢请必到，寻欢作乐。当染上黄、赌、毒恶习，入不敷出后，便从接受一般礼品转变为收受巨额钱财，断送了自己的前程。

六是按"劳"取"酬"的交易心理。一些公职人员为别人办了事，帮了忙，内心总希望"投桃报李"。这种人利令智昏，把党和人民赋予的权力当成自己的私有财产。在"我帮他的忙，他应感谢我"，"千里来做官，为了吃喝穿；做官不发财，请我也不来"这种图报心理作用下，一朝权在手，未办事先谈酬劳，谈妥酬劳再办事，"不见兔子不撒鹰"。在他们眼里，权力不过是一种待价而沽的特殊商品。在这种交易心理驱使下，他们把职责范围内应该承办的事情与按"劳"取"酬"画等号，不送礼不办事，甚至伸手索要所谓"辛苦费"、"好处费"，成为贪婪的"硕鼠"。

七是盲目的攀比心理。改革开放后，我国部分地区和部分人先富了起来。面对这一现实，大多数思想过硬的公职人员，无论自己的经济状况如何，都不会心理失衡，明白要自己同自己比，过去同现在比，"知足常乐"，没有"人比人气死人"的不现实的烦恼。但少数意志薄弱者，看到别人买汽车、购洋房，心理产生了不平衡，心想你能办到我也能，从而放任自身欲望的膨胀，想方设法与社会上的"富者"尽快"缩小差距"或者"跑步致富"。这种人主观片面地认为，现在社会上腐败现象普遍存在，很多领导干部都在利用手中的权力捞取好处，与他们相比，自己这点小问题算不了什么。而这种"我不比别人差，为什么该受穷"、"别人有的我也要有"的攀比心态，一旦遇到适当的物质诱因和机会条件，就有可能成为不惜"践踏一切人间法律"和"敢于冒绞首的危险"的巨大动力。从公职人员犯罪情况看，因攀比心理而犯罪的人员占较大比例，特别是那些经济状况差、工作时间较短的年轻公职人员尤为突出。

八是孤注一掷的赌徒心理。这种人崇尚"人为财死，鸟为食亡"的拜金主义哲学，在金钱的诱惑下，只要能捞到好处，得到经济上的利益，什么党性原则、荣誉尊严、道德良心甚至自由生命都可以置之脑后。在"有权时捞一把，逮住了自认倒霉"这种赌徒心理驱使下，他们胆大妄为，顶风作案，明知早晚要翻船，仍如飞蛾扑火，自毁前程。

九是捞了就跑的投机心理。这种人深谙为人处世之道，善于投机钻营，见风使舵，对上竭力投其所好，对下则无原则地一团和气。具有这种心理的人，大多数在开始作案前或在作案的时候，就已经准备好后路。他们并不打算在一个地方或一个单位长期做下去，而是把钱捞到一定程度后，就携款潜逃，或申请调到别的单位去；当然，有些是听到查处的风声后才跑的。如某县电信局收费员周某，利用春节期间人们警惕性相对放松的机会，不按规定将每天收取的电话费存入银行，而是把几天来收取的 64 万元费用席卷而逃。

十是破罐破摔的对抗心理。持这种心理的人不可能主动交代罪行，往往表现出公开的对抗，出言不逊，蛮横无理，或者喊冤叫屈、冷嘲热讽。而之所以这样，大多是源于职务犯罪人员的心理和个性。如有的对社会不满，对单位不满，总觉得社会、单位欠他的；有的人对执法机关有偏见；有的人对拘捕时间、地点不满，产生强烈的对抗情绪，等等。不论何种原因，绝大多数职务犯罪人员一般都是抗拒调查而不肯轻易就范，只是抗拒的时间、阶段、程度不同。最初阶段，他们普遍认为，只要坚持不开口、不作供，办案机关就不能证实其犯罪；在意识到问题再也包不住时，犯罪轻微者、案件中的从犯、有立功机会者，供认可能会快一些；有恃无恐者、犯罪数额大或情节严重者，即使在大量确凿的人证物证面前，也不轻易作供，或避重就轻，或百般抵赖，或推卸责任，最终有的供认，有的则顽抗到底，特别是罪大恶极的，会作殊死挣扎，"不见棺材不落泪"。

## 国企犯罪花样多

来自最高人民检察院的调查显示，2007 年至 2008 年 8 月，全国检察机关共查办国有企业人员贪污贿赂犯罪 25322 人，国企改制过程中的职务犯罪造成了国有资产大量流失。

国企改制已进入攻坚的"深水期"，但"深水期"绝不是"浑水期"。法律专家指出，国有企业职务犯罪新动向的出现，说明检察机关查办职务犯罪的艰巨性，更表明当前加强国有企业监督管理和国有企业改革的紧迫性。

### 一、贪污贿赂案件四成以上为国企人员

"自办一个企业不如收购一个企业，外部收购不如和管理层一起收购"……在近年来的国有企业改制进程中，一些人认为最有效、最快捷的发财致富方式，就是把"公家的财产"变成自己口袋里的钞票。

数据表明，在最高人民检察院查办的贪污贿赂案件中，国有企业人员的职务犯罪占查办贪污贿赂案件总数的 41.5%，其中相当数量都与国有企业改制有关。

与一般职务犯罪相比，国企改制中的职务犯罪表现出更强烈的主动性和贪婪性。部分企业负责人罔顾国家、集体、职工和其他债权人的利益，自卖自买，贱卖贱买，疯狂蚕食企业、挖空企业。

北京市检察机关的有关资料显示，当前国企中贪污贿赂等职务犯罪

的数量出现了"四个"不断上升。突出表现为：案件数量不断上升；企业"一把手"犯罪的案件数量不断上升；超过百万元的大案不断上升；犯罪造成的损失不断上升。

与其他贪污贿赂案件相比，此类案件的涉案人员绝大多数是企业高管人员，财会、销售人员及与改制有关的主管部门负责人等。其涉案金额较大，造成国有资产流失的危害性更为严重，但因为对国企界定、职务犯罪行为认定等存在模糊认识和争议，还是有一些当事人最终很难受到处理。

### 二、"化公为私"花样翻新

从已查处的案件不难发现，在分食"最后晚餐"的欲念下，一些国企经营者侵吞国有资产，"化公为私"花样翻新。

1. 恶意减损、隐匿国有资产。陕西亚西光电仪器厂原总经理刘某通过做假账、办假手续等手段虚增债务，将1537万余元国有资产层层剥离，审计事务所凭借报表只评估出该厂净资产161万元，其余1300余万元全部流入其个人腰包。

2. 非法转移国有资产。福建厦门市汽车股份有限公司董事长黄某趁国企改制之机，采取更名、变更股东及股权等手段，将公司在香港的子公司嘉隆集团有限公司变成自己控股的私人公司，侵吞公司股权及红利3700余万元。

3. 巧立名目，私分国有资产。如四川金堂县酒类实业公司董事长陈某，在公司改制前与他人合伙炮制一套"引资奖励"政策，将本单位由承建方垫支的工程款视为引资，擅自决定为自己发放奖金7.5万余元。此外，公司主管部门决定用公司门面房和土地使用权折抵企业贷款本息173万元，陈借口这是"创收行为"，擅自动用公款12万余元为包括其本人在内的所谓"有功"人员发奖。

4. 暗箱操作，攫取国家给予改制企业职工的优惠。四川成都市双流燃料建材公司改制时，管理人员故意抬高门槛，要求每位职工最少投入5万元才能成为新企业职员，故意夸大风险，使大部分职工不敢入股。管理人员买断该企业后，将企业出卖，获增值200余万元。

5. 相互勾结，共同作案。浙江金华市某饮食服务公司领导班子在公司改制时，集体决定将公司价值1700余万元的房产不报评估，后变更产权共同予以贪污。

### 三、国企职务犯罪多发呈现新态势

管理松弛、违规操作、权力失控，是企业滋生职务犯罪的"温床"。国企改制中的职务犯罪正呈现新的态势：

企业改制、股权变更、新机构财务制度尚未健全，是当前犯罪分子钻空子的主要环节。据成都市检察院调查，国企改制过程中，由于一些机构撤销合并、领导更换、人员分流，出现人心不稳、工作交接不细、缺乏监督检查的现象，于是公款私存、账外循环，不少改制企业经营管理者趁机挪用、侵吞自己保管的财物。

国有亏损企业中出现"大船搁浅、舢板逃生"现象。一些企业经营者在改制前蓄意将企业分解开，将企业的优良资产剥离，即把资金和较好的设备剥离出来，化为私产，而把银行债务甩在原企业，准备造成呆账、坏账的既成事实，把还贷和纳税的包袱扔给空壳的国有企业，使国有资产流失。

犯罪目的从非法占有消费转向非法资本运营。一些犯罪分子看到企业经营能长期获取大量利润，作案目的已不限于满足一时的消费和占有，而是通过资本经营和资本运作使钱再生钱。此类案件数量最多、数额最大、造成的损失也最严重。有的犯罪分子用犯罪所得的赃款开公司、办企业，有的用赃款参与股票、期货、债券、房地产的经营。

犯罪向智能化、国际化发展。北京市检察机关在办理北京市物华房地产公司原企业负责人贪污、受贿一案中，以股份流向为线索，对其控制的多个公司数年来的法定代表人变更和经营情况进行了彻查，调取了数十份合同股东的工商注册资料，找近百人调查取证，用了近半年的时间，才逐步将该案所涉及的 10 多个股东和数十份合同连成一个有机体。

### 四、国企改制不能变成企业管理层的"秘密行动"

国务院国有资产监督管理委员会研究中心副主任李保民指出，资产的流动重组，要以清晰的产权界定为基础，而一些地方国有股权的转让中最为敏感的当属职工安置。这些重要内容应在协议或合同中做出明确规定，而非含糊不明；产权变动要让职工充分讨论，这是国有企业改制中维护职工合法权益必须坚持的原则，决不能变成企业管理层的"秘密行动"。

上海财经大学经济学研究中心主任程恩富、中国社科院经济研究所研究员左大培等专家指出，国企改制的当务之急不是半途而废，放弃改革，一卖了之，而是必须坚持三项原则：一是国有资产不得流失；二是生产正常运转；三是所有职工得到妥善安排。

规范程序，健全国有资产的流转机制。专家认为，应按照"公开、透明、有序、规范"的要求，建立健全国有资产流转和交易机制；建立公示、报告、备案等制度。国企改制的有关信息要向社会及职工公开，涉及国有资产占25%比例以上的企业，其改制方案与产权变动都应向国有资产管理部门报告或备案，防止暗箱操作。

理顺体制，确保出资人到位。积极探索国有资产的有效监管方法，加强对改制过程的监督，规范改制的决策程序和重大事项的报告制度，防止"内部人控制"，赋予监事会对国有企业改制与资产处置的监督权，加强对改制企业的国家审计，健全国企负责人的离任审计制度。

健全规制，严惩违法行为。一些专家提出，针对国有资产管理出现的新情况，应及时修订完善国有资产管理的有关法律法规及配套制度；明确划分有关部门对国有资产流失案件查处的职责权限；建立违规改制及资产处理协议无效制度和资产追索赔偿制度。

企业改制大都经过有关部门的审批，其隐含的不法手段也极易"合法"化。一些办案人员普遍反映，国企改制中的职务犯罪行为跨越"公""私"两个阶段，主体身份、资产性质的改变，极易造成经济类犯罪和职务类犯罪的罪行管辖划分不明，有的采用资产运作的特殊方式，如将国有资产投入新公司运作等，往往给行为人以可乘之机，应尽快对相关法律进行完善。

# 国有资产流失痛

随着国有企业改制步伐的明显加快，国有资产流失现象也从多方面表现出来。从表面上看，仅仅是国有资产流失问题，实际上它也集中反映了目前国有企业管理体制、企业产权、分配制度等方面存在的诸多问题。因此，国有资产的流失是目前普遍关注的热点问题和亟待解决的问题。

## 一、国有资产流失的主要形式

1. 通过往来账目转移或私存资产、资金。具体有以下几种形式：一是企业在清理多年形成的应收账款时，回笼资金不入账，形成体外循环，若形成利润，则装入个人腰包或转作投资等，若出现亏损，则转入企业账面。有的转入投资单位或新注册的企业账上，待企业改革后，由暗转明，变成个人或相关人的投资或者是搞自营。有的纯粹存放在商业银行开设的临时账户上，待时机成熟，据为己有。二是新开展业务形成的债权，以不能收回为由，暗中收回则不入账，把款存入其他账户，若追踪则退回，若无人问津便转到个人名下。

2. 偷漏国家税款和私设"小金库"。由于管理不善，相当多的国有企业存在账外资产，它的设立是国有资产脱离监控并导致资产流失的典型做法。

3. 处置固定资产不入账。一是有账无实，造成流失，没有经固定资产管理部门的批准同意，擅自将国有固定资产予以出售且大多收入不入账。二是账实相符，但实物逐渐消失。

4. 通过投资转移资金。将资金投入他方，耗到本企业清算或破产时，暗中操作，让对方出具虚假证明文书，评估时确认为投资损失。

5. 趁新旧制度改革和产权变动之机，有意少计国家资金，低估国有资产或低价出售国有资产、低价出售土地使用权和房屋等。

6. 侵吞国有资产。利用虚假发票报销、列支各项材料或各种费用，转移资产，私吞公款，造成企业亏损、厂长（经理）发财，"富了方丈穷了庙"。

7. 国有资产在担保中流失。

8. 某些中介机构严重失信，出具虚假评估报告，致使国有资产流失。

## 二、国有资产流失的原因

1. 财务管理制度不完善。财会人员虽然是企业财务制度的监督者，但是由于企业领导与财会人员之间是领导与被领导的从属关系，在财务制度的具体执行上，显然容易出现偏差。

2. 打击渎职犯罪的力度不够。表现为国有资产的经营管理者由于工作中的过错造成国有资产的流失。这种过错情节严重的就构成玩忽职守或滥用职权等渎职犯罪，应该追究刑事责任。但人们往往对这种过失犯罪有更大的宽容，从而导致渎职犯罪的打击力度不够。

3. 经济体制改革过程中存在漏洞。国有企业承包租赁经营、企业兼并重组、国有企业股份制改造多是在摸索中前进，在实施中难免存在一些漏洞，尤其是对国有企业进行股份制改革时，对有关问题认识不够，认为股份制可以改变国有企业存在的弊端，从而造成国有资产的流失。

4. 法律意识淡薄。一是一些国有资产经营管理者不懂得利用法律来维护企业自身的利益，盲目签订合同，盲目简化合同约定，盲目发货，使企业受到损失。二是一些国有资产的经营管理者由于法律意识淡薄，在利益的驱动下挪用货款、收受贿赂，从而越陷越深，导致国有资产大量流失。

在国有企业改制中，导致国有资产流失的原因是多方面的，就主要影响因素而言，一是一定程度上对企业高层领导缺乏监督，极易导致其利用所掌握的国有资产为个人谋利益，进而造成国有资产流失；二是国有资产管理部门监管工作滞后；三是法人层次多，严重失控，不少单位都有四、五级公司，经营者都不知道有多少子公司，如何控制；四是管理混乱，内控制度不健全；五是责、权、利不明确，不能精打细算，对国有资产保值、增值不感兴趣，轻管理，重部门利益。

### 三、防止国有资产流失的对策

1. 加大对渎职犯罪的打击力度，拓宽查办职务犯罪的范围。现行《刑法》对贪污贿赂犯罪和渎职犯罪虽然都作了专章规定，确定了 50 多个罪名，但目前检察机关所直接立案查办的案件，基本上仍停留在贪污、贿赂、挪用公款等几种经济犯罪上，渎职犯罪存在着案源少、办案少、打击力度不大、效果差等问题。对于法律规定的由检察机关直接受理的近 50 种犯罪，有很大一部分类型案件，检察机关还未曾涉足，使检察机关不能充分发挥其职能作用，遏制国有资产的流失。在检察机关直接受理的案件中，如贪污、贿赂、挪用、巨额财产来源不明、私分国有资产、私分罚没财物、玩忽职守、滥用职权、国家机关工作人员签订履行合同失职被骗罪等，都与国有资产流失有关。因此，检察机关应加强对侵犯国有资产的新型犯罪的研究，加强对金融、房地产、股份制改革、企业的承包租赁经营、企业的兼并重组等领域的新型经济犯罪的作案手段、犯罪类型等问题的研究，不断拓展检察机关的办案范围，加大对侵犯国有资产犯罪的打击力度，以保护国有资产的安全。

2. 利用检察机关的民事公诉权，使其能更好地"代表国家"保护国有资产安全。在国企改制中，一些单位和个人利用经营管理国有资产的权力，以表面合法的民事手段非法廉价出售、转让、出租国有资产，使国有资产严重流失。而这些案件，往往存在没有原告、无人起诉，或不愿起诉、无起诉等问题，使案件不易暴露，国有资产流失得不到有效的遏制。在实践中，一些检察机关通过提起民事公诉的方式来对抗这种以民事行为非法处分国有资产的行为，收到了很好的效果。但由于检察机关提起民事诉讼这种做法目前还没有明确的法律根据，因此当国家和公众的利益受到侵犯时，往往由于没有合理的诉讼主体，或诉讼主体起诉不力等情况，导致国家和公众利益得不到法律的有效保护。应当从立法上赋予检察机关提起民事诉讼的权力，使检察机关能够以国家原告的身份，通过民事诉讼来维护国有资产的安全。这既是检察机关法律监督职能的体现，也是社会主义市场经济条件下维护国有资产安全、完善社会主义市场经济秩序的迫切要求，因此应及早对《民事诉讼法》和《行政诉讼法》进行修改，赋予检察机关对公益案件的起诉权，建立检察机关提起公益案件诉讼制度，用法律武器来捍卫国有资产的安全。

3．加强法律宣传，实行打防并举。检察机关可通过对国有企业职工进行警示教育和遵纪守法教育的方式，在他们心中构筑起拒腐防变的思想防线。针对国有企业职工法律知识贫乏的问题，有针对性地对不同部门、不同人员进行法律知识的宣传，使职工们了解什么是职务犯罪、什么行为可构成职务犯罪、罪与非罪的界限等，并可以凭借《合同法》、《民事诉讼法》等有关法律，依法维护企业权益。

4．强化服务意识，注重办案效果。在保护国有资产工作中，检察机关面临许多新情况、新问题，需要深入研究。因此要强化服务意识，注重办案效果，结合具体案件，加强调查研究，切实找准国有资产流失的原因，并充分发挥检察职能，融打击、教育、预防、服务为一体，通过办案提出切实有效的检察建议，帮助发案单位健全机制，加强管理，坚持打防并举，在治本上下功夫。

对于企业来讲，预防国有资产流失，领导是关键，制度是保证，管理是核心，教育是基础。其主要对策就是严格把好"六道关"：

一是严把产权"界定关"。严格按照《国有资产产权界定和产权纠纷处理暂行办法》、《关于清产核资中全民所有制企业、单位对外投资的清理和界定的暂行规定》等法规、规定，会同当地财政、税务部门对改制企业进行摸底调查，为国有资产界定、明确产权归属、处理财产纠纷奠定基础。

二是严把"审计关"。按照清产核资的要求，在实事求是、全面彻底清理财务账目的基础上，再聘请会计师事务所对改制企业进行专项审计，充分利用审计资源，通过审计评价企业负责人的经营业绩，对企业负责人的经营业绩进行比较细化的考核，作出客观、公正的评价。同时抽调专门人员对改制企业进行任期（或离任）经济责任审计，充分调动国家审计、社会审计的积极性。

三是严把"评估关"。选择有良好信誉的评估机构进行评估。对中介机构建立起有效的监督和惩罚机制，从外部确保注册会计师遵守职业道德。面对当前中介机构职业环境比较恶劣，各事务所之间无序竞争过于激烈的现象，不断加强对其监督力度，国有企业改制监督办公室组织审计力量对中介机构的评估报告进行再监督，对"漏评"、"错评"的责令重新评估，对中介机构隐瞒事实，故意"压价评估"、"串通评估"的予以公开曝光，使其彻底失去市场，以确保评估结果的客观公正。

四是严把不良资产的"核销关"。对于国有企业的资产损失、亏损挂账、弥补亏损，要报国有资产管理部门核准，冲减盈余公积、资本公积，不足部分冲销资本金，通过规范不良资产核销办法来加以处理，杜绝经营者随意来确定核销比例，最大限度地减少国有资产的损失。

五是严把转让"交接关"。加强过渡期企业公章、发票、房地产证和其他重要档案文件的管理、交接，防止由于管理混乱而造成资料流失和资产流失。

六是发挥各种"监督职能关"。包括司法监督、行政监督、舆论监督、公众监督，形成一个强大的监督网络体系，社会各界齐动员，让投机钻营者无可乘之机。

## 警惕盲从型犯罪

### 一、现象：栽了"一把手"，倒了一批人

职务犯罪作为一种最为严重的腐败形式，一直以来为广大人民群众所深恶痛绝。在查办职务犯罪的过程中，检察机关发现：犯罪主体职务的高低，对涉案人数的多寡有一定的影响。具体而言，如果犯罪主体是普通的国家工作人员，那么其犯罪形态通常具有"单打独斗"的特点，如国有企业的出纳人员凭借经手单位资金进出的职务便利，进行贪污、挪用公款的犯罪活动。当犯罪行为败露后，受到法律制裁的一般也就只有一人。而一旦犯罪主体握有较大的领导权力，特别是机关、国有企事业单位的"一把手"，如果他们凭借职务上的优势，做出一些违法指示，并得到底下人的执行，其结果往往是"拔出萝卜带出泥"，领导犯法了，底下人也跟着陷入犯罪的泥潭。对于这种国家工作人员在履行职务过程中因盲目执行领导违法指示而触犯法律的行为，我们称之为"盲从型职务犯罪"。

盲从型职务犯罪在检察机关所办理的职务犯罪案件中并不少见，特别是在与国有企业小金库有关的职务犯罪中表现得尤为明显。这几年来，检察机关共立案查处国有企业以及国有控股企业从业人员贪污贿赂等职务犯罪的案件数量一直居高不下，分别占同期立案总件数、人数的近"半壁江山"，且涉案金额不断增大。在这些涉案的国有企业中，许多腐败行为是通过私设小金库得以实现的。众所周知，小金库的设立仅有领导授意指使是远远不够的，还需要财务、经营、销售等多个部门相互配合，具体实施。这些部门的人员之所以置中央"三令五申"于不顾，放弃本应坚守的职业道德，是与盲从于单位领导的指示分不开的。

可见，盲从型职务犯罪已经成为一个不容回避的社会问题。相较于一般的职务犯罪，它具有更大的社会危害性，应当引起各相关职能部门和人员的高度重视。

## 二、形式：多种多样，危害大

盲从型职务犯罪的表现形式具有多样性，下以厦门市检察机关所办理过的部分相关案件为例进行说明。

### （一）贪污

曾经在全国引起很大反响的厦门粮食集团公司腐败窝串案，导致从原董事长、总经理、副总经理、部门经理到财务人员纷纷"落马"。这其中，一些人除了个人利益的引诱外，盲从也是导致他们犯罪的重要原因。如在原集团公司副董事长兼总经理郑某的授意和纵容下，财务人员叶某、蔡某放弃本该固守的职业道德，采取截留业务现金收入不入账的手法，在贸易部先后设立 5 个小金库，后又在郑某的指使下，由叶某等人具体经办，多次侵吞小金库资金累计达人民币 40 余万元，进行小范围的私分。

### （二）单位受贿

原厦门某区属企业下属的房地产公司经理陈某，在原公司总经理黄某的指示下，向承接公司工程的厦门某单位索要"让利款"，进而达成按工程总造价一定比例让利的一致意见。在付完全部工程款后，陈某于 1998 年至 1999 年间先后三次从厦门某单位取得共计人民币 19 万元的"让利款"。当黄某决定，将"让利款"存入公司私设的小金库，作为账外收入时，陈某虽认为这样做不妥当，但考虑到自己是黄某一手提拔起来的，最后还是盲目执行，导致存入小金库的 19 万元被用于账外开支。

### （三）私分国有资产

原厦门某国有公司财务科科长郭某，作为一名从事财务工作多年的部门领导，深知设立小金库违反国家有关的财经制度。当公司两任总经理先后指示她协助截留加工费收入、公司店面租金等国有资产用于设立小金库，并负责管理其收支情况时，郭某起初曾提出反对意见。但她担心不听老总的话被"穿小鞋"，最终放弃原则，盲从于领导的违法指示。当公司领导又提出从小金库中支出年终奖金、过节费等给公司全体员工、中层以上领导干部时，郭某认为这种做法并不妥当，但在盲从心理的作用下还是执行了领导的指示，参与私分总计人民币 23 万多元的国有资产，导致触犯刑律，后悔莫及。

此外，盲从型职务犯罪还具有其他的表现形式，涉及其他的罪名。但不论形式如何，只要构成犯罪，便会受到法律的严厉制裁，为之付出沉重的代价，如叶某、陈某、郭某等人就先后被定罪判刑。

## 三、特征：形成俱荣俱损的利益共同体

通过对盲从型职务犯罪案例的深入分析，可以发现它们存在以下一

些特征：

## （一）犯罪主体在单位中握有一定权力或经手某项重要业务

盲从型职务犯罪的主体，在单位中一般都担当一定的职务，握有一定的权力，或者具体经手某项重要业务，如上述案例中的陈某担任房地产公司经理，郭某担任公司财务科科长；叶某、蔡某虽不担任领导职务，却具体经手公司重要的财务工作。正是基于这个原因，单位领导才会有"求"于他们，需要通过他们将自己的一些违法指示付诸实施。

## （二）犯罪的直接原因是单位领导的违法指示

可以说，盲从型职务犯罪是在其单位领导职务犯罪的基础上衍生而来的。如果没有领导的违法指示，便不存在下属的盲目执行，进而导致犯罪行为的发生。领导的违法指示，其方式有直接指示和间接指示两种。但不管哪一种，盲从型职务犯罪行为的发生必定为领导所知悉、所掌控。

## （三）犯罪行为一般能持续较长时间

由于盲从型职务犯罪是在与单位领导沆瀣一气、同流合污的情况下完成的，犯罪主体与单位领导实际上已形成一个"一荣俱荣，一损俱损"的利益共同体，双方共同参与又都握有一定的权力，一般人是难以察觉其犯罪行为的。一旦犯罪暴露，双方又往往会形成"攻守同盟"，给侦破工作带来较大难度。如上文提到的厦门某国有公司的小金库，设立于1994年初，2001年4月才废止，前后历时7年多；2001年底，该公司涉嫌私分国有资产的犯罪行为被检察机关所侦破。

## （四）犯罪的主要原因是怕得罪领导影响前程

案发后，盲从型职务犯罪的主体往往以自己服从领导而执行领导的错误指示为由替自己开脱，仿佛犯罪是因尊重领导而受"牵连"。但事实并非如此。由于盲从型职务犯罪的主体在长期的工作、学习中，对什么是违法违纪行为基本都会有一个较为清晰的认识。所以，在单位领导作违法指示时，思想往往有过激烈的斗争。通过思考、斗争，使得其接下来的犯罪行为的目的得以明确，那就是除可能的个人物质上的"好处"之外，更主要的是怕得罪领导会影响前程，失去自己目前所拥有的地位，从而只能是明知领导指示违法，也要去执行。

## 四、对策：变领导"相马"为群众"相马"

由于盲从型职务犯罪的隐蔽性较强，涉及的人员较多，社会危害性较大，因此各相关职能部门和人员对此应加强调研，并采取切实有效的预防、治理对策。

## （一）改革传统的干部选拔任用体制，切实做到任人唯贤

在传统的干部选拔任用体制下，干部管理权限高度集中，虽然党的

组织原则强调干部任用必须集体讨论决定，然而，在实际运作过程中，"集体领导"制度保障上的缺失，使干部人事权往往集中于党委书记、副书记，尤其是作为"一把手"的书记手中。因此，集体领导往往最终成为主要领导的个人决定。在此情况下，下级的升迁甚至工作能否顺利开展，往往系于主要领导的"一念之间"。得罪了领导，打击报复很可能接踵而至；而"得罪"了法律，祸患则未必马上显现。下级设法与上级领导建立私人感情关系，惟领导马首是瞻，盲目执行领导的违法指示也就不足为奇。要改变这种不良状况，必须严格执行《党政领导干部选拔任用条例》，扩大干部选拔任用中推荐、考察、讨论决定等环节的民主成分，落实职工群众对干部选任的知情权、参与权、选择权和监督权，逐步建立健全干部选任工作责任追究制和用人失察追究制，切实做到让优秀的人才不必走"上层路线"也能脱颖而出。这样，滋生盲从型职务犯罪的土壤也就不复存在。

**（二）建立健全单位的规章制度，强化对单位"一把手"的监督制约**

盲从型职务犯罪的一个重要根源就是与之相关的单位领导的职务犯罪。而通过建立健全并切实落实单位的各项规章制度来强化对单位领导职务行为的监督制约，是防范他们职务犯罪的有效途径和手段。因此，要切实加强领导班子建设，强化民主集中制，建立健全针对"一把手"的监督制约长效机制；加大单位内部各职能部门之间的相互制约力度，严禁设立小金库等。通过制度建设，不断规范个人和部门的行为，使之符合有关的规章制度，避免触犯法律。

**（三）加强法律法规教育，树立正确的"前程观"**

要在全社会范围内，广泛利用各种新闻媒介加大法律宣传，揭露盲从型职务犯罪的形式、特点和危害，从而达到对国家工作人员进行法律法规教育的目的，促进他们树立良好的职业道德，使他们明白：工作中，需要正确对待领导的指示。指示正确，要认真执行；但对于明显违法的指示，可以直言相谏，如果领导一意孤行，则可依照组织程序向上级反映或者向司法部门举报，切不可因害怕得罪领导而盲目服从。否则，虽然没有得罪领导，可是却"得罪"了法律，也把前程给毁了。

**（四）加大打击力度，扩大预防效果**

坚决打击职务犯罪，是预防和遏制职务犯罪的重要手段；而打击的目的最终也是为了预防。所以，首先，应当切实加大打击盲从型职务犯罪的力度，在全社会形成反腐倡廉的强大声势；其次，对已查处的相关案件（特别是典型案例），应通过召开新闻发布会、举办讲座、以案释法、警示教育等多种有效形式进行大张旗鼓的宣传，扩大办案的社会效果，有效地震慑犯罪，以减少盲从型职务犯罪的发生。

# 国企犯罪主体论

近年来，随着国有企业大量改制转型为国有控股企业，原表现突出的国有企业职务犯罪也就大量转化为国有控股企业的职务犯罪。我国《刑法》规定的公司、企业类的职务犯罪按企业性质的不同分为国有企业和非国有企业两种形式，对于实践中出现的这种国有控股企业的职务犯罪应当如何定性和处理，在司法实践中是有争议的。下文即对此略作探讨。

## 一、国有控股企业的表现特征及司法实践中对国有控股企业职务犯罪查处情况的问题分析

在对公司、企业类职务犯罪的查处中，最主要的也是最难的就是确定犯罪主体是否为"国家工作人员"的问题。对于国有企业来说，这一问题容易解决，而对于国有控股企业来说，一段时间是有较大争议的。2001年5月22日，最高人民法院作出《关于在国有资本控股、参股的股份有限公司中从事管理工作的人员利用职务便利非法占有本公司财物如何定罪问题的批复》（以下简称《批复》），对此作出了解释。该《批复》认为，"在国有资本控股、参股的股份有限公司中从事管理工作的人员，除受国家机关、国有公司、企业、事业单位委派从事公务的以外，不属于国家工作人员"。应当说这一解释的基本精神是正确的，那就是说，国有控股企业从理论上说已不再是国有企业，而是非国有企业，对于国有控股企业的职务犯罪，一般应当按非国有公司、企业类职务犯罪论处。但是从近两年的司法实践来看，在运用该解释查办国有控股企业的职务犯罪中，也遇到一些不容忽视的问题，而问题的症结在于，该解释没有注意到当前国有控股企业及其经营管理方式的多样性和不规范性。

首先，国有控股企业与国有参股企业情况不同，《批复》将其并列规定在解释中是有问题的。在国有控股企业中，国有资本占主体或者居于主导地位（系最大的股东），企业的生产经营活动如企业的重大决策、资本运作、资产收益的分配等，主要掌握在国有资本手中或者主要由国有资本来承担责任，企业的管理人员主要是"受委派的国家工作人员"；而在国有参股企业中的情形则与此完全不一样。其次，国有控股企业设立方式的不同决定了企业的经营管理形式各异。国有控股企业可以通过发起方式设立，也可以通过募集方式设立，国有控股企业特别是大中型企业多以募集方式设立。发起设立的国有控股企业的经营管理方式是多种多样的，可以是中外合资经营企业、中外合作经营企业，也可以是有限责任公司、股份有限公司。有限责任公司还可以委托非出资者经营管理；

募集设立的国有控股企业多是通过原国有企业改制重组后设立的股份有限公司，公司的主体还是原国有企业，向社会募集的只是少数流通股，公司的经营管理活动实际上仍掌握在原国有企业（即后来的控股者）手中。再次，国有控股企业中控股状态不一样决定了控股者的地位不是一成不变的。有的是绝对控股，国有股份占到企业股份的98％；有的则是简单控股，国有股份只在企业中占简单多数，只是企业的最大股东；有的是一个国有集团企业控股；有的则是多个国有企业、事业单位共同控股；还有的是政府的国有资产监督管理机构控股。国有控股企业大都经历了一个从重组改制到建立股份制企业的过程，有的虽然已是国有控股企业，但实际上就其经营管理而言政企都尚未完全分开。控股者在后来的经营管理过程中，完全可能因股权的转让、收购而失去或者强化其控股地位。各国有控股企业的控股状态不一样，决定了控股者在企业中的地位和身份的不一样，有的完全可以代表国家对控股企业进行经营管理，自主决定企业的重大事项；有的可经国有资产监督管理机构的授权，对其控股企业中国家投资形成的国有资产依法进行经营管理；而有的则完全依赖于国有资产监督管理机构，其职务身份是受国家机关的直接委派而获得的。

国有控股企业的不同表现特征，决定了其中发生的职务犯罪及其主体界定问题十分复杂，远非《批复》中规定的那样简单。从近年来的实践来看：（1）在犯罪主体上，既有《批复》所说的"受委派的国家工作人员"的职务犯罪，又有国有集团企业、国有事业单位的负责人直接利用其在控股企业的兼职身份（如兼任董事长、监事会主席、党组织及工会组织负责人等）的职务犯罪，对利用兼职身份的犯罪应当如何定性，这是有争议的。（2）在犯罪形态上，既有利用职务便利的贪利型犯罪，又有因签订、履行合同严重不负责任或者滥用职权，致使企业利益特别是企业中的国有资产遭受重大损失的失职、渎职行为，更有利用职务之便非法经营同类营业、为亲友非法牟利等行为，对于后二者的严重情形是否应当也以犯罪论处，这是有疑问的。（3）在犯罪时间上，对于纯粹在控股企业中发生的职务犯罪，容易处理，而对于那些犯罪时间跨度大的职务犯罪，有时则会遇到难题。例如，某国有控股企业的副总经理在企业改制前的原国有企业中就利用担任副厂长的职务之便侵吞企业财物十余万元，在企业改制为控股公司后，他又利用被聘任为公司副总经理职务之便，侵吞公司财物二十余万元，从犯罪罪数来说，本案属于继续犯，但对这种利用不同职务身份的继续犯应当分别按职务身份处理还是按一个身份处理，按哪一身份处理，就是一个疑难问题。对于国有控股企业来说，即使遵照同一《刑法》和《刑事诉讼法》办案，有时候犯罪时间甚至查处的时间都影响犯罪的定性和处理。据四川省检察机关调查，

2001 年以前，该省立案查办国有企业类（含国有控股企业）的职务犯罪数占全省立案数的 41％，2001 年出台《批复》以后，2002 年 1～10 月，就下降为 36.6％，下降了 4 个多百分点，该省部分地市从 2000 年到 2002 年，三年下降了 31％。检察机关查办企业类职务犯罪的案件数少了，而这减少的部分却并没有相应地从公安机关所查办案件数的增加上得到体现。原因是多方面的。其中，围绕职务犯罪的主体身份，既有《刑法》对不同企业类职务犯罪规定的主体要件存在差异的问题，又有立案标准问题，国有与非国有的《刑法》同类型职务犯罪的立案标准就几乎相差了一倍，国有企业的改制成了一些人规避处罚的避风港。经过二十余年查办企业类职务犯罪，检察机关已经形成了一套比较成熟和规范的制度和经验，这些对于公安机关来说，尚须一定时间的实践才能形成，片面地强调因企业类犯罪的主体身份不同而硬性要求转移侦查管辖权不仅会造成司法资源的浪费，而且还可能因部分公安侦查人员的素质不高、经验不足造成办案质量、办案效率不高的问题。

## 二、对国有控股企业职务犯罪主体界定的理性思考

国有控股企业理论上属于非国有企业，但它与作为其控股者的国有企业、事业单位以及国家机关之间又有着千丝万缕的联系，这种联系决定了司法机关在查办其发生的职务犯罪的时候，不能简单地将它视为非国有企业的职务犯罪。为此，我们有必要从立法和实践的角度作一番理性思考。

首先，从立法来看，我国现行《刑法》形成于 1979 年的计划经济时代，1997 年虽经修改，但这一时期仍属于经济转型时期，国有企业所占比重仍然较大，《刑法》将"以国家工作人员论"的企业类人员限定为国有公司、企业中从事公务的人员，这是可以的。但是，随着近年来强调公有制实现形式的多样化，大量原国有企业通过公司制改造而成为国有控股、参股的股份制企业，纯粹意义上的国有企业正呈萎缩之势，原市（地）、县属国有企业甚至部分省属国有企业基本已消亡，如果我们的《刑法》还固守着将纯粹意义上的国有企业的职务犯罪作为主要的侵害国有资产的犯罪打击目标，那么，《刑法》对国有资产的保护就将在很多方面落空。例如，非法经营同类营业罪，为亲友非法牟利罪，签订履行合同失职被骗罪，国有公司、企业、事业单位人员失职罪、滥用职权罪等，现行《刑法》都把犯罪的主体限于国有公司、企业的人员，非国有公司、企业不存在此类犯罪，而实际上，在当前的国有控股企业中，这类犯罪也已大量地存在着并且严重侵蚀着国有资产及其安全运作。因此笔者认为，应对现行《刑法》进行修改，对于妨害公司、企业的职务犯罪，不

应当再以"国有企业"来限制，或者至少应当按照 2003 年 5 月国务院颁布的《企业国有资产监督管理暂行条例》第四十条规定，将国有控股企业负责人滥用职权、玩忽职守造成企业国有资产损失的行为规定为犯罪行为。

其次，对于国有控股企业中的职务犯罪，笔者认为，应当用历史的发展的眼光来看，不能像《批复》那样简单地不顾客观实际情况一刀切。（1）在国有控股企业中存在的大量的具有国家工作人员身份又具有控股企业人员身份即兼职身份的人员利用兼职身份的犯罪，应当作为《刑法》所称国家工作人员的犯罪论处。因为，这类人员实际上应视为"受委派从事公务"的人员，其兼职身份是因"受委派"而取得的，兼职身份是本职身份的必然延伸。（2）在界定国有控股企业职务犯罪主体的时候，不能以其犯罪所侵犯的对象是否是国有财产或者公共财产而论。《刑法》在规定普通贪污贿赂犯罪一章时，也还规定了构成贪污贿赂、挪用公款罪的一些特例，那就是《刑法》第 271 条、第 272 条和第 183 条的规定。这些条款规定的犯罪所侵害的财产，显然不可能是公共财物，对于国有控股企业来说，要分清犯罪行为所侵害的企业财物中究竟有多少是国有财产是不可能的，法理上也是行不通的。（3）对于《刑法》和《批复》中规定的受委派"从事公务"中的"公务"，不能狭义地理解为国家的公共事务，对于企业而言，公务实际上就是与劳务相对的企业的经营管理活动。当然，企业的经营管理活动不应包括"经手"行为。（4）对于国有控股企业中暴露出来的那些在企业改制前作案或者跨改制期间作案的犯罪，笔者认为也不能简单地以改制后的企业性质及其职务身份来定性，而应当仍以原国有企业的职务犯罪论处。理由很简单，《刑法》规定的从旧兼从轻原则并不适用于犯罪主体职务身份的变化，而《刑法》的溯及力还要求对企业人员的犯罪应按其原所利用的职务身份论处。（5）对于受"委托"管理、经营企业财产的人员的犯罪问题。一般来说，受"委派"从事公务的人员，毫无疑问应当以国家工作人员论，而委托就不同。委托是基于信任或者合同关系而产生的权利义务关系，被委托人与委托单位是一种平等的关系。受委托最典型的，就是公民个人与国有企业签订承包、租赁合同，依照合同约定对国有企业进行管理、经营。受委托人的犯罪，根据《刑法》第 382 条第二款规定可以构成贪污罪。在国有控股企业中，同样有如《刑法》第 382 条第二款规定的情形，所不同的只是受委托管理、经营的财产不是国有财产而是国有控股企业财产而已，对于这种情形，笔者认为仍可以以贪污罪论处。理由正如前第（2）项所说。

再次，从司法实践来看，在实践中关于国有控股企业职务犯罪问题，最重要的就是因定性的不同而牵涉的案件侦查管辖问题。理论上说，国有企业改制为国有控股企业以后，因其犯罪主体主要是非国家工作人员，对其职务犯罪侦查应当以公安机关为主,检察机关的侦查管辖只是例外。但这却与实践的事实不相符合。笔者认为,现阶段对国有控股企业的职务犯罪的侦查,以检察机关为主仍最为适宜。理由是:(1)当前国有控股企业的职务犯罪,因其作为控股者的犯罪主体仍主要是国家工作人员、或者受委派从事公务的人员,犯罪状况仍主要表现为国家工作人员职务犯罪的特征;(2)国有控股企业的职务犯罪,出现不同职务身份的犯罪主体即混合主体犯罪的情况很常见,对于混合主体的职务犯罪,由作为法律监督者的检察机关合并侦查权最为宜,何况检察机关还有经批准的代位侦查权;(3)检察机关对于职务犯罪的侦查,有传统的比较优势;(4)案件侦查管辖机关并不是截然分开的,检察机关和公安机关在职务犯罪的侦查上,还有协作与配合的关系,对于案件的定性,侦查管辖的不同并不是决定性的,案件到了审查起诉、审判阶段都还可以凭办案机关的职权身份主动改变定性,在犯罪主体职务身份不明的情况下,检察机关享有优先侦查权更有利于职务犯罪的查处。当然,检察机关作为对国有控股企业职务犯罪的侦查主体是就现阶段和今后一段时期而言的,从长远来看,笔者也赞同缩减检察机关直接受理立案侦查的案件范围,将公司、企业类犯罪都交由公安机关立案侦查,检察机关办案的重点定位于对国家机关工作人员的贪贿犯罪和渎职、侵权犯罪的侦查,从而强化检察机关的法律监督功能,包括强化对公安机关侦查行为的引导和监督,发挥检察机关作为预防职务犯罪主导力量的职能作用。

## 招投标腐败解析

针对目前我国建设领域的腐败无不与招标环节中的暗箱操作有关的现象,江苏省政协常委、江苏省人民检察院副检察长吴汝信提出了"建议政府委托专业机构对公共建设资金进行第三方监督"的提案,这一提法在国内还属首次。

吴汝信建议,政府在高速公路建设、地铁建设、过江大桥建设、市政重点工程、医疗设备药品采购等项目中,可参照重大项目审计的模式,委托社会专业机构对招投标的全过程进行客观、独立的第三方监督,开辟公共建设资金监督的新途径。

"公共建设领域可以说是腐败的重灾区,而招投标则是产生腐败的重要环节。"作为江苏省政协常委、江苏省人民检察院的常务副检察长,吴汝信说的每一句话都有根有据。

沈阳的"慕马"案、广西的成克杰案、江西的胡长清案、贵州的刘方仁案……无不与招标环节中的暗箱操作有关。"江苏也存在这类问题,比如，原省交通厅长章晋元也是栽在高速公路建设上的。"吴汝信说，"从我多年的检察工作实践来看，公共建设资金项目由政府招标，一旦缺少监管，就会给领导干部违规插手招标投标、谋取私利提供方便，因此而引起的腐败案件也层出不穷、屡禁不绝。"

据《2006 年中国建筑施工行业发展报告》披露，当年 1 月至 7 月，全国检察机关共立案侦查建筑施工领域的商业贿赂犯罪案件 1608 件，约占商业贿赂犯罪案件总数的三成，其中，发生在招投标环节的商业贿赂问题更为严重。从江苏省省市两级检察机关多年的工作实践看，建设领域招投标过程中，五大花招经常被使用。

### 一、规避招标

江苏省南京市检察机关曾查处过一起煤气管网工程改造窝案。南京燃气输配有限公司是原南京市管道煤气公司输配管理所的"三产"公司。该管理所利用在全市管道煤气管网改造、设计、施工及工程费用审核、结算的垄断地位，没有经过招标程序，以照顾员工家属的名义，就将各项工程给了燃气输配有限公司，而这个几乎没有什么技术人员和管理人员的"三产"公司，只需把这些工程转个手加个价"倒"给那些没有任何施工资质的包工头，就得到了巨大利益。结果，该公司董事长兼经理李某和他手下的一干人等，先后受贿并侵占公司财产达 1000 余万元。

江苏省检察机关有关人士介绍说，这起案件采用的是规避招标的花招。规避招标有两种方式：一是应当招标不招标，有的是采取拆分的方式，将每个标段限制在 50 万元以下；有的干脆利用垄断权力，拒绝招标。二是变公开招标为邀请招标，即参加招投标的单位必须是接到发标方邀请书的，这样就直接限制了参与者的人数和范围。长期从事招投标评价的"睿之海信息研究中心"，曾在 2006 年公开披露，某电力公司 2006 年的三个招标项目均明示采用邀请招标方式。而根据招标投标法，这三个项目均不属于邀请招标的范围。

### 二、量身定做

由于各地都在加强招投标的监督，"道高一尺、魔高一丈"，"量身定做"这个花招便应运而生。

江苏某大型国营煤矿修建职工宿舍进行招标，其内部已经选定了几家以前曾经在本单位做过工程的关系较好的施工单位进行投标，于是在招标公告中其公布参加投标的条件中有一条：曾经在本煤矿有过工程业绩。最后，除了已经确定的那几家施工单位，其他施工单位均无法参加投标。

检察官介绍说，看起来，这些工程都实行了公开招标，只要符合条件都可能投标并中标。但由于招标方对中标单位提出了"以往业绩、产品品牌、获奖情况"等要求限制，事实上只有其看中的单位才有可能参与投标与中标。

### 三、控制评标

南京一家大型国有企业的一个办公楼项目进行招标，在招标开始前，企业就内定了一个关系比较好的单位作为中标单位。由于担心通过公开招标竞争的方式并不能保证其中标，作为该项目评标委员会主任委员的单位领导在介绍投标单位情况时，对其他投标单位一带而过，而对那家内定的中标单位，明确表示了与其合作的愿望，并在评标休息期间又与其他评委单独"交流"，结果让预定单位如愿中标。

"这叫控制评标，是招投标中的又一个花招。"一些检察官说。

### 四、出借资质、围标串标

据介绍，现行工程招标制度中的一些漏洞和监管上的缺失，也常被不法者利用，出借资质、围标串标就是一种。

所谓围标，就是围标人借用或雇用多达五六家不同名称的有资质的公司出面当枪手参与项目的竞标，以排斥其他竞标者入围，最后造成无论是哪一家竞标者中标，都是围标人中标；一旦中标，第一中标人弃标，由第二中标候选人成交而抬高中标价。出面参与的公司又可按项目资金收取管理费。

串标则是由参与竞标的几家不同企业共同发起的。大家拿到甲方的招标书后，共同研究、设计、讨论好这一次由谁来担任中标人后，互相串通，联手垄断价格，分割利润。如，有的串标企业报价时为了抬高"所有报价的平均值"，故意偏离市场行情，报价特别高；还有的串标企业故意制造无效投标或者弃标，或法人代表未签字，或投标文件份数不符，或报价漏项、重复计价等，只有一家作出了实质性响应；还有一些供应商的做法是给人陪标，截标时故意弃权，造成最后只有唯一一个满足招标需求，自然只能是他中标。中标者最后再给其他参与串标企业分享利润，下一次再继续"排排座，吃果果"的游戏。

### 五、低价中标后变更合同

而在所有这些花招中，"低价中标后变更合同"被检察官们认为是最恶劣的一种。

在章晋元一案中，检察机关就发现，江苏某段高速公路建设时不断地变更设计施工方案。桥梁可以变，道路走向可以变，道路基础可以变，不断变更设计的结果，使决算居然超概算 300%！

检察官介绍说，整个招标过程无懈可击，中标单位也是报价最低，一旦中标，就不断地变更设计方案或者施工方案，进而变更合同价格，使工程一再地超预算。在目前各类工程建设领域中，这种以低价中标，在合同履行阶段变更合同以谋取不正当利益的操作方式并非个别。

据了解，从 2000 年 1 月 1 日起，我国《招标投标法》便开始实施。在这部法律中，已经就公共资金建设项目的招投标作出了规定。而采用招投标的方式，目的就是通过充分竞争降低采购成本确保工程质量，同时也希望通过市场竞争行为有效防止权力集中带来的腐败。

"有规定也有监督，但不完善。"吴汝信这样评价招投标领域的法律现状。目前我国的公共资金建设项目只要超过 50 万元，就应该实行招投标。对这个招投标过程实行监督的，一是政府的招投标机构，一是本系统本单位的纪检监察部门。应该说，这对招投标的公开、公正起到了一定的作用，但还远远不够。因为政府的招投标办公室多数只能进行过程监督和备案，而本单位纪检监察部门监督同级已是勉为其难，更不可能监督其单位领导了，"章晋元案就是一例"。更何况，由于招投标是一项专业性很强的工作，纪检监察部门即使想实施问题监督就已经很难，更不要说达到质量监督的全、精、深层次了。

于是在江苏省政协十届一次会议期间，吴汝信针对这一情况提出了"建议政府委托专业机构对公共建设资金进行第三方监督"的提案：鉴于目前招投标领域存在的腐败问题仍十分突出，现有监督体系仍存在不完善之处，建议政府考虑在公共资金招投标领域中，如高速公路建设、地铁建设、过江大桥建设、市政重点工程、医疗设备药品采购等项目中，可参照重大项目审计的模式，委托社会专业机构对招投标的全过程进行客观、独立的第三方监督，开辟公共建设资金监督的新局面。

工程监理是在工程建设过程中对工程质量的监督，而专业机构对公共建设资金的第三方监督，则是对招标质量、资金使用质量的全过程监督。与工程监理不参与施工一样，资金监督的第三方也不经手资金的投放，而是通过对招标过程以及标段履约情况进行评价和监督，并且公开发布，从而实现对资金使用的质量进行评价和监督。也可以参与项目招标文件范本和各具体招标文件的编制，对各项招标基础文件内容进行规范和审查，并制定评标办法和进行评标监督，同时根据整个招标过程，对该项招标及合同履约进行整体评价，并向社会公布。

## 朝为市长夕为囚

2008 年 4 月 1 日，天津市第二中级人民法院对中共中央政治局原委员、中共上海市委原书记陈良宇案宣告一审判决：认定陈良宇犯受贿罪，判处其有期徒刑 14 年，没收个人财产人民币 30 万元；犯滥用职权罪，判处其有期徒刑 7 年，两罪并罚，决定执行有期徒刑 18 年，没收个人财产人民币 30 万元。

一审判决认定陈良宇的犯罪事实为：1988 年至 2006 年，陈良宇利用担任上海市黄浦区人民政府区长，上海市人民政府副市长、市长，中共上海市委副书记、书记的职务便利，为上海新黄浦集团公司、上海申花足球俱乐部等单位在拆迁补偿、获得财政补贴款、解决楼盘闲置问题等方面谋取利益，索取或收受有关单位和个人财物共计折合人民币 289 万余元。案发后，陈良宇动员其亲属退缴全部赃款。

2002 年，陈良宇在担任上海市人民政府代理市长、市长期间，违反有关程序规定，擅自决定将上海市城市建设投资开发总公司持有的上海路桥发展股份有限公司的股权限期转让给福禧投资控股有限公司，导致该股权价值未按规定进行评估而被低价转让，给国家造成直接经济损失人民币 8.2 亿余元。

2002 年至 2008 年，陈良宇在担任上海市人民政府市长、中共上海市委书记期间，明知其弟陈良军不具备土地开发的资质和条件，为徇私情同意有关部门违规为陈良军征用土地，导致 587 亩土地被征用，其中 188 亩系由耕地转为建设用地。陈良军最终违规获得 854 亩土地使用权，给国家造成直接经济损失人民币 8441 万余元。后陈良军将其获得的土地使用权变相倒卖，非法获利人民币 118 亿元。

2004 年，陈良宇在担任中共上海市委书记期间，违反规定，帮助某公司从上海市劳动和社会保障局融资，致使 10 亿元社会保险基金被违规动用而置于巨大的风险之中。

天津市第二中级人民法院认为，陈良宇犯受贿罪，数额特别巨大；犯滥用职权罪，致使公共财产、国家和人民利益遭受重大损失，情节特别严重。鉴于其对于所犯受贿罪有悔罪表现，能够退缴全部赃款，可对其酌情从轻处罚，遂依法作出上述判决。

# 300 万引高官"折腰"

天津市第一中级人民法院对中共重庆市委原常委、宣传部长张宗海受贿案作出一审判决,以受贿罪判处张宗海有期徒刑 15 年。

1997 年至 2002 年,张宗海利用担任重庆市黔江地委书记、黔江区区委书记的职务便利,接受重庆市缙云水泥厂法定代表人雷某的请托,为其谋取利益,并收受雷某人民币 300 万元。张宗海将该款用于投资房地产,获取非法收益人民币 122.9 万元。张宗海到案后如实供述犯罪事实,协助追回全部赃款和非法收益款,认罪态度好,并积极检举他人,法院依法从轻处罚。

张宗海是重庆市迄今因经济犯罪去职并被判刑级别最高的官员。"心里要时刻装着一双草鞋",曾是这名靠苦干从基层走上人生巅峰的高官常常挂在嘴边的一句话。然而,这个"草鞋公仆"被商人利用、与商人勾结,从而蜕变、腐化成为囚徒。张宗海的教训值得官员深思,这种现象更值得社会反思。

"城里人不会有穿草鞋的体会,可山区还有许多贫困老百姓……做一个穿草鞋的记者,做一个穿草鞋的公仆,就是让大家心里时刻装着百姓,装着自己的责任,为了更多的百姓可以不穿草鞋,为了更多的百姓能过上好日子。"

2003 年 9 月 26 日,重庆市宣传系统"学习十六大,展示新风采"演讲比赛中,时任重庆市委常委、宣传部部长的张宗海发表即兴演讲,寄语全市宣传系统工作人员"发扬草鞋精神,心中时刻装着人民"。这一天,张宗海就任重庆市委宣传部长(副部级)仅一年多时间。"草鞋宣传部长"的美名由此传开。

2004 年 4 月 9 日,张宗海提出"草鞋论"不到 7 个月,《重庆日报》上刊登了一篇《八步工作法将走进巴渝乡村》的报道,这是张宗海的名字最后一次以市委领导的身份见报。同日,张宗海被中纪委正式"双规"。同年 6 月,重庆市委召开市委机关干部大会,张宗海一案首次被披露。不久,《重庆日报》刊发消息:重庆市市委原常委、宣传部长张宗海因严重违纪违法被开除党籍、开除公职。

张曾是不少人心目中"兼具工作能力和文人气质的不可多得的官"。这个谈吐不凡的前宣传部长,在金钱和美色面前,忘掉了"草鞋",留下一段令人痛心疾首的记忆。

张宗海 1950 年出生于重庆江津一个农村家庭,1973 年毕业于中等师范学校——重庆江津师范学校,之后有短暂的教师生涯,后到大学深造,毕业后走上仕途。他从公社干部开始干起,一步步走上奋进与升迁之路。

1989 年，张宗海从江津县委副书记调至璧山县，任县委副书记、副县长。次年，任璧山县委副书记、县长，1992 年起任璧山县委书记，直至 1997 年调离。

在璧山，张宗海赢得了较好的口碑。在璧山干部群众的眼里，他工作扎实、认真、务实，没有官架子，"下乡的时候，有时会挽起裤脚，赤脚踩在泥水里，人很随和，很好打交道，几乎就没见到过他'摆谱儿'的时候，而且思路开阔，工作能力很强"。

不少当地人坚持认为，张在璧山发起了一场"思想启蒙"运动，让璧山官员的思想观念发生了很大变化。1993 年，刚升任"一把手"的张宗海操持了一系列研讨会，在全县开展"解放思想，更新观念"大讨论。此后，张宗海多次请国内著名人士到璧山县讲国际形势及科技发展态势，在那个年代的西部县城，此举被公认为"富有远见"，反响强烈。在不少人看来，也就在此前后，璧山经济开始"腾飞"。

璧山县制鞋传统悠久，但此前多是作坊式经营，分散在偏僻区乡，难成气候。张宗海提出了"建设西部鞋都"的口号，把这些小作坊集中到一起，并进行技术改造，产生了规模效益。如今，当地制鞋业的名气已越来越响，规模效应日益显现。2003 年该县还主办了一次"全国鞋工业博览会"。后来，重庆市 2004 年度区县（自治县、市）经济社会发展状况综合考评结果正式出炉，璧山居于"渝西经济走廊"之首。

1997 年 4 月，张宗海调离璧山，任重庆市沙坪坝区委书记一职。仅仅三个月后，他又调任黔江地委书记——此举在当时被不少人理解为"委以重任"。

黔江曾有"养儿不用教，黔江走一遭"的顺口溜，意思是说，家长要教育小孩，只需让他们去黔江走一遭，他们自然会懂事许多，黔江的贫困可见一斑。

当时的黔江地区下辖多个民族自治县，是不折不扣的"老少边穷山"地区，属于国家划定的 18 个集中成片的贫困地区之一，交通不便。那时，从重庆市区坐车到黔江，最快也要七八个小时。作为国家级贫困地区，重庆市的扶贫工作重点也在这里。

现在看来，黔江任职的 5 年在张宗海的仕途中颇为关键。张给黔江带来的最突出的变化，仍是思想观念的转变。被精练成"宁愿苦干，不愿苦熬"的黔江精神一被广泛宣传，即成为当地经济社会发展的"引擎"。张上任后，把黔江的工作重心"从以农业经济为主，转向以城镇经济为主"，"城镇带农村，工业带农业，城乡一体共繁荣"。

此前，黔江的城市面貌很是破败，张提出"拆围墙，建广场"计划，在其主政期间，黔江出现了第一条步行街，还建设了号称"重庆最漂亮广场"的大众广场，建成了"十里绿色长廊"河滨公园，城市面貌焕然一新。建设过程中，张还曾组织一批官员到大连等地考察。

建制级别的提高，使黔江城市规模快速扩张，人口迅速增多，城市管理难以跟上。张宗海专门选拔优秀的年轻人进入城管大队，对公厕实行拍卖经营，制作标准售货亭给经营户，建设专业市场给流动商贩，实行集中管理等。结果，黔江在短短几年内迅速崛起，面貌一新。

偏处山区一隅的黔江景点原不知名。张宗海就任不久，就表示"黔江不是没风景而是少吆喝"，专门组织媒体进行集中宣传，使黔江在短时间内名声大噪，并开始系统发展旅游业。

张宗海在黔江主政期间，最为引人瞩目的有两件事。黔江至今流传一个民谚："张宗海，确实凶，铁路走了一个弯弓弓。"说的是被视为西部大开发基础设施建设十大标志性工程之一的渝怀铁路（连接重庆市和湖南省怀化市），按照原设计，只经过彭水县，但张宗海找到有关部门，争取让铁路在黔江区拐了一个几十公里的弯儿，以带动当地产业发展和农民致富。这一说法并无权威的信息来源，但已建成的渝怀铁路，确实途经黔江。

第二件事是在张宗海任期内的 2000 年，辖区内的重庆乌江电力集团公司如愿上市。乌江电力集团是 1994 年挂牌成立的国有企业。1999 年，经重庆市政府批准，乌江电力集团公司作为主要发起人，联合黔江的南海（集团）公司等数家公司共同发起成立了重庆乌江电力股份有限公司，成功上市。

和璧山一样，张宗海留给黔江不少干部好的回忆。其中登峰造极的说法是："没有张宗海，就没有现在的黔江。"2002 年，张宗海履新，就任重庆市委宣传部长。同年 5 月 30 日，张宗海当选为市委常委。至此，经过约 30 年的打拼，当年的农村少年走上了自己人生的巅峰。

张宗海由穿官服转为穿囚服的过程中，不能不提到另一个重要角色。在关于张案判决的权威报道中说，1997 年至 2002 年期间，被告人张宗海利用担任黔江地委书记、黔江区区委书记的职务便利，收受重庆市缙云水泥厂法定代表人雷某（另案处理）人民币 300 万元。张宗海以他人名义将该款用于其个人投资房地产，获取非法收益人民币 122.9 万元。案发后，上述赃款和非法收益被依法收缴。

此间舆论一般认为，上述调查结论中的"雷某"，实指张在璧山工作时通过买黄鳝结识的"死党"雷世明。有报道援引雷世明好友的话介绍，雷生于 1966 年，璧山县城北人，10 多岁起就开始在外面打工，后来卖起了黄鳝。

1990 年，张宗海来到璧山县当副县长，常到菜市场买菜，每次总会买一些黄鳝回家。"每次称黄鳝时，明明是一斤黄鳝，雷至少会给张宗海称一斤半。"后来,张宗海不再来菜市场买黄鳝了——雷每天早晨出摊时,都会从桶里选出最大最好的黄鳝,放在一个桶里装着,无论是谁,出再高的价钱都不卖。下午5时,雷便把那些预留下来的黄鳝杀了,用袋子装好,给张宗海送去。就这样,雷世明凭着自己的精明心计,和县领导张宗海熟识。没多久,雷贷款办起了一个规模很大的黄鳝养殖中心。

报道中有这样一个细节。有一次,雷去张家时,看到他大腿上生了一个毒疮,听他说在医院打了几天点滴都没好,二话没说,就用嘴把那些毒水吸了出来。如此培养出的"友谊",为后来的故事埋下了伏笔。

随后,雷世明开始发迹。有报道称,雷"通过上面的一些关系",花800万元买下了位于璧山境内的重庆缙云水泥厂,随后,某集团为了收购该厂总共花费了2000万元。这意味着,雷世明仅通过这一笔买卖就赚了1200万元。

在张宗海成为黔江地委书记以后,雷拥有了更大的空间。多则报道称,雷世明参与了"乌江电力"上市的过程,从中捞取了不少油水。"乌江电力"上市后不久,就用一级市场上募集的5亿多元资金中的7143万元收购了缙云水泥厂所属的广汉星荣水泥厂……

在张宗海升任重庆市委常委、宣传部长后,雷依靠此前成立的重庆国力天星科技有限公司顺利入股重庆广电网络公司,随后,雷成为重庆广电网络公司的董事。

本案与其他权钱交易案略有区别之处,也正是在此:向张宗海行贿的,是与张宗海在基层工作时结识的、交往10多年的"哥们儿"。张宗海在为"朋友"谋利之际,也从"朋友"处为自己谋利。雷原本一介商贩,攀附上当时尚难称地位显赫的张宗海后,随着张宗海的升迁而财运日隆。

雷的发家之路,在重庆民间被形象地称为"烧冷灶"。其运作模式是:有如炒股时精心选择"绩优股",一些别有用心的人,瞄准基层中仕途前景看好的官员,精心培育,"积深水、放长线、养小鱼、钓大鱼"。

回顾起来,雷的选择可谓"精明",若非"赌"沟翻船,他或许仍会过着当年收购废旧钢铁或贩卖黄鳝时断然不敢想象的富裕生活。张、雷二人结成的这种利益共同体,从概率上讲,东窗事发的可能性也比其他行贿受贿行为相对小一些。相关人士认为,"烧冷灶"现象给现在的反腐斗争提出了一个新课题。

据称,张宗海是因重庆市广电局局长张小川一案而东窗事发的。更具体的表述是:嗜赌成性的雷世明去澳门豪赌,最先事发,从他那里挖出了张小川,然后由张小川带出了张宗海。

张小川,原重庆市委宣传部副部长、广电局局长,2004年11月25日被"双规"。其因重庆广电网络公司而与雷世明"结缘"。

　　具有讽刺意味的是，张小川的"双规"是由时任宣传部长的张宗海宣布的。仅几个月后，张宗海自己也被"双规"。清理所有线索，雷世明的赌博似乎是张宗海"出事"的引子，而关于张"澳门豪赌"的传言，一度成为张宗海一案中最吸引眼球的部分。

　　当时的消息称："张宗海多次同张小川挪用公款到澳门赌钱。他们共动用两亿多元公款，在葡京赌场贵宾厅一掷千金，共输掉1亿多元，其中有一部分是张宗海亲手输掉的"。但数天后某权威媒体援引中纪委官员的话说，张宗海的问题"主要是受贿300万元以及生活腐化问题，尚未发现其在澳门豪赌的事实"。

　　此后，《三联生活周刊》的一则报道指称张宗海在两性关系上非常混乱。报道说，据知情人介绍，张宗海在重庆有家，妻子老实本分，有一儿一女。但他长期在重庆某饭店包房，经常带不同的漂亮女人回去过夜。据说张宗海选女人有3个标准：一要大学本科毕业生；二要漂亮；三要没结婚。

　　一个被反复提及的说法是，张宗海被宣布"双规"时，办案人员在他的公文包里发现了3样东西：避孕套、伟哥和钞票。这一被戏谑为"男人三件宝"的版本，已成为人们的谈资和笑料。女人无疑是张"翻船"的重要因素之一，在张宗海被开除党籍、开除公职的权威报道中，有"道德败坏，腐化堕落"的表述。

## 官煤勾结大贪渎

　　2008年3月26日，吉林省近三十年来最大规模系列渎职腐败窝案历时三个多月在松原市中级法院陆续审理完毕。

　　"12.9"窝案是典型的官煤勾结案。在此案中，国土、煤炭、安监等不同系统的数名要员先后落马；吉林省9个行政区域中有7个地区的多名国家机关工作人员牵扯其中，200多名矿主参与行贿。

　　"腐败分子乱审批、胡作为导致矿难频发，共计有100多名矿工在引发的矿难中遇难，并给国家带来巨大损失。"据了解，这是一宗发生在煤矿领域的系列渎职腐败窝案，检察机关先后立案50起，窝案涉及行业范围之广、造成危害之大均为吉林历史之罕见。不过，说到案件的侦破，据检察机关透露，却是从最初的线索——5000美元和两根金条开始的。

　　2005年，吉林警方在桦甸市侦破一起故意伤害案中抓获犯罪嫌疑人胡某，为了戴罪立功，胡某招供了自己另一个犯罪行为，他曾向省国土资源厅矿产开发管理处处长张凤才送了5000美元和两根金条……

　　很快，吉林省纪委将此线索移交给吉林省检察院。

当"5000美元和两根金条"的线索摆到时任吉林省检察院检察长索维东和副检察长张海胜的案头时，凭借多年工作经验，两位检察长隐约感觉到，矿管处处长的问题仅是存在诸多问题的煤矿领域案件中的冰山一角。

2003年，私营企业主开始大量涌入吉林省煤矿行业，一批批暴富的矿老板接连诞生，与此相伴的却是矿难频发和矿工生命的消逝，"煤矿这个行业多少有些暴利、黑色的色彩，社会对这个行业的议论和反响很大。"据吉林省检察院反渎职侵权局局长刘笑竹透露，从2004年开始，检察机关就接到了不少关于非法开采、破坏环境、资源严重流失等方面的举报。

来自吉林省煤炭部门的数据显示，吉林煤矿行业每年发生的大、小矿难均达到一百多起，矿难频发的背后是否隐藏着资源管理领域的职务犯罪，能不能通过5000美元和两根金条的线索挖掘出事实真相，一系列的思考在张海胜脑中盘旋开来。

经秘密初查后，由5000美元和两根金条带出的案情汇报给了吉林省委主要领导，吉林省委书记王珉明确要求检察机关抓住线索，彻底查清资源管理领域的腐败，整顿煤矿行业混乱的经营秩序，保护国家资源，挽回国家损失。2006年12月9日，吉林省检察院迅速以反渎职侵权局为龙头成立了专案组，副检察长张海胜亲任专案组组长，案件侦查首先便从"5000美元和两根金条"入手。

2006年12月13日，收受5000美元和两根金条的张凤才被刑事拘留。

张凤才，"60后"年轻干部，吉林省国土资源厅原矿产开发管理处处长，因业务精湛是机关里公认的后备干部。"到现在都可以这样讲，张凤才是我省矿产资源系统的一位专家，他对全省矿产资源的分布如数家珍。"熟悉张凤才的同事说。

检察人员将张凤才近年来签批过的采矿许可证备案全部调出后发现，张凤才违规发放采矿许可证居然多达85份。

2004年8月，广丰矿业的马老板因申报采矿许可证的手续中缺少矿储量核实报告，本难通过审批关，好在有"高人"指点，马老板带上了4万元约张凤才在国土厅楼下见面。2005年春节，马老板打电话给张凤才："过年啦，上你家看看，给你送几条烟。"

后张凤才下班回家打开马老板留下的塑料袋一看，里面装着2万元人民币和几条"中华"烟。2005年3月，张凤才签批了广丰矿业的采矿许可证。

吉林省金土地矿业有限公司董事长刘某为收购五里河硫铁矿的计划盘算了许久。为了尽快办理好五里河硫铁矿转让和变更登记等手续，2005年7月的一天，刘某经人介绍来到了张凤才家中，随后留下了10万元人民币；时隔一个月，刘又来到张凤才家中，送上 20 万元。2006 年 2 月，在张凤才的帮助下，吉林省国土资源厅向金土地矿业公司发放了采矿许可证。

2005 年农历正月初三，张凤才的父亲在珲春市去世，收到消息的矿老板们接踵而至并奉上万元礼金。

2006 年 1 月，因采矿许可证迟迟办不下来，龙井市瀚丰矿业的赵阿明有些恼火，尽管州政府已经出面"帮忙"，但国土厅似乎并不"买账"。2006 年"十一"前夕，张凤才的一个电话让赵阿明喜出望外。在赵阿明车里，张凤才提出自己正在学车，能否借台车试练，赵阿明很快心领神会："看张处长说的，借什么车，买台车给张处长好了。"赵阿明随后递上 10 万元。

虽然张凤才只是个处长，但他的权力非常大，矿山能否办到采矿许可证全靠张凤才签字。就这样，凭借着手中的"发证大权"，张凤才利用职务之便收受了人民币 388.6 万元、美元 9.5 万元，检察官给张凤才算了一笔账：案发前的三年时间内，张凤才平均每十天就会有一笔发证收入；如果把受贿总额按日平均，张凤才每天则有 4000 元人民币进账。

张凤才告诉检察官，自己也不记得第一次"湿鞋"的具体时间了，只记得第一次自己仅收了 3000 元的好处费，"一开始，我有些害怕，过了一段时间后我发现啥事都没有，谁都不知道，从此以后，我再也没有任何顾虑了。"张凤才向喻春江交代。

从最初只收熟人介绍的"发证费"发展到后来，张凤才几乎见钱就收，即便是陌生人，张凤才也是来者不拒，这让办案的检察官很是意外。

对此，张凤才有自己的解释，"矿老板给我送钱是对我的尊重，也是对我权力的认可，我为他们办了事、发了证，收点钱不会出什么事。"

熟悉张凤才的人回忆：大学毕业后的张凤才被分配到了通化山区对各个矿山进行勘探、测量，从一名煤矿工人成长为业务型领导，张凤才因为业务精、权力大，个性有些张扬跋扈，即使是身价千万的矿老板也要看张凤才的脸色行事，张凤才的虚荣心逐渐得到了极大满足。

"如果张凤才收受贿赂以百万计算，那么他给国家造成的损失要以千万来计算。"办案检察官剖析，按照相关规定，相关部门首先对矿山的煤矿储存量进行评估，企业根据评估上交国家采矿权价款后才能发放采矿许可证，但张凤才却利用职务之便，在 86 户企业没有交纳采矿权价款的情况下违规发放采矿许可证，致使国家遭受 3088 万元的损失。

在查办张凤才案的同时，一个更具挑战性的现实摆到了专案组面前。

国家规定，煤矿生产必须"五证一照"齐全。"五证一照"指的是：采矿许可证（国土资源部门核发）、煤炭生产许可证（煤炭管理部门核发）、安全生产许可证（安全生产监督部门核发）、矿长安全生产许可资格证（安全生产监督部门核发）、矿长资格证（安全生产监督部门核发），以及营业执照（工商行政管理部门核发）。

张凤才所在的国土部门仅负责核发采矿许可证，矿主又是靠什么手段打通其他证件核发环节的？核发其他证照的煤炭、安监等部门是否也存在职务犯罪？

带着系列疑问，此案侦查逐步进入深水区。

2007年3月，专案组顺藤摸瓜，两名副厅级官员随之浮出水面。王国君，原吉林省煤矿安全监察局副局长；李详，原吉林省煤炭工业局副局长。

张凤才在自己收受好处的同时，也没有忘记且也无法忽略掉这两个"好朋友"。

2006年，吉林省政府下发文件对煤矿进行资源整合，文件规定设计能力不超过3万吨的煤矿必须关停。于是九台市春发煤矿的郝矿长急了，因为他的矿达不到要求，按规定要被关闭掉，为了保住矿，郝某找到张凤才并送上3万元。

张凤才深知要保住矿仅靠自己的能量还不够。5天后，张凤才打电话给郝矿长："郝矿长，涉及资源整合的事，我们国土一家说了还不算，我帮你约好了省煤监局王局长和省煤炭局李局长。"

在一家酒店的包房里，郝矿长又拿出5万元让张凤才帮忙"孝敬"王国君和李详。

从各自所在单位之间的关系看，张凤才、王国君、李详分属三个系统，本应相互制约，相互监督，以堵塞漏洞，使权力监督机制和制衡机制更完善，但这三人却选择了共同腐败的路线。那么，是怎样的机缘让三人结成如此默契的同盟呢？

张、王、李之间最初只是简单的工作关系，随着日后三人代表各自的单位在吉林省煤炭行业会议上经常碰面，利益关系促使他们走得更近。除此之外，张凤才、王国君、李详三人还有着相似的成长经历，张凤才是国土厅的后备干部，而王国君和李详亦是各自单位的"业务专家"。据了解，20世纪50年代出生的王国君和李详都是从辽源市矿务局起步，由最初的煤矿工人到技术员再到矿务局领导，直至坐上副厅级官椅。

不过，相比张凤才靠发证受贿，王国君和李详在"生财"之道上似乎有更多的选择。

据了解，王国君在省煤监局主抓全省的安全生产许可证的发放和安全检查，李详是省煤炭工业局主管安全生产和安全监察的副局长。而吉林省煤矿系统人人皆知，只要发生煤矿事故成立事故调查组，一般都由王国君任组长，李详为副组长。

2003年11月12日，通化市矿务局湾沟煤矿兴湾二井发生特大瓦斯爆炸，造成 15 人死亡、1 人重伤。事故发生后，吉林省煤矿安全监察局、吉林省煤炭工业局等有关部门组成事故调查组展开调查，王国君任组长。

针对此次瓦斯爆炸，国家煤监局明确批复"严查事故，对兴湾二井处罚 110 万元，并追究主要责任人的刑事责任"。

为了逃避处罚，矿主梁某、张某通过通化市矿务局领导找到了王国君，送上 10 万元。在王国君的帮助下，事故最终只收缴了 10 万元，案发前剩下的 100 万罚款仍未收回。

事故调查组一名成员至今记得王国君说的那句处理意见："人家煤矿都关闭了，追不上来就算了，就那么地吧。"

2006 年 7 月，国家十一部委联合发文要求坚决关闭上下重叠的煤矿，龙海市大金厂煤矿被吉林省政府列为重点关闭对象。大金厂的老板葛某找到李详帮忙，结果在李详的帮助下，大金厂煤矿得以继续非法生产。

王国君、李详在任时的口碑并不差，就能力而言，王国君、李详是比较顶尖的专家，由于他们是矿工出身，对安全隐患十分了解，并且，每次安全检查时，王国君都亲自深入几十米的井下……

据检察机关查明：王国君在担任吉林省煤矿安全监察局副局长期间，利用职务便利为他人谋取利益，收受贿赂人民币 225.9 万元、美元 1.1 万元；李详担任吉林省煤炭工业局总工程师、副局长期间，受贿人民币 62.8 万元，美元 0.4 万元。

拔出萝卜带出泥，随着两名厅级官员的落马，吉林省检察院迅速启动了侦查一体化机制，抽调全省反渎精英纵向深挖王国君、李详下属系统的腐败，同时横向打击其他资源管理部门的职务犯罪。

2007 年 3 月 4 日，辉南县金川镇林业工作站站长申友因涉嫌玩忽职守被立案侦查。

2007 年 3 月 31 日，长春市政府煤炭行业管理办公室总工程师刘维东涉嫌玩忽职守犯罪被逮捕。

2007 年 6 月 25 日，珲春市国土资源局矿产利用科科长马远新因涉嫌滥用职权罪被刑事拘留。

2007 年 7 月 22 日，吉林省煤矿安全监察局瓦斯监控主任白世臣因涉嫌受贿罪被立案侦查。

据了解，自 2006 年 12 月 9 日起，吉林省检察机关先后立案 50 起，查办滥用职权、玩忽职守案件 19 件，受贿案件 7 起，行贿案件 15 件，非法占用农耕地、非法开采、重大责任事故等案件 9 件，挽回国家损失数千万元。

而另一组数字显示，由于检察机关一年多来持续对煤炭行业渎职腐败的打击，2007 年，吉林省的矿难发生次数、遇害矿工人数下降了近一半。吉林省委主要领导这样评价此次窝案侦查查办工作："吉林省检察院此举有效地规范了吉林省资源领域的经营秩序,保护了国家环境和资源,进一步维护了社会主义市场经济的发展。"

当然,也有一些让人无法轻松的事实。据不完全统计:在这宗渎职腐败系列窝案中,吉林省有 7 个地区的多名国家机关工作人员卷入其中,行贿矿主多达 200 多名。

据检察机关透露:张凤才、王国君等人的判决书厚达 100 多页,其中记载的每一笔贿赂均为行贿人主动"送上门",张凤才、王国君几乎从未主动索贿。

一位不愿透露姓名的矿主坦言:"近年来,煤矿资源这么紧俏,要想赚钱首先得舍得花钱,即便现在没有什么问题,花点钱先联络好感情,为将来可能出现的问题打好基础。"

该矿主最后反问:"现在的矿老板又多又舍得花钱,你不送人家送,连个规则都不懂还想开什么矿?"

## 为官二年敛千万

身高不到 1.70 米,瘦弱、萎靡,夹着香烟的手不停地发抖。他一直耷拉着脑袋,偶尔抬一下头,才能看到他单眼皮的小眼睛里透露出一些信息。

他就那样身着"黄马褂"坐在对面,一重铁栅栏将他与笔者隔在了两重世界。无论怎样端详,铁栅栏里面的身影都显得无助和卑琐,让人很难想象,就是这个名叫李明学的人,曾在郑州市电力系统叱咤风云。

2004 年春节前夕,一封匿名举报信飞进了郑州市中原区检察院的大门。

举报信上只有 4 行字:郑州市电业局物资公司经理李明学在采购物资过程中不仅收礼吃回扣,还私设小金库,伙同他人共同贪污公款……

检察官很快对线索进行了初查,他们从银行和房管局等部门获悉,李明学一家有存款 100 余万元及 8 套住房,这远远超出了一个工薪家庭的正常收入。看来,李明学确实存在职务犯罪的重大嫌疑。

这天已是农历腊月二十九了,次日就是除夕。电业局是郑州市的供电中枢,不能因为触动李明学而影响了全市春节期间供电。检察机关决定,春节过后再对李明学采取行动。

于是,这个春节李明学就像往常一样,过得潇洒自在、意气风发。手握重权的他每日与亲朋好友吃喝玩乐,根本没有想到,一场风雨即将到来。

春节过后的 2 月 8 日,中原区检察院正式成立了 6 人办案小组,决定首先控制李明学和小金库的管理者白某，同时调取物资公司小金库会计资料进行查账。

"李经理正在力源宾馆开会呢。"从电业局出来，办案人员直奔力源宾馆，从会议室里叫出李明学，向他亮出身份："我们是中原区检察院的，有些情况需要找你核实。"同时出示了相关手续。李明学见此情景，笑容顿敛，扭身就走，被侦查人员一把揽住肩膀，架上了等在门口的汽车。与此同时，另一个小组也将白某控制。

调取物资公司小金库的会计资料时，据白某交代，小金库每月底都要向李明学报一次账，然后就将账目全部销毁。

据小金库会计杨某、现任管理人王某被传到案后回忆说，李明学确实从小金库中支取过不少现金，有时 10 万，有时 20 万，名义则有时是给职工发福利，有时是给上级领导送礼。他取钱时也不打条子，只是到月底跟会计对账时减掉这笔支出，再将账目一毁了之。

这其中，一笔 67.6 万元的支出因数额较大，几位经手人的印象均十分深刻。且这笔钱交给李明学时，还有在场证人可以证明。于是，对于这笔款项，李明学再也找不到合适的解释，最终只好承认：这笔钱的存折至今还放在他家中的保险柜里。

有了这一突破，中原区检察院以涉嫌贪污对李明学正式立案侦查。接着，办案人员对李的办公室和住处进行了搜查，但是除股票外，仅搜得存折、存单 14 万余元和现金 2 万余元。这与初查时获知李家有存款 100 余万元的情况相差甚远，这是怎么回事？

这时，办案人员忽然想起这样一个细节：在李家搜查时，李明学妻子的手提袋拉链开着，里面空无一物。她的首饰袋散落在地上，里面也是空的。难道有什么东西刚刚被匆忙转移？办案人员不由把目光落到了李明学的妻子张海英身上。

李妻张海英，是郑州市电业局信息中心一名普通的工作人员，她社会阅历较浅，没有经历过什么波折。办案人员决定单刀直入，直接告诉她转移赃款要承担的法律责任，要她配合检察机关工作。

果然，经过办案人员耐心细致的说服教育，张海英终于承认了自己转移赃款的行为，同时她说出了一个让办案人员为之震惊的数字：她转移的赃款数目有 600 余万元！

原来，就在办案人员决定搜查李家的前一天晚上，李明学的司机任庆新给张海英打来电话，说李明学可能出事了，要她把家中的贵重物品收拾一下，赶紧转移。当时，他们的女儿还没有休息，张海英不愿让八九岁的女儿知道家中变故，便告诉任庆新第二天一早再来。女儿睡后，张海英把家中存款、存折找出来，缝在一个巴掌大的花布包内，外面又裹上一个塑料袋，次日一早把花布包交给了任庆新。

办案人员连夜找到任庆新，和他一起来到他妹妹的公公家，从洗衣机的后面将花布包查获，内有存折、存单共计 49 份，合计人民币 497 万余元，另有国债 97 万元、美元 2 万余元及欧元 7600 元。但经查，这其中并不包括初查时在银行调取的那些存款。这说明：李家的存款还不止这些！

办案人员马上对张海英进行突审，她如实交代：还有一部分赃款藏在自己父母家。办案人员随即将张的母亲缝在棉被和破棉裤中合计 157.8 万元的 15 张存单起获。加上从李明学家搜出的股票、银行卡，办案人员共提取赃款近 1000 万元。李明学涉嫌特大职务犯罪，已经毫无疑问。

2004 年 2 月 6 日，检察机关以涉嫌构成贪污共犯，将张海英补充立案侦查。同时追究其他涉案人的法律责任。

然而，对李明学的审讯一直毫无进展。李的态度极为恶劣，他对自己的犯罪行为三缄其口，声称家中只有存款二三十万元。为打击其嚣张气焰，办案人员向他暗示：张海英已被控制，她交代，家中存款非常多。

这一招果然有效，李明学被震动了。他开始陆续交代自己替人介绍生意从中收取佣金的情况，但很显然，他交代这些并不是认罪，而是为了给家中的巨额财产找到一个合理的理由。

与此同时，审讯张海英的检察官发现，张的思想也有些波动，一方面，她希望自己的供述能够挽救丈夫；另一方面，她又有些后悔，"觉得自己像个叛徒，把李明学给'卖'了"。对此，检察官从家庭和孩子的话题入手，劝说她与检察机关合作，尽量减少对孩子的负面影响……谈起孩子，张海英突然打开了感情的闸门，她哭着对检察官说，她要给丈夫写信，规劝他早日与检察机关合作，争取获得宽大处理。

对于张海英的转变，身处河南省看守所的李明学一无所知，他住在条件比较优越的房间里，在心理上还没有完成从一个公司经理到一个犯罪嫌疑人的转变。2 月 7 日夜，李明学被带上警车，押往新的关押地点。在那里，办案人员给他放了一段录像：张海英一边痛哭一边写信的镜头，看得李明学禁不住也泪流满面。他仔细把信折起来，装进口袋，抬起头说："检察官，我不想再顽抗了，我说，什么都说！"

"1967 年，我出生在武陟县农村，家中一共姐弟 8 人，生活十分贫困。我 5 岁的时候，第一次来到郑州，看到那里到处都是楼房，街道又干净又整齐。傍晚，我坐在路边，看到一个清洁工人扫完大街，把扫帚放进手推车内，心里竟十分羡慕，心想有朝一日我能混到这一步，就心满意足了。

"从此我刻苦学习，发誓要走出农村，实现城市梦。高中毕业后我复读了一年，考取了吉林工业大学管理学院物资管理专业。在大学里我很用功，成绩一直很优秀，对那段时光我始终很留恋，你们在我家查获的存折、存单我都用的同一个密码，那就是我大学时的学号。大学毕业后，我被分配到郑州市电业局物资公司工作，对此我很满意，自己总算实现了城市梦，在郑州市落了脚。

"刚参加工作时我做业务员，跟着领导联系业务，见惯了业务员和经理们之间的红包往来，对钱就淡漠了，后来我肆无忌惮地收取贿赂，就是从那时候学会的。接着我做采购负责人、副经理直至经理，权力一天天变大，见的钱越来越多，也早忘了年少时的梦想。老实说，后来收人家的钱，简直成了一种惯性，也不知道为什么要收。我只有一个女儿，自己要那么多钱到底有什么用？这个问题我自己都回答不了。

"在电力系统，业务员向客户方送红包，已成了不成文的规矩。每次开招标会，我住在宾馆里，供货厂家的业务员就排着队给我送红包，每人送一两千或三五千或上万元不等。根据惯例，这些钱都装在一个信封里，内附一张业务员的名片，以便在招标时让我帮助推荐，至少不要提反对意见。由于送钱的人多，业务员进屋后都来不及说话，只把信封扔下就走，有的甚至等不及，隔着门缝把信封塞进来了事。一次招标会下来，我就有几万元的收入，钱送得较多的，我留下名片，招标时能照顾就照顾一下，钱少的，名片就随手扔了。

"其实，我的权力更多的是在控制货款上。每年物资公司要采购两亿元的物资，货款先给谁，后给谁，给谁多少，都由我决定。这样，供货厂家就争着给我送钱，希望我能按时付给他们货款。他们来见我，很少是空着手的，一次送几千元的有，送几万元的也有，钱接得多了，我也就麻木了，接了钱就交给爱人存起来。对此她也担心过，也劝过我，可因为我麻木了，对她的提醒不当回事，反倒怪她胆小，以至于犯的错越来越大。

"现在，我倒是实现自己的梦想了，钱也有了，可是同时，自己也跌进了深渊。"

由于李明学犯罪时间跨度长、次数多，且涉及近百家单位，人员遍布全国各地，给取证工作带来了极大困难。就在检察机关制定计划，全力以赴开始调查取证时，李明学的态度又出现了反复。

原来，他一方面希望通过自己的交代，能够减轻罪行，获得宽大处理；另一方面，他又觉得自己交代了那么多，罪行很重，不免有点心灰意冷。再加上他担心家中的老人和孩子无人照管，接受审讯时心理产生了障碍。

针对这种情况，办案组调整了讯问思路，告诉他女儿的学习成绩很好，最近一次考试在班里名列前茅；他的妻子跟检察人员十分配合，情绪稳定；检察机关对他家里的老人和孩子也给予了相应的照顾，等等。

得到这些信息，李明学的心态逐渐平复了，他再一次开始陆续交代受贿问题。但是，由于他受贿次数太多、时间太久，审讯工作进展得十分缓慢。

在审讯小组和取证小组奔波忙碌的同时，材料小组和证据审查小组也一直在争分夺秒地工作，终于使该案的证据逐渐合拢，形成了严密的证据链条。21 本近 4000 页的卷宗，记录下了检察官们的汗水和心血，也记录下了李明学犯罪的铁证。

起诉意见书中载明：2002 年 8 月，李明学利用职务便利，伙同其妻张海英，将重庆 ABB 公司支付给物资公司的合同违约金 72 万元侵吞据为己有；2002 年以来，李明学采取欺骗手段，多次将物资公司小金库公款共计 87.5 万元侵吞据为己有。此外，他还利用职务便利，在其办公室、酒店等地收受 86 家单位负责人或业务员的贿赂款共计 170.64 万元，并在物资采购和付款过程中为这些单位谋取利益。检察机关在侦查过程中，先后提取、扣押了李明学的存款、股票等财产，共计人民币 985 万元及美元 2 万余元、欧元 7600 元，其中有人民币 500 余万元、美金 2 万余元、欧元 7600 元李明学不能说明合法来源。

2004 年 8 月下旬，此案经中原区检察院侦查终结，移送郑州市检察院审查起诉。


# 财迷贪官任居孟

有这样一个财迷贪官：敛财上千万元，还排队买便宜鸡蛋。他就是山东省齐河县财政局原局长任居孟。

176 张存款单 1194 万元巨款，让他每天都睡不好觉；每当听到有贪官被判刑。他都比照自己，暗自计算自己可能被判多少年刑期。最终，法院以受贿罪、贪污罪、巨额财产来源不明罪，判处他有期徒刑 18 年，并处没收个人财产 60 万元。从一名普通农民到国家公务员，从乡镇干部到县财政局长，任居孟在对金钱疯狂攫取的过程中，一步步滑向犯罪的深渊。

就是这样一个贪官，却是个地地道道的财迷。据媒体报道，为了省钱，任居孟常常在周末一大早起来，和一帮老头老太太在超市门口排队，只为买每斤便宜一角钱的鸡蛋；一件贴身上衣穿了十几年，洗得都破了洞，依然舍不得丢掉；被抓捕后，有段时间，他告诉家人从家里捎些鸭蛋来，说是因为监所里的鸭蛋要一块钱一个，比外面的贵。

2011 年 4 月，任居孟被检察机关带走时，正在一家磨坊磨面。磨坊老板老卫描述：他衣着很普通，每次来时都骑着一辆现在已经很少见的大轮自行车，"除了铃铛其他地方都响"。被带走前，任居孟让老卫把还没有磨的玉米和大豆一一称好，全都记在本子上，然后才放心地随检察官们离去。

1952 年 11 月，任居孟出生在齐河县一个农民家庭，当过赤脚医生。1978 年 12 月，任居孟被安排到乡里工作，成为正式国家干部，他从乡党委宣传委员做起，一直当上了乡党委书记。由于任居孟"懂经济，能力强"，他所在的乡连年被评为先进。1996 年 2 月，任居孟被任命为齐河县财政局局长。1997 年 7 月，他被提拔为县长助理兼任财政局长。2003 年 1 月，任县政协副主席、县长助理，继续兼任财政局长。2007 年退休。

任居孟当上县财政局长后，求这个"财神爷"办事的单位和个人越来越多。

据任居孟自己介绍，最初他对那些送上门的金钱拒绝过、犹豫过、害怕过，最终还是架不住金钱攻势，"常在河边走，哪能不湿鞋；既然湿了鞋，干脆洗个澡"，他就这样说服了自己。

"我在担任财政局长的 11 年间，由于职位特殊，掌握着全县的财政资金，尤其县财政资金的拨付必须经过我的同意和批准，所以一些单位和个人都愿意和我拉关系，一次甚至多次给我送钱，我都心安理得地收下了。"面对检察官，任居孟坦言。

即使是从上级争取的专项资金，要想及时拨付，也必须向任居孟行贿。局里的人要想升迁，也必须"进贡"。他受贿的金额，最多的一笔为 10 万元，最少的一笔，只有 500 元。

经检察机关查明，在财政局岗位上任职 11 年，他积攒下的 176 张存款单，多数存款单金额不超过 5 万元，用了 10 多个人的名字，共计存款 1194 万元。

## 2011 年中国国有企业家犯罪简述

### 2011 年落马的国有企业家

1. 黄建华，男，55 岁（2011 年年龄，下同），河北省港口集团董事长、秦皇岛港股份有限公司董事长。2011 年 1 月 28 日被立案侦查，2 月 12 日被捕，8 月 18 日、19 日开庭审理，11 月 3 日被依法判决，法院认定其收受他人贿赂共计人民币 2023 万元、美元 11 万元，故以受贿罪判处黄建华死刑缓期二年执行，剥夺政治权利终身，并处没收个人全部财产。

2. 侯行知，男，61 岁，重庆市能源投资集团公司原董事长，曾获重庆市"国企贡献奖"、全国"五一劳动奖状"。2011年12月13日开庭，12月19日一审判决。法院认定，1996年至2011年4月，侯行知在担任原四川省重庆市经济工作委员会副主任、重庆市人民政府副秘书长、重庆市能源投资集团公司董事长期间，单独或者伙同其子侯彧索取及收受他人给予的财物共计625万余元，故以受贿罪判处其无期徒刑，剥夺政治权利终身，并处没收个人全部财产。

3. 黄舒生，男，东航股份公司驻韩国办事处总经理。2011年4月底，因涉嫌贪污受贿被韩方拘留。有媒体报道称，黄舒生涉嫌以将韩国某公司选为中国货运运输方为交换，从该公司收取46亿多韩元（约合人民币2783万元）。2007年到2011年年初，黄舒生共受贿60多亿韩元（约合人民币3630万元）。检方还掌握到，黄舒生贪污公款44亿多韩元（约合人民币2662万元）。

4. 李长轩，男，中储粮河南分公司总经理。2011年12月9日上午，其被中纪委"双规"。据称，李长轩本次被中纪委"双规"与近两年中储粮河南分公司下属粮库频繁发生的贪污腐败案件有关。

5. 张长顺，男，皖能电力监事会主席、安徽省能源集团有限公司的党委委员、副总经理，安徽省第十一届人大代表。2011年1月5日，安徽省纪委决定对张长顺采取"双规"措施；3月25日，张长顺提出辞去省十一届人大代表职务；4月27日，合肥市十四届人大常委会决定接受张长顺辞职的请求，报省人大常委会备案、公告；5月4日张长顺向皖能电力监事会递交书面辞呈，辞去公司监事会监事、监事会主席职务；5月5日，皖能电力发布《关于公司监事会主席辞职的公告》。

6. 杜厚智，男，54岁，哈大铁路客运专线有限责任公司总经理。其于2011年6月底被免职，接受有关方面的调查。免职原因，可能与哈大线基建工程和物资招投标方面的经济问题有关。

7. 陈金明，男，47岁，江苏省南通产业控股集团有限公司副董事长、总经理。2011年2月，中共南通市纪委对陈金明予以立案调查；4月1日，南通市人民检察院对陈金明采取刑事拘留措施，并经中共南通市委批准，南通市纪委对陈金明做出先期开除党籍的处分决定。

8. 叶秀楠，男，54岁，浙江省瑞安农村合作银行董事长。2011年2月，被"双规"。案件涉及金额等具体细节还在调查中。

9. 戴伟中，男，48岁，上海临港经济发展（集团）有限公司副总裁。2011年6月，根据群众举报，上海市纪委对戴伟中严重违纪问题进行立案调查后，将其移送司法机关依法查处；11月10日，上海市第一中级人民法院开庭审理了戴伟中受贿案，检方指控戴伟中受贿818万余元。

10. 白培中，男，48岁，山西焦煤集团董事长、党委书记。2011年12月中旬，有关媒体报道了国企老总家中遭小区保安洗劫损失5000万，其妻却报案谎称被抢 300 万一事。涉案之"国企老总"正是白培中。12 月 22 日，中共山西省委决定，免去白培中的山西焦煤集团董事长、党委书记职务。

### 2011 年国有企业家犯罪案件

1. 冯永明，男，58 岁，光明集团家具股份有限公司创始人、前董事长，伊春市政协副主席，黑龙江省工商联合会副会长，第八届、第九届、第十届全国人大代表，黑龙江省优秀企业家，全国劳动模范，曾以 5 亿元的身家位列胡润中国富豪榜第 351 位。2008 年 9 月被刑拘；2008 年 11 月 1 日被正式批准逮捕；2010 年 10 月 19 日开庭；2011 年 1 月 14 日黑龙江省伊春市中级人民法院一审作出判决，认定冯永明、冯开明、冯志明三兄弟被控贪污、侵占财产、挪用资金罪罪名成立，冯永明被判处死刑缓期二年执行，剥夺政治权利终身，并处没收个人全部财产。

2. 李经纬，男，72 岁，广东健力宝集团的前董事长兼总经理，第九届全国人大代表。2002 年，李经纬因脑溢血突发住院；2002 年 10 月 13 日，李经纬被罢免全国人大代表资格，并被监视居住；2009 年 9 月 3 日，李经纬、杨仕明、黎庆元、阮钜源涉嫌贪污一案开庭审理，李经纬因病缺席审判；2011 年 8 月广东省佛山市中级人民法院决定对其恢复审理；2011 年 8 月 29 日，佛山市中级人民法院在广州珠江医院审理该案；2011 年 11 月 3 日，佛山市中级人民法院一审以贪污罪判处李经纬有期徒刑 15 年，并没收个人财产 15 万元。

3. 张春江，男，53 岁，中国移动通信集团公司原副总经理，第十一届全国政协委员。2010 年 9 月 10 日被捕；2011 年 7 月 12 日开庭审理，7 月 22 日河北省沧州市中级人民法院以张春江受贿 746 万余元，判处其死刑，缓期两年执行。

4. 沈长富，男，60 岁，中国移动通信集团重庆有限公司董事长、总经理、党委书记，重庆市第二届政协常委，第十届、第十一届全国人大代表。2010 年 10 月，被带走调查；2011 年 10 月 10 日开庭审理，11 月 11 日，重庆市第五中级人民法院判决沈长富受贿 3616 万元，犯受贿罪，判处死刑，缓期二年执行，剥夺政治权利终身，并处没收个人全部财产。

5. 李晓枫，男，59 岁，重庆市广播电视集团原（总台）党委副书记、总裁（总台长），第十届、第十一届全国人大代表。2010 年 10 月 10 日被带走调查；2010 年 12 月 25 日，全国人大常委会表决通过终止李晓枫的全国人大代表资格；2011 年 9 月 16 日，重庆市第一中级人民法院一审公开宣判，李晓枫受贿 4909 万元、挪用公款 300 万元，犯受贿罪、挪用公款罪，数罪并罚，判处其死刑，缓期二年执行，剥夺政治权利终身，并处没收个人全部财产。

6. 吴建文，男，42 岁，上海医药（集团）有限公司原总裁，浦东新区人大代表。2010 年 8 月传出正在接受调查，担任的职务已经被免除，包括其浦东新区人大代表资格。2011 年 11 月 8 日法院一审判决，吴建文受贿 1187 万元，判处死刑缓期二年执行；挪用公款 3355 万元，判处无期徒刑；贪污 500 万元，判处有期徒刑 15 年；隐瞒境外存款 110 万港币，判处有期徒刑 6 个月；数罪并罚，判处其死刑，缓期二年执行，剥夺政治权利终身，并处没收个人全部财产。

7. 肖时庆，男，47 岁，银河证券党委书记、纪委书记、总裁。2009 年被捕；2011 年 4 月河南省高级人民法院二审判决，肖时庆受贿约 1546 万元，内幕交易获利约 1 亿元，构成受贿罪和内幕交易罪，判处其死刑，缓期二年执行，剥夺政治权利终身。

8. 王观超，男，北京三九汽车实业有限公司原总经理。2008 年 5 月开始接受调查；2010 年 11 月 9 日，重庆市第一中级人民法院作出一审判决，王观超贪污 2629 万元、挪用公款 400 万元，数罪并罚判处死刑，缓期二年执行。王观超不服一审判决，向重庆市高级人民法院提起上诉。2011 年 7 月 15 日，重庆市高级人民法院作出二审判决，维持原判。

9. 李华，男，52 岁，四川移动党组书记、董事长、总经理，四川省第十一届人大代表。2010 年 9 月 27 日，四川省十一届人大常委会决定许可对李华采取强制措施；2011 年 8 月，四川攀枝花市中级人民法院对李华受贿一案作出一审判决，李华受贿 1647 万多元，犯受贿罪被判处死刑，缓期二年执行。

10. 董跃进，男，53 岁，中国通信建设总公司总经理助理兼进出口贸易部总经理。2010 年 7 月 28 日，董跃进被控挪用公款罪和受贿罪在北京市出庭受审。2011 年 1 月北京市第二中级人民法院作出一审判决：董跃进挪用公款 5.8 亿、受贿 91 万元，数罪并罚判处无期徒刑，剥夺政治权利终身。

## 【教授点评】

职务犯罪作为一种社会历史现象，是伴随着阶级、国家、职务、法的产生而出现的，为历朝历代的统治者所深恶痛绝。统治阶级以法的形式将之固定下来，以法的手段惩治之，遏制之，以维护其自身利益和江山社稷的稳固。我国是人民当家做主的社会主义国家，但职务犯罪依然存在。人民群众痛恨职务犯罪，强烈要求惩治、消灭职务犯罪，以维护自身合法权益和国家的长治久安。

现代意义的职务犯罪分广义和狭义两种，广义上讲，是指有职务的人利用职务进行的犯罪；狭义上指的是国家工作人员职务犯罪，即国家工作人员利用职务上的便利，进行非法活动，或者滥用职权，或者对工作严重不负责任，不履行或不正确履行职责，破坏国家对职务行为的管理活动，致使国家和人民利益遭受重大损失，依照《刑法》应受到刑罚处罚的行为的总称。通常意义上我们所称的职务犯罪为狭义概念。

根据修订后的《刑法》规定，在外延上，职务犯罪包括检察机关管辖的53种国家工作人员职务犯罪，划分为三大类：贪污贿赂犯罪（第八章）、渎职罪（第九章）、侵犯公民人身权利、民主权利的犯罪。贪污贿赂犯罪，在我国《刑法》第八章中用了15个条文规定了12个罪名，包括：1. 贪污罪；2. 挪用公款罪；3. 受贿罪；4. 单位受贿罪；5. 行贿罪；6. 对单位行贿罪；7. 介绍贿赂罪；8. 单位行贿罪；9. 巨额财产来源不明罪；10. 隐瞒境外存款罪；11. 私分国有资产罪；12. 私分罚没财物罪。渎职罪在我国《刑法》第九章中用了23条规定了34个罪名，包括：1. 滥用职权罪；2. 玩忽职守；3. 枉法追诉裁判罪；4. 私放在押人员罪；5. 国家工作人员签订、履行合同被骗罪等。国家机关工作人员利用职权实施的侵犯公民人身权利、民主权利犯罪有七个：1. 国家机关工作人员利用职权实施的非法拘禁罪；2. 国家机关工作人员利用职权实施的非法搜查罪；3. 刑讯逼供罪；4. 暴力取证罪；5. 虐待被监管人罪；6. 报复陷害罪；7. 国家机关工作人员利用职权实施的破坏选举罪。

贪渎档案中陈良宇、张宗海案涉及：（1）贪污罪。这是指国家工作人员和受国家机关、国有公司、企业、事业单位、人民团体委托管理、经营国有财产的人员，利用职务上的便利，侵吞、窃取、骗取或者以其他手段非法占有公共财物的行为。（2）挪用公款罪。这是指国家工作人员，利用职务上的便利，挪用公款归个人使用，进行非法活动的，或者挪用公款数额较大、进行营利活动的，或者挪用数额较大、超过3个月未还的行为。（3）受贿罪。这是指国家工作人员利用职务上的便利，索取他人财物，或者非法收受他人财物，为他人谋取利益的行为。以上三种为较常见的职务犯罪。

严重的社会危害性是犯罪的首要基本特征，职务犯罪也不例外，但其由于犯罪主体的特殊性——具有一定职务、掌握一定权力而表现出比一般犯罪更为严重、社会危害性更大的显著特征，具体表现为：（1）危害多数人的生命财产安全。职务犯罪对象涉及人数多、范围广，例如在吉林官煤勾结案中，涉及国土、煤炭、安监等不同系统的数名要员，200多名矿主参与行贿。（2）造成公共财产的大量流失。如郑州市电业局物资公司经理李明学特大职务犯罪案中，李明学为官两年敛财数额上千万。（3）贪污、渎职等职务犯罪败坏党风和社会风气，严重破坏社会主义市场经济秩序和社会主义精神文明建设，腐蚀国家的肌体，危害国家的长治久安。（4）给个人家庭带来直接而沉重的危害。每一个贪官都亲手断送了自己的前途，也断送了整个家庭的幸福与安宁，带给自己和家人的是无限的忏悔和痛苦。

金樽美酒千人血，玉盘佳羹万姓膏！职务犯罪有着广泛而严重的社会危害，害人害己，广大国家工作人员应切忌铤而走险，以身试法。同时政府亦应对此采取有效策略加以打击和预防。

# 第三章 最恨贪官除不尽 常思海瑞能再生

## ——贪污贿赂记

### 挪用公款详探讨

受北京市东城区检察院的邀请，著名刑法学家、中国人民大学博士生导师王作富教授与检察官们进行了交流，就挪用公款罪的理解与认定问题进行了深入探讨。

挪用公款罪是一个在实际操作中争议较多的罪名，其犯罪构成非常复杂，2002 年 4 月 28 日又有新的立法解释发布，检察官在实际办案过程中遇到很多问题，一一向王作富教授进行了咨询。

对于 2002 年 4 月 28 日全国人大常委会关于《刑法》第 384 条第一款的解释中"以个人名义将公款供其他单位使用的"，有人认为"以个人名义"应以是否有单位的公章来界定。王作富教授指出，有人认为"以个人名义"就是将公款挪给他人的时候一切手续以及提供款项的文件上都是以挪用人个人的名义办理的，没有单位的公章。这是以手续、凭证有没有公章来界定，不是很科学。如行为人盗用单位的名义，偷盖公章把公款划出，应如何认定？按照这个解释就不是个人名义。这显然是不对的。他个人理解，挪用公款的实质就是公款私用，就是个人任意支配单位的公款。盗用单位的名义，实际还是个人，不能简单地用有没有公章来界定。另外，这个解释也没有解决什么叫单位的概念。当然什么叫单位是一个十分复杂的问题。目前还没有具体解释，建议立法机关对此作出规定。

针对如何理解全国人大常委会关于《刑法》第 384 条第一款的解释中"个人决定"的含义，王作富教授认为，解释规定个人决定以单位名义将公款供其他单位使用谋取个人利益，适用挪用公款罪处罚，这里的"个人决定"是针对领导而言的，相对于单位的集体决定，既包括在职权范围内滥用权力，也包括超越职权。如果集体研究决定将公款给其他单位使用，即使违反财经纪律，也不能够定罪；如果是集体研究，个别领导以此向对方单位收受、索取财物，符合受贿罪要件，应定受贿罪；如果不是领导班子人员，几个一般工作人员集体研究挪用，是挪用公款罪的共犯。

对于把公款给个人承包的企业使用，是否属于挪给个人使用这个问题，王教授指出，有主张个人承包的企业应算个人，因为已经承包，企业经营好坏和承包人个人利益相关，但他并不赞成。国有企业交给个人承包，是所有权和经营权的分离，企业性质不变，仍然是国有企业，所以给承包企业使用仍算是给单位使用。但对名为集体实为个体的承包企业，发包单位没有投资，执照虽是集体执照，却不能反映企业真实性质，所以仍为私企，使用人为个人。

王教授还指出，对于什么是营利活动这个问题历来有争议。如挪用公款以个人名义存入银行取利息，将利息占为己有，应定挪用公款还是贪污。一种主张定贪污，理由是，利息在《民法》上讲是法定孳息，其所有权是归产生它的资金的所有者所有，公款产生的利息当然就归国家所有。但最高法院的司法解释规定应定挪用公款罪。除了公款私存以外的营利活动还有如投资、炒股、买卖国库券等，都应定挪用公款罪。这是把取息作为营利活动。另外还有一个问题，为营利活动服务的活动算不算营利活动？如挪用公款为注册资金、为企业贷款提供担保、给职工发奖金、还债等。王教授个人主张，凡是为营利活动服务的活动都算是营利活动，不能狭义地理解营利活动是直接产生利润的活动。当然，这种理解没有法律明文依据。

对于挪用公款罪的未遂和既遂问题，王教授说道：理论上认为，挪用公款就是挪加用，两个行为统一才能构成挪用公款的既遂，只挪未用的，按未遂处理。甚至有人认为，挪用公款未遂不能定罪。这种观点是不可取的。"挪用"两字是不能分开的，挪出去未用也叫挪用。从犯罪客体来说，挪用公款侵犯的客体就是单位对公款的占有、使用、收益权，不涉及所有权。因此，只要把公款挪出去，脱离了本单位的控制，犯罪客体就被完全侵犯了，就是犯罪的既遂，至于用没用、用于何处，只是定罪量刑的情节问题。

对于受国有单位委托管理、经营的国有财产能否成为挪用公款罪的对象这个疑问，王教授分析道：《刑法》第382条第二款将受国有单位委托管理、经营的国有财产定为贪污罪的对象，但挪用公款罪没有相应规定，按照最高法院的解释不能定挪用公款罪，只能定挪用资金罪。主要理由是被委托人不属于国家工作人员，主体资格不符。被委托人为什么不能被看做是国家工作人员，这在理论上也有不同看法。有观点认为既然受委托经营管理国有财产，就是被委托从事公务，就属于《刑法》第93条的"其他依照法律从事公务的人员"的范围。当然这种主张没有被最高法院采纳。被委托经营、管理国有财产和被委托从事公务是有区别的，前者主要针对民事上平等的权利主体之间的委托关系，是通过合同的方式进行的，这种委托和委托从事公务是不一样的。行为人是否被委托经营管理国有财产，有以下条件：1. 委托单位必须是国有单位；2. 被委托人本来不是单位的国家工作人员；3. 委托方必须有明确的委托某人从事管理、经营国有财产的意思表示，被委托人也必须有接受的意思表示，双方达成一致；4. 委托行为必须由单位有权委托的组织和负责人来进行；5. 委托关系的成立，双方权利义务是平等的，不存在上下级的行政隶属关系。最后一点是与"其他依法从事公务"的根本区别。因为被委托从事公务必然要形成上下级关系。另外，承包和租赁的特点就是所有权和经营权分离，是民事上的合同关系。

挪用公款给他人使用，向使用人索取财物、收受财物的应如何定罪这个问题，王教授指出这是挪用公款受贿的问题。按照 1998 年最高法院的解释规定，挪用公款索取、收受贿赂构成犯罪的，依照数罪并罚的规定处理，所以应定挪用公款罪和受贿罪两罪。王教授个人认为此规定不合适，应当从一重处罚，或按一个重罪从重处罚。理由是：从表面上看，挪用公款是独立的行为，收受财物也是，两个行为触犯了两个罪名，但受贿罪中包括有为他人谋取利益，挪用公款就是为他人谋取利益，按照《刑法》理论上"对一个行为不得作两次评价"的原则，我们不能对挪用公款这一个行为作两次评价。

## 析 "利用职务便利"

"利用职务上的便利"是受贿罪的客观构成要件之一。如何理解这一要件，是准确认定受贿罪的一个重要问题。从目前《刑法》理论和实践来看，对于受贿罪中"利用职务上的便利"的理解，主要争议在于两点：一是"利用职务上的便利"是否仅限于利用本人职务上的便利，也就是说，利用"第三者"的职务便利是否可以视为"利用职务上的便利"；二是"利用职务上的便利"是否包括利用将来或者过去的职务便利。

从通常用语的角度理解，所谓"利用职务上的便利"，当然是指利用本人的职务便利。因为《刑法》规定的行为要件，总是针对行为主体而言的。换句话说，什么行为构成犯罪、应受到怎样的处罚，针对的都是行为人。受贿罪中的"利用职务上的便利"，也就当然指的是利用行为人本人职务上的便利。行为人如果利用他人职务上的便利，对行为人而言就不是"利用职务上的便利"了。"利用职务上的便利"在理解和把握上为什么会产生争议呢？上海社会科学院法学研究所副研究员、硕士生导师肖中华认为，这主要缘于过去的司法解释规定，也就是最高人民法院、最高人民检察院 1989 年 11 月 6 日《关于执行〈关于惩治贪污罪贿赂罪的补充规定〉若干问题的解答》的规定。这个《解答》第三条第二项明确规定："受贿罪中'利用职务上的便利'，是指利用职权或者与职务有关的便利条件。'职权'是指本人职务范围内的权力。'与职务有关'，是指虽然不是直接利用职权，但是利用了本人的职权或地位形成的便利条件。""国家工作人员不是直接利用本人职权，而是利用本人职权或者地位形成的便利条件，通过其他国家工作人员职务上的行为，为请托人谋取利益，而本人从中向请托人索取或者非法收受财物的，应以受贿论处。"

对此，北京师范大学法学院教授、博士生导师赵秉志认为，上述司法解释的规定，不是引发争议的原因，而恰恰是试图解决有关争议的一个实质性规范。其实在这个司法解释颁行之前，司法实践与立法规定之间的差距就客观地存在，实务中对受贿罪究竟能不能包括间接受贿、受贿罪中的"利用职务上的便利"能否包括利用他人的职务便利，就存在一定的争论。但是，需要指出，由于修订《刑法》施行后，最高人民法院、最高人民检察院没有专门对贪污罪、贿赂罪作过司法解释，1989 年"两高"有关受贿罪中"利用职务上的便利"含义的司法解释，倒是引起新《刑法》第 385 条中"利用职务上的便利"是否包括利用他人职务上便利之争的直接原因。

修订《刑法》施行后，上述关于受贿罪中"利用职务上的便利"的解释，是否仍然应当参照执行？或者说，该解释是否符合新《刑法》第 385 条规定的本意？这存在两种截然相反的观点：一种观点是持肯定态度的，认为《刑法》第 385 条（一般受贿罪）中的"利用职务上的便利"，仍然应当按照"两高"1989 年《解答》的规定来理解，即"利用职务上的便利"包括"直接利用本人职务上的便利"和"利用与职务有关的便利条件"（间接利用本人职务上的便利）两种情况。持这种观点的学者同时指出，《刑法》第 388 条规定的以受贿罪论处的"间接受贿"，指的是利用与本人职务无关的便利条件，即利用亲属关系、友情关系和工作关系，因此，如果利用与本人职务有关的便利条件通过第三者的职务便利为请托人牟利而受贿的，应解释为属于《刑法》第 385 条规定的范围；如果纯粹利用与本人职务无关的、第三者的职务上行为，则应理解为《刑法》第 388 条规定的"间接受贿"（或斡旋受贿）。另一种观点认为，在《刑法》修订后，《刑法》第 385 条中的"利用职务上的便利"，是专指利用本人职务范围内的权力，即自己职务上主管、负责或者承办某种公务的职权所形成的便利条件。赵秉志教授赞成后一种观点。因为"职务上的便利"，如果按照严格解释刑法用语的要求，只能解释为行为人本人职务范围内的权力便利，才具有科学性。将利用他人职务上的便利解释为

"利用职务上的便利"，实际上是一种类推解释的结果，显然超出人们的正常理解"可预测范围"，而无论"他人的职务"与本人的职务是否有关。1989 年"两高"《解答》为什么将受贿罪中"利用职务上的便利"解释为包括"利用职权"和"利用与职务有关的便利条件"在内，即把"利用本人职权或地位形成的便利条件"视为"利用职务上的便利"的应有之义呢？这是在我国《刑法》未有间接受贿行为之规定而司法实践又迫切需要惩治这种受贿犯罪的情况下作出的，实为权宜之计。严格地讲，是超越司法权限的解释。

正是因为"利用职务上的便利"包括"利用本人职权或地位形成的便利条件"十分牵强，修订《刑法》在第 385 条规定了"利用职务上的便利"而构成的（直接）受贿罪之外，又在第 388 条另外规定了"利用本人职权或地位形成的便利条件"而构成的（间接）受贿罪。所以，在修订《刑法》施行后，对于受贿罪客观要件的理解，不应再将"利用本人职权或地位形成的便利条件"包括在"利用职务上的便利条件"之内了，这两者只不过是并列的"利用职务便利"形式而已。如果仍将《刑法》第 385 条中的"利用职务上的便利"按照"两高"《解答》的规定来理解，则势必与《刑法》第 388 条规定在逻辑上产生矛盾。至于有的人认为《刑法》第 388 条规定的（间接）受贿罪，其行为人利用他人职权之便利与本人职务无关，显然是值得商榷的。

需要注意的是，最高人民检察院在 1999 年 9 月 16 日公布施行的《关于人民检察院直接受理立案侦查案件立案标准的规定（试行）》（以下简称《立案标准》）中，也采取了第二种观点，明确规定："'利用职务上的便利'，是指利用本人职务范围内的权力，即自己主管、负责或者承办某项公共事务的职权及其所形成的便利条件。"这是值得肯定的。这一规定正确地区分了利用职务上的便利与工作上的便利及间接受贿的界限。但是，从实际情况看，受贿罪中的"利用职务上的便利"所包含的权力及其所形成的便利条件究竟如何理解，仍是困扰司法人员的问题。

赵秉志认为，这种便利条件即体现为行为人本人职务所产生的对人、对事的一定的制约关系。这种制约关系一部分表现在单位内部或某一系统内上下级之间、各职能部门之间的制约关系，一部分表现在担负某种职务的国家工作人员，在处理公共事务时，直接与有关的单位或当事人之间的制约关系。就前者而言，只要认定行为人有一定职权、便利条件属于该职权范围即可；就后者而言，须认定行为人担当的具体事务是否与其职务相符，如果具体事务并非其职权范围内，则谈不上"利用职务上的便利"。例如，某市政府办公楼的门卫，向来市政府办理事务的某公民讹诈财物，声称"如不给钱进了门也见不着领导、事也办不成"，某公民无奈给予其钱财，该门卫便将需办事的公民引到市领导的办公室，并向市领导介绍该公民需办理事务的情况。在此案中，门卫的职责是看守办公楼，其并非有利用自己职权为该公民办理事务的便利条件，所以其讹诈钱财的行为构成敲诈勒索罪而非受贿罪。从职务的制约作用来看，制约关系具体表现为三个方面：一是它可以使有关单位或个人获得某种正当或不正当利益；二是它可以使有关单位或个人得不到某种正当或不正当利益；三是它可以使有关单位或个人丧失已经获得或拥有的某种利益。正因为国家工作人员的职务具有这些制约作用，才能够利用其职务非法向他人索取或者收受财物为他人谋取利益。

肖中华指出受贿罪中的"利用职务上的便利"，还可分为积极利用和消极利用两种形式，具体包括四种情况：第一，通过积极实施或者承诺实施自己正当的职务行为，即以本人职务上有权做或应做的事务，为他人谋取利益，以此为交换条件，向他人索取或非法收受贿赂。第二，通过积极实施或者承诺实施在其职务范围内能够实施，却不应该实施的行为，为他人谋取利益，以此为交换条件，向他人索取或非法收受贿赂。第三，通过消极地不实施自己的职务行为，亦即不履行自己的职责，为他人谋取利益，而向他人索取或非法收受贿赂。第四，国家工作人员不通过自己的积极的或消极的职务行为，而是以自己的职务所必然产生的特定事实，直接为他人谋取利益。

那么，受贿罪中的"利用职务上的便利"是否包括利用将来的职务便利呢？

肖中华认为是可以的。因为所谓利用将来的职务便利，是指行为人利用现在尚未担任但即将担任的职务上的便利。比如，担任某区工商局局长的行为人某甲即将到该区税务局担任局长，某私有公司为了获得非法减免税款，将数万元人民币作为某甲担任税务局局长后为该公司少征税款的条件，某甲收受了这些钱财。可见，在利用将来职务上的便利的情况下，行为人用以权钱交易的"权"，在行为人索取或收受贿赂时还是一种"期权"而不是现实的职权，与一般情况下的受贿在形式上有不同的特征——索贿或收受财物时的职务状况与牟利时的职务状况存在差异（有的是从此种职务变更为彼种职务，有的是从无职到有职、从非国家工作人员到国家工作人员）。但是，在这种情况下，请托人（送贿赂者）毕竟已经将贿赂送出，受贿人也已经将贿赂索取或收受，而且答应将来担任某职务时为请托人牟利，请托人与受贿人之间已经存在"权钱交易"的不法行为，而不是什么单纯的权钱交易"约定"了。虽然索取或收受贿赂时行为人尚不具有为请托人牟利所需的"职务"，但行为人索取或收受贿赂的行为与为他人牟利的行为是密切相连、作为一个整体的。行为人之所以在任职之前索取或收受贿赂，就是因为他与请托人约定了任职后为其牟利。因此，从实质上讲，利用将来的职务便利与利用现在的职务上的便利没有任何区别。

与上面的问题相似，在受贿罪中，还存在一个"利用职务上的便利"是否包括利用过去的职务便利的问题。这个问题，最典型的就是已离、退休国家工作人员能否构成受贿罪的问题。对于这个问题，肖中华采取的是否定态度。对于离、退休国家工作人员可否构成受贿罪，我国《刑法》一直没有作出过规定。1989 年 9 月 8 日监察部《关于国家行政机关工作人员贪污、贿赂行政处分暂行规定实施细则》第三条规定，利用本人现任或曾任职务地位形成的便利条件收受财物的，也是受贿行为。1989年"两高"《解答》第三条第三项也曾明确规定："已离、退休的国家工作人员，利用本人原有职权或地位形成的便利条件，通过在职的国家工作人员职务上的行为，为请托人谋取利益，而本人从中向请托人索取或者非法收受财物的，以受贿论处。"《刑法》修订后，上述行政解释和司法解释是否仍可参照执行呢？肖中华认为，上述行政解释和司法解释将已离、退休国家工作人员纳入受贿罪主体，是不科学的。因为受贿罪是一种典型的贪利型渎职犯罪，国家工作人员既然已离、退休，也就不再是国家工作人员，不过是曾任国家工作人员而已；既然已经不是国家工作人员，也就谈不上利用职务上的便利索取他人财物或非法收受他人财物为他人谋取利益，亦即无职可渎了。如果说已离、退休的国家工作人员利用所谓过去的职务上的便利可以构成受贿罪，无异于否定受贿罪以"利用职务上的便利"为构成要件。所以，在修订《刑法》施行后，上述行政解释和司法解释不可参照适用。当然，如果国家工作人员在职期间为请托人谋取利益，并与请托人事先约定，在其离、退休后收受财物的，属于事后受贿，只要达到犯罪标准，应以受贿罪定罪处罚。对此，最高人民法院 2000 年 6 月 30 日《关于国家工作人员利用职务上的便利为他人谋取利益离退休后收受财物行为如何处理问题的批复》已明确作出规定。另外，对于已离、退休人员被重新聘用，并依法从事公务中而为的受贿行为，如在国有公司中从事公务而为的受贿行为，也应按受贿罪论处。这两种情况并没有肯定已离、退休国家工作人员可以成为受贿罪的主体，也没有肯定利用过去职务上的便利可以成立受贿罪，因为行为人实施渎职行为时具有国家工作人员身份。

## 蚁贪：多发又常被忽视的腐败

蚂蚁体态虽小，却能把数倍于自己体积的食物一趟趟运回洞穴储存起来。尽管每次搬运的数量并不大，但次数多了，聚集起来的食物也颇为可观。一些处于权力末端的"小人物"，就像蚂蚁，在一个较长的时间周期里，凭借"蚂蚁搬家式"的隐蔽作案手段，一点一滴地多次实施贪污贿赂，直至案发。我们称之为蚁贪，即"蚂蚁搬家式腐败"。这些毫不起眼的"小人物"在不知不觉中也能整出"大腐败"。一方面，身处其中的贪官对这种零打碎敲的贪腐不以为耻，甚至暗中攀比，官场文化因此被扭曲。另一方面，这也生成为社会大环境中一种潜规则，常被人忽视甚至认同。

### 解密蚁贪

在生物界，蚂蚁的体态和地位都比较微小，这也决定了其搬运能力的有限。然而正是这些看似渺小的蚂蚁，却能把数倍于自己体积的食物一趟趟运回洞穴储存起来。虽然每次搬运的数量并不大，但次数多了，聚集起来的食物也颇为可观。

一些处于权力末端的"小人物"，就像蚂蚁，在一个较长的时间周期里，凭借"蚂蚁搬家式"的隐蔽作案手段，一点一滴地多次实施贪污贿赂，直至案发。

浙江省天台县教育局教研室原主任陈义栋、副主任钱祖伟就是这样，两人堪称创造了中国"最小"的贪腐纪录：他们与印刷厂厂长约定，印制该县中小学试卷，每张试卷提取 1.2 分钱的"好处费"。这个回扣的比例看似小得不能再小，但因该县中小学试卷数量巨大，又是长期约定，几年累积下来的数额非常可观。

从 2004 年上半年至 2008 年下半年，二人收受回扣达 25 万元，涉及约 2500 万份试卷。天台县法院依法判处二人十年至十二年不等的有期徒刑。

无独有偶。北京市海淀区某研究院有一名采购员，经常为单位实验室收购小狗、荷兰猪、小白鼠等动物做实验。久而久之，这名采购员动起了心眼，他每次收购两条小狗交给实验室，然后去财务室虚报"收了10 条狗"，领取 10 条狗的采购费用，从来没有人验收，也没有人发现。

案发很意外。由于做完实验后，小狗不会立即死掉，某日清晨，实验室的工作人员领着做过实验的小狗兜风，碰见了财务室出纳，二人闲聊，出纳说最近收购了 100 多条狗，实验室工作人员当场就纳闷了："不对啊，每天早上我都遛狗，顶多就 30 多条狗，剩下的狗都哪去了？"二人这么一聊，才发现有人虚报了狗的数量。

后经调查，这个采购员通过虚报狗数的方式，长期下来贪污了 8 万多元，最后判了 9 年有期徒刑。

类似这样的案例还有很多。其实，这正是中国社会当前的一种很隐蔽但并不少见的腐败类型——"蚁贪"。

### 蚁贪的四大特征

"蚁贪"，是相对于经常吸引人们眼球的"大贪"、"巨贪"等行为，提出的一个概念。蚁贪有四大特征：

**特征一：低职级或无职级。**

蚁贪类族群成员往往是低职级或无职级的公务人员，用"位低权轻"四个字来概括最合适不过。

"蚁贪式腐败的犯罪主体多为案发单位的一般工作人员，多数并不具有领导职务，从其地位和所从事的工作内容上看当属'小人物'。"北京市检察院第一分院反贪局局长李卫国说。

北京市海淀区检察院反贪局副局长罗猛总结说，2007 年至 2010 年，他们立案侦查的极具代表性且已有处理结果的蚁贪类案件有 13 件 19 人。其中，涉及财会、后勤管理人员、图书馆工作人员、杂志社工作人员、液化石油气公司及物业管理公司工作人员。

"这些'小人物'的共同特征在于均具有经手财务的便利条件，或者负责财务报销工作，或者承担上交款项之责，从而具备实施犯罪的可能性。与大贪相比，'小人物'身份普通，且往往在同一岗位上工作时间较长，容易因不被关注而脱离监管，有实施犯罪行为的可乘之机。"罗猛说。

**特征二：作案周期长。**

多名长期处于反贪一线的办案人员告诉记者，大贪、巨贪类犯罪嫌疑人往往是"一次性"作案，前后时间跨度不长，而蚁贪类犯罪嫌疑人的作案周期往往较长，一般潜伏在一个较长的时间跨度里，用相同的手段多次实施犯罪行为。

以海淀区检察院近 3 年来查办的极具代表性的 13 起蚁贪类案件为样本，犯罪嫌疑人作案持续时间最短的为 7 个月，最长为 9 年，其中，1年以上 5 年以下的为 5 件，长达 5 年以上的为 4 件。

**特征三：贪贿次数多。**

"蚁贪类案件的侦查卷宗往往多达几十本，比一般贪污贿赂犯罪的卷宗多得多，因为贪贿的次数多，所以固定证据时会加重卷宗的厚度。"海淀区检察院检察官蒋朝政告诉记者。

北京市某植物园一名普通出纳员，在发现单位财务漏洞后，抱着"试一试"的心理，在 29 岁那一年，第一次"多"拿了单位工资 4125 元。在此后的四年半，他利用制作工资表的职务便利，通过修改工资表数据、制作虚假工资表等方式，作案上百次。截至案发时，他涉嫌将单位工资款 470 余万元"神不知、鬼不觉"地揣进了自己腰包。

**特征四：单次犯罪数额小。**

大贪、巨贪一般犯罪数额大，所以冲击力较强，很容易显现。而蚁贪则恰恰相反，因为单次犯罪数额小，所以具有很强的隐蔽性。

"蚁贪的行为人一开始作案也许是一两千元，试探一段时间后，发觉没有人管，也不被人发现，犯罪金额逐渐增大，作案频率也会增加。"海淀区检察院反贪局侦查一处副处长张小兵称,蚁贪行为人具有作案惯性。

**作案手段为虚报冒领和私扣截留**

"只要有合适的腐败机会,蚁贪就有转化为大贪、巨贪的可能,两种腐败行为之间并无绝对的界限。"清华大学公共管理学院副教授程文浩说。

蚂蚁有时候能搬走一座"金山"。2011年2月17日,国家级贫困县江西省鄱阳县爆出新闻:该县财政局经济建设股原股长李华波套取9400万元公款后逃往境外。

有网友感慨:"一个股级小吏竟有如此惊人的贪腐能量,令人难以置信!"

北京市海淀区检察院提供的调研报告显示,蚁贪类案件中涉及贪污的作案方式大致可以归纳为两种——虚报冒领和私扣截留。

"虚报冒领一般采取的手段有三种,如在公务报销中采取修改报销单据、添加发票或修改工资表等原始凭证的方式侵吞公款;再者,采取仿冒主管领导签字或伪造他人名章、假冒他人签名的方式冒领公款;第三,采取编造虚假事实、虚增支付费用等方法支出公款等。"罗猛分析说。

私扣截留一般采取的手段有两种,即使用单位现金支票提取现金不入账、隐瞒不报而侵吞单位财物;采取篡改收据底联平账及开具白条等手段私自截留应上交的现金收入。

"从蚁贪式腐败的最后发案和查办过程分析,其作案手段虽然具有一定的隐蔽性,但其发案原因具有一定的共性,即虽然涉及的发案单位多数都建立了财务管理制度和监督制度,但实践中执行情况并不理想,往往基于相互之间的盲目信任而导致形同虚设。"罗猛说。

**"潮流"腐败**

分析蚁贪案件,罗猛认为,大部分犯罪嫌疑人都存在法制观念淡漠、法律意识不强的问题。

"腐败只发生在职权大的人身上,一笔收受几十万元才叫犯法,自己一次才收个千儿八百的,根本不算什么。"正是抱着这种想法,江苏省泰兴市财政局契税所原所长陈承,凭借着"蚂蚁搬家"的方式,在近10年的时间里,先后56次收受有关单位和个人送的人民币32万余元,最终身陷囹圄。

"从蚁贪式腐败的犯罪心理来看,所有犯罪嫌疑人都认为其犯罪行为不会被人发现。部分犯罪嫌疑人发现其从事的工作存在漏洞,于是将漏洞作为贪污、挪用的便利条件。一开始,他们还有些害怕,贪污、挪用的数额不会太大,但是一次得手以后,认为不会被人发现,之后胆子越来越大,犯罪次数越来越多,甚至每次犯罪的数额也越来越大,最终形成少则几十万元多则上百万元的大贪、巨贪。"罗猛说。

罗猛告诉记者，许多蚁贪案件发生在社会的一些普遍领域，如图书出版、医药、建筑、教育等领域。

"正是因为不正之风在这些领域已经成为一种普遍现象，同时，行政、司法的打击可能没有及时跟上，所以，一些人要么没有认识到这样做是不正确的，要么认识到行为的不可为性质，但又发现别人这样干而出事的又少，所以紧跟这种社会'潮流'，越陷越深。"罗猛说。

### 对蚁贪零容忍

在清华大学法学院教授张建伟看来，太拘泥于犯罪数额的司法制度加剧了蚁贪的发生。

我国司法追究与财产有关的犯罪，常有提高追究刑事责任的起始数额之举，对于贪污、贿赂案件的犯罪数额标准提得越高，其结果是对官员的道德标准降得越低。

"蚁贪现象有很深的社会根源，这种腐败往往隐匿于日常的经济行为和社会交往之中。"程文浩建议，除了通过查处典型案件警示公职人员之外，还要防微杜渐，国家应当从整顿节日礼金、推动权力公开运行等途径入手，对蚁贪开展防治工作。

中南财经政法大学教授乔新生认为，惩治蚂蚁搬家式腐败必须尽快改变立法观念。他呼吁立法机关尽快修改《刑法》，对贪污贿赂腐败案件采取"零容忍"，以防止国家工作人员在人情往来中迷失方向，沦落成罪犯。

"当然，零容忍并不是禁止政府官员正常交往，也不是杜绝礼尚往来，而是要提醒政府官员，必须如实申报自己的财产。假如政府官员收受他人的钱财而没有主动申报，或者私下接触他人而涉嫌利用职务之便受贿，那么，都应按照犯罪论处。"乔新生分析说。

对反腐败而言，防患于未然往往比事后惩处更重要，这一点对惩治蚁贪同样适用。中共中央党校教授林喆认为，我国目前对基层公职人员的廉政教育和腐败预防存在一定的缺失。

"对科级以下的公务人员同样要加强廉政教育，将基层的监督和制约机制落到实处。对一些基层关键岗位的人员，如会计、出纳、采购员、收银员等，要进行定期轮岗，不能让他们在一个位置呆得太久，否则会形成宗派体系，相互帮忙、相互掩盖腐败行为。另外，还要加强财务审计，比如，能否将审计周期由一年一审改为一个季度一审，不同单位之间，用不同的财务人员来交替审计单位账目。"林喆说。

# 辨析 "为他人谋利"

"为他人谋取利益"在受贿罪中的构成地位、性质和认定标准，向来是受贿罪适用中的争论焦点。北京师范大学法学院教授、博士生导师赵秉志和上海社会科学院法学研究所副研究员、硕士生导师肖中华两位学者就此问题进行了简要探讨。

肖中华老师认为，"为他人谋取利益"这个要素引发的司法乃至立法问题，的确不少。比如，在许多案件中，司法人员要确实充分地证明行为人有"为他人谋取利益"的行为、行为人非法收受请托人财物的行为和为请托人谋取利益的行为之间存在因果关系，往往非常困难。所以，在司法实务中，对于"为他人谋取利益"的认定是比较混乱的：有的司法人员从严格恪守罪刑法定原则的立场出发，对于没有足够证据证明行为人为他人谋取利益行为与非法收受他人财物行为之间存在因果关系的，不予认定受贿罪；有的司法人员则在证据证明要求上降低标准，只要行为人存在为他人谋利的目的或行为，就推定其与非法收受财物行为之间存在因果关系，对行为人认定为受贿罪。这样的混乱状况，使人对"为他人谋取利益"应否作为受贿罪的构成要件产生了怀疑。所以，近几年来有学者写文章，建议干脆取消受贿罪中"为他人谋取利益"这个要素，免得司法实务中对于如何认定它莫衷一是、异常混乱。

对此，赵秉志认为，这种建议恐怕还值得进一步研究。因为权钱交易是受贿罪的基本特征，而权力的出卖在很大程度上就是通过为他人谋取利益来实现的。司法认定上存在的困惑或混乱，是否一概可以归结为立法的缺陷呢？近年来司法实务界的确出现一种倾向——只要司法认定与处罚上产生问题，就指责立法存在缺陷。其实，这种倾向是不对的，因为立法不是尽善尽美的，也不可能尽善尽美。何况，再完备周详的法律也都需要解释，《刑法》适用本身就是《刑法》解释的过程，所以重要的是如何去理解把握法律的含义，在法律条文尽可能的含义范围内去解决实务问题。当然，这也不是说司法实践不推动立法的发展。恰恰相反，司法实践对法律的运用应当是立法完善的主要动力。不过，一个法律规范是否应当更改、如何修改完善，依据不纯粹是它好不好用，而是它在根本上是否合理。受贿罪中的"为他人谋取利益"要件就是这样，司法实务上认定起来有问题，但这个要件设置本身还是合理的。

对于界定"为他人谋取利益"在受贿罪构成中的地位问题，肖中华认为首先应当肯定的是，在受贿罪的两种基本形式中，只有"非法收受他人财物"的行为成立受贿罪必须以"为他人谋取利益"为要件，索贿成立受贿罪则不以之为要件。这一点，《刑法》理论和司法实践中已基本达成共识。但这里有一个问题值得研究：《刑法》第163条对公司、企业人员受贿罪罪状的表述，与《刑法》第385条对受贿罪罪状的表述存在很大差异：根据前者，索贿行为构成受贿罪应当以"为他人谋取利益"为要件，而且必须数额较大，但后者对于索贿行为构成犯罪并没有"为他人谋取利益"要件的限制。而根据《刑法》第163条第三款的规定，国有公司、企业中从事公务的人员和国有公司、企业委派到非国有公司、企业中从事公务的人员，有前两款行为的构成《刑法》第385条的受贿罪。那么，这些人员索贿构成受贿罪，应当以第163第一款的规定还是以第385条的规定为标准呢？理论上和实务中存在争议。

对此，赵秉志认为，立法者之所以在公司、企业人员受贿罪的罪状中也要求索贿与收受贿赂一样以"为他人谋取利益"为犯罪要件，而有别于（公务）受贿罪中对索贿和收受贿赂成立犯罪要件的区别规定，是考虑到公司、企业人员受贿罪在本质上毕竟不同于（公务）受贿罪，对于前者构成要件作更严格的限制，无可非议。因此，《刑法》第163条第一款中索贿以"为他人谋取利益"为要件的规定，应理解为仅适用于公司、企业人员受贿罪；该条第三款所指的各种"以国家工作人员论"的人员索贿构成受贿罪的，仍应适用《刑法》第385条的规定，即不以"为他人谋取利益"为要件。这是刑法体系解释的结果。

"为他人谋取利益"究竟是收受财物构成受贿罪的主观要件还是客观要件？这也是《刑法》理论上长期争论的问题。有的认为，为他人谋取利益属于受贿罪的客观要件，因为受贿罪在客观方面即表现为"行为人利用职务上的便利，索取他人财物或者非法收受他人财物为他人谋取利益的行为"。所谓为他人谋取利益，是指受贿人为行贿人谋取某种非法的利益或合法的利益，这是行贿人与受贿人之间的一个交换条件。有人则认为，为他人谋取利益属于受贿罪的主观要件，因为为他人谋取利益只是行贿人与受贿人之间货币与权力相互交换达成的默契。就行贿人而言，是对受贿人的要求；就受贿人而言，是对行贿人的一种许诺或答应。因此，为他人谋取利益只是受贿人的一种心理态度。

对于这个问题赵秉志个人赞成客观要件的观点。因为从《刑法》的规定来看，为他人谋取利益就是被视为一种客观行为加以规定的。1999年9月16日最高人民检察院《关于人民检察院直接受理立案侦查的案件立案标准的规定（试行）》对这个要件也是这样解释的。把"为他人谋取利益"解释为客观要件便于实际操作。肖中华也指出如果将"为他人谋取利益"作为受贿罪的客观要件，那么将出现这样一个问题：对于行为人非法收受财物已达到定罪数额标准，而只是由于某种原因实际上没有实现为请托人谋取利益的，究竟是按受贿罪既遂处理还是按未遂处理，不无困惑。显然，从区分犯罪既遂与未遂的标准——犯罪构成要件齐备说的角度来讲，既然"为他人谋取利益"是客观要件，那么缺乏这一要件就无法成立受贿罪的既遂。而从普遍认同的观点来看，只要国家工作人员收受了财物，即使没有为请托人谋取到利益，也应当以受贿罪既遂论处。对此，赵秉志认为，"为他人谋取利益"作为受贿罪的客观要件来理解比较确切，问题的关键在于如何正确理解"为他人谋取利益"的含义或认定标准。"为他人谋取利益"，从利益的实现方面来看，包括意图或承诺为他人谋取利益，正在为他人谋取、尚未谋取到利益，以及已为他人谋取到利益。同时，谋取到利益包括谋取到全部利益和谋取到了部分利益。这样，在以"为他人谋取利益"为要件的受贿罪中，只要行为人有为他人谋取利益的承诺就足够，即使其最终未为请托人谋取到利益，也足以构成受贿罪的既遂。

此外，还有这样一个问题，在司法实践中，有的行为人收受他人财物，承诺了为他人谋取利益，但事实上该种利益在客观上不具有实现可能性。对此能否认定为受贿罪？赵秉志认为是可以的。因为利益能否实现不是受贿罪中归责的关键因素，只要行为人主观上具有受贿的故意，客观上具有利用职务上便利为他人谋利的行为，即使谋取利益"不能"，认定受贿罪也符合《刑法》的规定。

## 贪污与职务侵占

职务侵占罪的渊源可以追溯到 1995 年全国人大常委会《关于惩治违反〈公司法〉的犯罪的决定》。这个《决定》增设了以"公司、企业人员"为主体的侵占罪，同时规定公司、企业中的国家工作人员利用职务上的便利侵占本单位财物的，以贪污罪定罪处罚，实际上把贪污罪的主体缩小了。由此开始，贪污罪与职务侵占罪的界限问题，就成为《刑法》理论与实务的热点难点问题之一。修订后的我国《刑法》第 271 条第一款扩大了职务侵占犯罪的主体范围，规定"公司、企业或者其他单位的人员"，利用职务上的便利，将本单位财物非法占为己有，数额较大的，构成职务侵占罪。同时，在同条第二款规定："国有公司、企业或者其他国有单位中从事公务的人员和国有公司、企业或者其他国有单位委派到非国有公司、企业或者其他单位从事公务的人员有前款行为的，依照《刑法》第 382 条、第 383 条的规定定罪处罚。"在司法实务中，贪污罪与职务侵占罪的界限问题，继续成为争论的焦点。

从目前《刑法》理论著作和实务操作的情况看，有许多人认为，贪污罪与职务侵占罪的区别主要有三：一是主体，贪污罪的主体是国家工作人员和受国有单位委托管理、经营国有财产的人员，而职务侵占罪的主体是公司、企业或者其他单位中排除上述两类人员的其他人员；二是对象，贪污罪的对象是公共财物，而职务侵占罪的对象是非公共财物；三是行为特征，贪污罪的客观行为是利用职务上的便利侵吞、窃取、骗取或者以其他手段非法占有财物，而职务侵占罪的客观行为是利用职务上的便利将本单位财物非法占为己有。

贪污罪与职务侵占罪的界限，自然与贪污罪主体的认定问题有密切关系。对贪污罪主体的界定，前文已有探讨，不再赘述。这里仅从其他角度对两罪的界限问题进行讨论。关于贪污罪的对象，上海社会科学院法学研究所副研究员、硕士生导师肖中华认为，仅限于公共财物是不准确的。从《刑法》第382条第一款、第二款来看，刑法明确规定的贪污罪的对象，无疑是"公共财物"，包括国有财物。但是，从刑法其他有关贪污罪的罪刑规范来看，贪污罪的对象实际上并不仅限于公共财物。按照《刑法》第271条第二款、《刑法》第183条第二款的规定，国有公司、企业或者其他国有单位委派到非国有单位中从事公务的人员利用职务上的便利非法占有本单位财物构成贪污罪的，显然其贪污的财物就包括非公共财物。所以，以对象是公有还是私有来划分贪污罪与职务侵占罪，是不正确的。

北京师范大学教授、博士生导师赵秉志也赞同这一观点。但是他指出，这里可能涉及有关贪污罪立法条文的关系问题，需要论证一下。理论上和实务中有人认为，《刑法》第382条是贪污罪罪状的基准，既然《刑法》第382条明文规定贪污罪的对象只能是公共财物，那么就不得有所突破，否则违背罪刑法定。这种观点进一步深入下去，就是：对《刑法》第271条第二款、《刑法》第183条第二款的适用，以行为人非法侵占的财物系公共财物为限。在赵秉志看来，《刑法》第271条第二款、《刑法》第183条第二款所规定的行为，只是因为主体不同于各该条的第一款所规定的行为主体，所以犯罪性质才会有所不同。在行为对象的性质方面，第一款和第二款规定的行为毫无区别。因此，《刑法》第271条第二款、《刑法》第183条第二款的规定，实际上对《刑法》第382条规定的对象作了补充，可视为一种特别规定。而且，如果说《刑法》第271条第二款、《刑法》第183条第二款的规定适用，以对象是公共财物为限，实际上也是不现实的，缺乏操作性。比如，在股份制企业中，被国有公司委派来从事管理工作的人，其利用职务上的便利非法占有股份制企业的财物，占有多少就是贪污多少，不可能说非法占有的企业财物中国有财产占多少，才算贪污多少。

所以，贪污罪与职务侵占罪的区别，实际上就在于主体的不同。以主体身份作为标准，贪污罪与职务侵占罪的区分原则即是：国家工作人员（即国家机关中从事公务的人员），国有公司、企业、事业单位、人民团体中从事公务的人员，国家机关、国有公司、企业、事业单位委派到非国有公司、企业、事业单位、社会团体从事公务的人员，其他依照法律从事公务的人员，以及虽非国家工作人员，但受国家机关、国有公司、企业、事业单位、人民团体委托管理、经营国有财产的人员，利用职务上的便利非法侵占本单位财物的，一律以贪污罪定罪处罚；其他情况下的利用职务上的便利非法侵占本单位财物（不论财产性质如何）的行为，依照《刑法》第271条第一款规定的职务侵占罪定罪处罚。例如，国家机关、国有公司、企业、事业单位、人民团体中不具有国家工作人员身份（包括以国家工作人员论）又未受委托管理、经营国有财产的一般劳务人员，即使利用自己的职务便利条件非法占有本单位的公有财物，也不能以贪污罪论处。

由此看来，要解决立法与实践相脱节的问题，《刑法》第382条第一款对贪污罪的对象有必要进行修改补充，以使其规定与第271条第一款等条款的规定相协调。对于条款相协调的问题，我们自然可以联想到贪污罪与职务侵占罪行为特征上在《刑法》中的表述存在差异。这也是许多人认为贪污罪与职务侵占罪在客观行为表现上存在区别的原因。

对此，肖中华倒认为，贪污罪与职务侵占罪的客观行为没有什么区别，两者都是利用职务上的便利，都是非法占有财物。而且，两罪中"利用职务上的便利"之"职务"，指的都是管理性的活动。至于贪污罪条文中非法占有财物的方法列举了"侵吞、窃取、骗取"等，而职务侵占罪条文中只用了"非法侵占"，只是立法用语的字面的差异，实质上相同。

## 挪用犯罪之"苦衷"

检察系统在办案中发现，当国家机关工作人员涉嫌挪用公款犯罪被检察机关立案侦查后，涉案单位和犯罪嫌疑人往往强调各种理由，为挪用公款行为开脱罪责，有的甚至以泪洗面，向办案人员诉说"苦衷"。归纳起来，他们主要强调有以下理由，以求得司法机关网开一面。

### 一、被人所逼

工作中，被人所逼主要分为三种情况：一是有些上级领导不惜劳民伤财来沽名钓誉，大搞特搞面子工程、形象工程和政绩工程，以求得自己在政治上的"前程"。所需的上百万、上千万元的资金，仅靠老百姓的血汗钱还远远不够，便要求下级领导"上贡"帮忙，其"贡款"多数是国家下拨的救灾、抢险、防汛、优抚、扶贫、移民、救济等专项资金。

二是有些领导明确指令其他国家机关工作人员，挪用本单位的公款用于某项工作，以此来缓解资金短缺而带来的经济压力。而被指令者因害怕被"穿小鞋"，往往不敢拒绝指令，最终还是硬着头皮走向犯罪。三是上级领导暗示下级领导怎样做，而下级领导对此心领神会，顺利挪用。

案发后，虽然被立案侦查者怨声载道，后悔莫及，但为时已晚，他们常用"没有办法，是被领导逼的"这句话，请求司法机关从轻处罚。

## 二、被情所迫

有些国家机关工作人员"情"字当头、"关系"至上，只要双方关系好，无论对方出于什么样的动机，任何违法乱纪的事都敢做。其表现主要有"三怕"：其一，怕疏远亲戚朋友的关系；其二，怕他人说自己没有"本事"；其三，怕在"关系网"中落个骂名。

由于现在流行"今天你给我办事，明天我就得给你办事"的关系逻辑，如果他人给自己办事在先，轮到自己为他们"帮忙"，假如不痛快便会落个骂名。因此，国家机关工作人员千方百计答应对方要求，挪用公款归他人使用。

## 三、被利所诱

挪用公款具有一定的风险，轻者受到党纪政纪处理，重者终身坐牢。对此，国家机关工作人员心如明镜。那么，为什么还会铤而走险？说到底，都是因为一个"利"字。这种情况，事先都是经过双方认真约定，在一定时间内归还公款，但由于多种原因，借方超时还款、缺额还款或者根本无法还款的情况时有发生；有些国家机关工作人员为了提高本单位的职工福利待遇，采取"曲线创收"的手段，先是将公款挪给他人使用，并收取"用款"费用，然后再把创收得来的钱发给大家，等等。

## 四、被费所困

办案中发现，凡是因挪用公款走向犯罪的国家机关工作人员，都是本单位的"实权派"，他们有权自作主张，挪用公款。当某个项目、某项工程需要大量资金，而正常的经济建设费用又不能满足需要时，他们便不惜挪用类似社保基金这样的"救命钱"，来弥补资金缺口。

面对讯问，职务犯罪嫌疑人理由很多。主要强调四点：一是各项工作都需要抓紧抓好，单位里又没有钱，在一定程度上说，挪用公款也是为了工作；二是把困难向上级主管部门进行过多次反映，但又争取不到扶持资金，暂时挪用公款也不足为怪；三是群众的工作也不好做，他们是最讲究实惠的，如果日后政府兑现不了承诺，还不如不向他们集资，挪用公款更为省事；四是挪用公款又不是不还，等到单位资金宽松了，再及时归还。

总之，其犯罪理由均系单位经费紧张所致，属无奈之举，要求司法机关从宽处理。

### 五、被欲所牵

近年来，在检察机关查办的职务犯罪案件中，十个贪官几乎有八个与女色有染。其中，少数国家机关工作人员挪用公款包养情妇，有的甚至同时包养数个情妇。据多数嫌疑人供述，一旦走近女色，想摆脱干系都很难，因为情妇是金钱的"无底洞"，始终没有满足的时候，今天要五千，明天要一万，不是买车，就是购房，不给钱就用"告发"相威胁，逼着国家机关工作人员再三满足她们的要求。

上述种种理由，实际上并不能称为理由，但是，实践中不少单位领导和具体责任人一出问题就找上述理由，而不去考虑原则和监督漏洞，这恐怕仅用缺乏法制观念的"遮羞布"是难以遮盖的，背后深层原因还是权力滥用、缺少监督以及犯罪侥幸心理在起作用。

## "受礼""受贿"之差异

"受礼"作为当今社会较为普通的现象，形式多样，性质也各不相同。我国是一个礼仪之邦，亲戚、朋友相互赠送礼品，既能互相周济，更能联络感情，因此，受礼不等于受贿。但是一些不法分子为了达到自己的目的，以"送礼"的形式掩盖其行贿的目的，大肆进行行贿活动。有的一次行贿礼金就达几万元，甚至几十万元、上百万元。一些国家工作人员面对丰厚的"礼金"或"礼品"不能自持，欣然笑纳，并为他人谋取利益，这就改变了一般受礼的性质，走上了犯罪道路。

要正确界定受礼与受贿的区别，既要考虑礼金的数额、送礼的原因、双方的关系等，又要注意结合有关政策和法律，做到既不能扩大打击面，把那些正常的礼尚往来或仅是一般的违纪行为当成犯罪处理，又不能被"形礼实贿"的假象所迷惑，放纵那些真正的贿赂犯罪分子。实践中受贿与受礼的差异性可通过以下方面进行分析：

## 一、受礼与受贿的主体关系的性质不同

一般来说，受礼双方是亲朋好友或其他特殊亲密的私人关系，而受贿主体双方的关系往往具有利害关系，其实质是权钱交易关系。当然如何界定亲朋好友的范围却是一个比较复杂的问题，既要考虑我国的传统，又要参照其他法律的有关规定，还应有利于同贿赂犯罪斗争的需要。

## 二、受礼与受贿主体关系产生的基础不同，维持的时间也不同

受礼主体双方关系产生的基础是血缘关系、婚姻关系和私人感情关系，且双方关系维系的时间比较长，具有长期性的特征，并且有的在受礼者具有特定的身份之前就建立了这种私人关系；受贿主体双方关系维持的时间比较短，且有临时性的特征，往往是办完事这种关系也就结束了。

## 三、受礼与受贿主体的动机、目的以及对接受财物的认识不同

在受礼的情形下，送礼者是基于亲友情义而将财物无偿赠送他人，并不要求得到回报，受礼者知道送财物是出于亲朋好友之间特殊的私人感情，其目的是互相帮助、解决困难，或是进一步加深这种感情。而在受贿的情况下，给予财物的一方是以利用他人职权为自己谋取利益或请托解决某一问题为目的，而将财物给予他人，送财物是要得到报偿的。

## 四、受礼与受贿的行为方式和数额大小不同

受礼一般是公开进行的，且往往是以逢年过节、生病住院、婚丧嫁娶等与家庭有关的事务为契机，礼品的数额也较小；而受贿则总是在秘密状态下进行的，受贿的时间也往往是在谋取利益前夕，谋取利益的过程中或取得利益后不久，礼品数额也较大。

## 五、受礼与受贿在是否为对方谋取利益或谋取何种利益方面不同

一般来说，送礼者不要求受礼者为其谋取特定的利益，即使有时送礼者也托受礼者帮忙办理一些事情，但这种谋事与受礼之间没有必然的逻辑联系，受礼者的谋利行为也往往不是利用自己的职务便利；而受贿者利用职务之便为对方谋取利益则是以收受数额较大的财物作为其为对方谋利的必要条件。

第三章　最恨贪官除不尽　常思海瑞能再生

当然以上比较只是受礼与受贿的一般区别，实践中还应根据个案的具体情况，依照法律与政策的规定加以仔细的斟酌和鉴别，才能正确区分二者。

## 商业贿赂何为界

商业贿赂行为常以多种名目出现，常见的有回扣、折扣、佣金、提成、好处费等，比较隐蔽的有咨询费、考察费、赞助费等。随着经济的日益发展，更加隐蔽的形式还会不断被"发明"出来。因此，为各种可疑行为划定一个界线，把商业贿赂行为和非商业贿赂行为区分开来，对于构建和谐社会具有特别的实际意义。

由于疑似商业贿赂行为的复杂性，要划定一条分界线并非易事。在划定界线的过程中，美国专家海登海默对腐败行为的分类方法对我们有重要的启示。他依据人们主观上对于各种腐败行为容忍程度的大小，把腐败行为划分为黑色腐败、白色腐败和灰色腐败。黑色腐败是指那些受到人们普遍谴责的腐败行为，大家都希望基于一定的原则或法律予以惩罚；白色腐败是指那些社会上大多数人都认为不属于或不应当受到惩罚的腐败行为；而那些界于黑色和白色之间的，人们具有广泛争议的腐败行为就是灰色腐败。显然，由于腐败行为的复杂性，由于黑色和白色腐败行为不能截然分开，灰色腐败也就成为二者之间的过渡带。也许，处于过渡带的灰色腐败行为比黑色和白色腐败行为的种类还要多。

在三色腐败行为之间就出现了两条界线，分别是区分黑色和灰色、灰色和白色的两条界线。这两条界线对于区分腐败行为来说都是有价值的，因此，我们就把它们都称为区分腐败行为的界线。

显然，我们可以按照三色分类法来区分各种各样属于、不属于或疑似的商业贿赂行为，从而得到两条区分商业贿赂行为的界线。不同于海登海默的是，我们不能依据人们的主观价值判断来确定两条商业贿赂行为界线，而必须依据客观的标准。

基于此，笔者着重介绍一下我国法律法规中关于商业贿赂行为的界线，也可以称之为法律界线或法律标准。

我国 1993 年实施的《反不正当竞争法》和国家工商局 1996 年出台的《关于禁止商业贿赂行为的暂行规定》（下面简称《暂行规定》）中提供了关于商业贿赂行为的法律标准。《反不正当竞争法》第 8 条认为，交易双方在"账外暗中"给予或接受回扣是商业贿赂行为。因此，是否"入账"（"不入账"即"账外"），是否"公开"（"不公开"即"暗中"）就成为区分一种伴随正式交易的附带行为是否属于商业贿赂行为的标准。需要强调的是，法律要求，是否"入账"和是否"公开"两个标准需要交易双方共同遵守。也就是说，只要一方没有完全做到，这种交易附带行为就存有瑕疵，可能属于商业贿赂。

《暂行规定》也坚持了这两个标准，但在是否"入账"上，提高了标准，变成是否"如实入账"（参见第6条）。所谓"如实入账"就是会计账目必须名实相符。显然，是否"入账"是一个低标准，而是否"如实入账"则提高了许多。一些公司，特别是外国公司在中国行贿一般都是入账的，但往往做的都是假账，名实不符，借以掩盖贿赂行径。

是否"如实入账"和是否"公开"是我国法律所坚持的标准。基于这两个标准，就可以区分出四种情况：既不"如实入账"也不"公开"，既"如实入账"也"公开"；介于二者之间的就是另外两种情况，"如实入账"但不"公开"和"公开"但不"如实入账"。根据这两个标准来区分各种相关行为，结果就是：既不"如实入账"也不"公开"是黑色商业贿赂行为，既"如实入账"也"公开"属于白色商业贿赂，而另外两种则是灰色商业贿赂行为。而沿着黑色和灰色、白色和灰色的边界，就确定了区分商业贿赂行为的两条界线。

以医药领域的一些行为为例：医药购销环节的回扣显然都属于黑色商业贿赂行为，因为所有医院都不如实入账，甚至根本就不入账，也不公开；多数给付回扣的医药公司也不如实入账、不公开。医药购销环节的正常促销活动，包括附赠一些小礼品的行为，属于白色商业贿赂行为。所有由医药公司提供给医院的各种赞助行为，包括支持医院专家出席学术会议、赞助医院的培训活动等，都属于灰色商业贿赂行为。对于灰色行为，应当予以规范，否则也容易被利用服务于商业贿赂之目的。规范各种赞助活动可以订立另外两个标准：一是非排他，即该赞助行为是公开的，任何符合条件者都可以申请并参与竞争；二是非义务，即提供赞助的医药公司不能要求接受赞助的医院承担任何义务，尤其不能承担为其药品进行宣传、推销甚至采购的义务。

需要特别指出的是，我国现行法律关于商业贿赂行为的标准是一个比较低的标准，任何坚持高诚信标准的企业都可以设定自己的高于法律的标准。另外，讨论我国法律上的两个标准，只是为了区分一个有关行为是否属于商业贿赂，而不是要为商业贿赂下一个严格的、行为层面的定义。严格的商业贿赂行为定义，还应该包括行为主体特征、动机特征等标准。

【贪渎档案】

## 新中国第一贪案

刘青山、张子善案件是在建国初期"三反"运动中查出的一起党的领导干部严重贪污盗窃国家资产案件。

刘青山，1914年生，河北安国人，雇工出身。1931年6月加入中国共产党，曾任中共天津地委书记，被捕前任中共石家庄市委副书记。

张子善，1914年生，河北深县人，学生出身。1933年10月加入中国共产党，曾任中共天津地委副书记、天津专区专员，被捕前任中共天津地委书记。

他们过去在党的培养教育下，为党为人民做过很多有益的工作，无论是在抗日战争还是在解放战争中，都曾进行过英勇的斗争，建立过功绩。但在和平环境中，经不起资产阶级的腐朽思想和生活方式的侵蚀，逐渐腐化堕落，成为人民的罪人。

1950年至1951年他们在担任天津地区领导期间，盗窃地方粮款289151万元（注旧币1万元合新币1元）、防汛水利专款30亿元（还10亿元）、救灾粮款4亿元、干部家属救济粮款14000万元，克扣修理机场民工供应补助粮款54330万元，赚取治河民工供应粮款37473万元，倒卖治河民工食粮从中渔利22亿元：此外还以修建为名骗取银行贷款60亿元，从事非法经营。以上共计1554954万元。他们还以借给机关从事生产的名义，进行非法经营，送49亿巨款给奸商倒卖钢材，使人民资产损失14亿元。他们派人员冒充解放军，用救灾款从东北套购木材4000立方米，严重影响了灾民的生产和生活。在获非法暴利、大量贪污之后，他们任意挥霍，过着极度腐化的生活，刘青山甚至吸食毒品成瘾。经调查，刘青山贪污达1.84亿元（旧币），张子善贪污达1.94亿元（旧币）。

1951年11月，中共河北省第三次代表会议揭露了刘、张的罪行。同年12月4日，中共河北省委作出决议，经中央华北局批准，将刘青山、张子善开除出党。1952年2月10日，河北省人民政府举行公审大会，随后，河北省人民法院报请最高人民法院批准，判处刘青山、张子善死刑。

## 官款相傍同灭亡

"党内绝不允许腐败分子有藏身之地",这是查处胡长清案件对全党的又一次昭告。"公民在法律面前一律平等",这是胡长清被绳之以法对全社会的又一次昭示!

胡长清从一个高级干部堕落成为一个腐败分子、人民的罪人,根本原因在于他背弃了为人民服务的宗旨和共产党人的理想信念,贪权、贪财、贪色,私欲极度膨胀。因此我们要从这个反面教材中吸取教训,牢固树立正确的权力观,为人民掌好权、用好权。法律面前没有特殊公民,党纪面前没有特殊党员,不管地位多高、权力多大,只要犯法,都不能逃脱法律的制裁。

周雪华行贿胡长清的手段并不十分高明,用"一个愿打,一个愿挨"来形容再确切不过了。一个是疯狂行贿,一个是丧失高级干部的做人原则和尊严,有求必应,疯狂地打电话、批条子、写批文。官款相傍的路上,这两个人沆瀣一气,走上了一条不归路。

胡长清,江西省人民政府原副省长。2000年2月15日,南昌市中级人民法院一审以受贿罪、行贿罪、巨额财产来源不明罪,数罪并罚,判处胡长清死刑,剥夺政治权利终身,并处没收全部财产。2000年3月8日,胡长清被执行死刑。

周雪华,江西省温圳粮库南昌办事处原副主任。2001年7月3日,南昌市中级人民法院以行贿罪、挪用公款罪、脱逃罪、盗窃罪,数罪并罚,判处周雪华无期徒刑,剥夺政治权利终身,并处没收个人全部财产。

## 招商引资是家贼

吉林省榆树市人大常委会原副主任徐凤山因贪污受贿等罪名一审被判处死刑、缓期二年执行。随着这一案件的宣判,他自导自演的假招商闹剧也呈现在人们面前。

港榆宾馆建设是榆树市的重点招商引资项目,当地政府实施这一项目的办法是在土地、税收等方面提供优惠政策,让投资商开发港榆小区,并利用开发收益在原有榆树市宾馆的基础上建设港榆宾馆,然后交给市委、市政府使用。时任榆树市人大常委会副主任的徐凤山,成为这一项目的第一责任人,经徐凤山联系,2000年9月,榆树市政府与香港一家公司签订了合同,但港商中途变卦,合同没有执行。

在徐凤山的运作下,2001年4月,榆树市政府与星辰(香港)实业发展公司、长春一家房地产开发公司签订了在榆树市建立"合资经营长春港榆宾馆有限公司"合同书，并举行了奠基仪式。之后长春房地产公司一方因故撤出，这时，徐凤山打起了自己的如意算盘，他找来自己在九台市任代理市长时结交的台梨园酒店老板宋继增，让他代替自己出面，拿下这一项目，继续以港商名义运作。当年7月，榆树市政府和星辰（香港）实业发展公司、九台市台梨园酒店签订联合兴建港榆宾馆建设项目合同书，商定有关项目的一切事宜，由星辰（香港）实业发展公司委托九台市台梨园酒店全权处理。至此，徐凤山通过台梨园酒店不仅获取了建设项目的优惠政策，而且实际操控了这一建设项目。表面上他以招商引资项目负责人身份进行监督检查，而实际上，他打着招商引资的旗号，将市政府的重点项目变成了自己家的项目。徐凤山将港榆宾馆项目拿到手后，组织一伙人注册了"榆树市港榆花园小区开发建设公司"，让宋继增担任经理，之后徐凤山将港榆宾馆建设招商引资的优惠政策逐步兑现为个人财富。2001年，徐凤山与个体开发商吴某签订协议，让他兴建9栋楼房，工程完工后，徐凤山拿出部分楼房作为给吴的工程款，其余的几幢楼房由自己进行销售，净赚1700多万元。他还采用类似手法，包括强买强卖土地等套取了大量钱财。同时，在没有港商投资的情况下，徐凤山多次通过市政府追加优惠政策，将无偿划拨的土地提供给名义上的开发商，实际上是自己使用。现已查明，徐凤山除移交给榆树市政府港榆宾馆的主楼等总造价480多万元外，共计侵吞市政府划拨土地、免收土地出让金、土地规划费等共计人民币2380万元。由于真相败露、涉嫌受贿，徐凤山于2005年7月被长春市公安局刑事拘留。在此之前，他的大儿子徐伟因涉嫌犯故意杀人罪、组织领导黑社会性质组织罪等罪被警方控制。后，长春市中级人民法院认定徐凤山犯有贪污罪、受贿罪、包庇黑社会性质组织罪等罪，一审判处其死刑，缓期二年执行，并处没收个人全部财产。

## 巨贪背后的女人

巨贪余振东迈向深渊的每一步，都有那个所谓"极品女人"余绪惠的推波助澜！而余绪惠，这个协助丈夫贪污公款、策划潜逃的"智慧女人"最终也走向了穷途末路。

2005年4月26日，逃到美国的中国"头号巨贪"、原中国银行广东开平支行行长余振东之妻余绪惠向拉斯维加斯当地法院认罪。36岁的余绪惠在被告席上仍显得风姿绰约，气度不凡，只是她黯淡的眼神和落寞的表情透露了她境遇的尴尬。她的丈夫余振东已于2004年4月16日被引渡回中国，落魄的余绪惠也不得不向法院承认了非法骗取美国公民身份等罪名。

余绪惠 1969 年出生于广东省开平市一个干部家庭。1992 年，余绪惠从广东中山大学中文系毕业，回到开平市当中学教师。此时的余绪惠如出水的芙蓉，身后总聚集着一大群追求者。

6 月的一天，余绪惠和同学因要贷款一起来到开平市中国银行分部信贷部，副部长余振东接待了他们。当余绪惠和余振东两眼相对时，双方都感觉到了对方眼中的火花，分手时，余振东请余绪惠留下电话号码，以便时机合适时办理贷款事务。

余振东也是地道的开平人，1965 年出生，父母都是教师。高中毕业后余振东没考上大学，而是考入了当地中国银行工作。他对前途并没有什么远大理想，对当官也没什么兴趣，他先后交了几个女朋友都不成功，人家嫌他上进心不够还喜欢拈花惹草。不过余振东对待工作并不马虎，认真负责，并在业余时间自修了金融专业本科。1990 年，时任开平中国银行行长的许超凡见这小伙儿可以调教，就提升他到信贷部任副部长。

余振东在办公室见到余绪惠后，对她产生了强烈的好感。几天后，他试着拨通了余绪惠的电话，约她出来谈贷款事宜，余绪惠对余振东也有深刻的印象，于是欣然前往。在露天咖啡厅，两人都有一见如故的感觉。交谈中，余振东发现余绪惠手上的钻戒是假货，便对她说："这是谁送你的钻戒？铂金是真的，钻石是假的！"余绪惠大吃一惊，那个钻戒是一个追求她的人送她的生日礼物，一直自诩身价不凡的她有种受骗的感觉，看着娇羞气恼的余绪惠，余振东说："别气了，我送你一个真正的钻戒！"

余振东在余绪惠的面前夸下了送她一枚钻戒的海口，事后自己也后悔，一颗钻戒一万多元，自己哪来这么多钱呢？

一天上班，行长许超凡打电话到他办公室，叫他把一张票据的时间和金额重新改写。"这生效的票据怎么能改啊？"余振东说。许超凡火了："你跟了我这么久还是木脑袋啊？我叫你改你就改嘛，责任我来承担！"余振东知道，其时许超凡已因豪赌和在香港买卖股票挪用了几千万的公款。他把这事告诉了余绪惠，余绪惠说："在银行挪点资金有什么大惊小怪的，那才叫本事，你看人家许行长多风光，要钱有钱，要权有权！你呀，30 岁的人了还是木脑袋，守着信贷部长的职位不会找钱！"

没多久，许超凡满面春风地来到余振东办公室，拿了一个 5 万元的信封给余振东："这是对你的额外奖赏！"余振东从没接过这么多钱，他迟疑了一下，许超凡说："不瞒你说，上次挪用的那笔款子帮我在澳门小赢了几十万，那笔钱，我过几天就打回来！不会有问题的！"余振东对许行长佩服得五体投地："行长你真有本事！"许超凡哈哈一笑，拍了拍余振东的肩膀："以后跟我好好干，不会亏待你的！"

这 5 万元钱，余振东给余绪惠买了一颗钻戒、两个玉镯和一根蓝宝石项链。这么多的贵重礼物，让挑剔的余绪惠不感动也不行，她紧紧拥抱着余振东说："我爱你！"

在开平市，余绪惠被人们称为"极品女人"，除了她的气质风度外，她全身上下的衣着首饰大致都在万元左右。谁都知道她有个有钱的男朋友，她也为此而骄傲。但余绪惠并未就此满足，她觉得余振东的本事还没有发挥出来，

她开始从社交上、心计上、观念上不断调教余振东："跟着许行长学点本事吧，凭你的资质，将来应该当行长，等咱们有了百万元，咱们就结婚，另外，你还要给我买部车！"

尝到了甜头的余振东很快成了许超凡的死党，对银行间的往来业务或贷款业务，许超凡叫他怎么操作他就怎么操作。自然，"好处费"也不断，余振东的口袋渐渐鼓了起来。后来，余振东在许超凡的"关照"下升任支行副行长，并兼任信贷部部长。大权在握的余振东很快便懂得了在贷款业务上吃拿卡要，百万元没多久他就拥有了。这一年，余绪惠和余振东在朋友们的祝福声中顺理成章地结了婚。权、钱、美女余振东全部都有，在别人的眼里，他俨然是开平市里仅次于许超凡的风光人物。婚后的余绪惠辞掉了教师工作，开着一辆白色丰田跑车到处兜风，闲来就约几个大款朋友豪赌。

许超凡挪用资金在香港买卖股票已经亏空 4000 多万元，要想弥补亏空就得投入资金去赚回来，这巨大的漏洞，需要下面有人来协助他抹平账务。于是他对余振东说："你跟着我学买卖股票吧！"余振东喜出望外，"师傅"终于把他领进"门"了。在许超凡的授意下，余振东一次就从转账资金中挪出 500 万美元。

许超凡带着余振东到了澳门赌场，一夜输掉 300 万人民币的许超凡仍然嘻嘻哈哈，同赌场美女打情骂俏。在随后的股票买卖操作中，许超凡出手不凡，吞进吐出气势非凡，不是狂赚几百万就是狂输几百万，看得余振东大开眼界。

1994 年开始，余振东渐渐熟悉了许超凡的操作思路，后来他自己伪造票据单独挪用了 500 万美元。他对香港汇市进行了研究，认为汇市的风险比股市小，赚钱要稳当些。然而初入汇市，他根本不懂其中奥妙，几个庄家联手设计让他一下就输掉了 400 万美元。剩下的钱余振东携余绪惠到澳门赌场"潇洒走一回"，两个不懂赌场奥妙的人很快输光。夫妻俩灰溜溜地回到了开平。一下就丢掉了 500 万美元，余振东惶惶不安。余绪惠安慰他道："有得有失，下次我们把它捞回来！"

1994 年底，为了弥补 500 万美元的亏空，余振东又挪用了 500 万美

元，这一次他不炒汇了，全部用于香港股市买卖，两个月折腾下来，不但没有赚回 500 万反而狂赔 300 多万美元。

1995 年余振东不再兼任信贷部部长，许超凡的亲信许国俊开始担任信贷部部长。4 月，许超凡把余振东、许国俊召集过来，决定利用人民币坚挺、美元贬值的时机进行外汇交易赚钱。余振东正愁没有赚钱的机会，立刻答应。三个人利用职务之便，假借开平中行客户名义，以代客买卖的形式进行外汇交易，大肆贪污挪用银行资金 2 亿美元，并导致亏损一亿多美元。巨亏之后，三人面面相觑，不知所措。许超凡说："事已如此，挪用的资金已经无法填补，我们三个犯下的都是死罪了，干脆一不做二不休转移点钱到香港，一有风吹草动咱们就逃吧！"三个人一拍即合，先后从银行账户中拆借大量资金，以贷款名义转出 1 亿美元至美国。

1998 年，在许超凡升任中国银行广东省分行公司业务处处长后，余振东继任开平支行行长，三人都身居要职，一时还不至于东窗事发。余绪惠这时却在思考，将来逃到美国，要在那里立足，必须取得美国公民资格，怎么取得美国公民资格呢？余绪惠对余振东说道："你买卖汇票经常接触美国人，我们就买通一个美国人，然后我和他结婚，取得美国公民资格，立足美国后，再离婚和你复婚！""这行吗？"余振东半信半疑，他把这个方法告诉了许超凡和许国俊，许超凡拍手称妙："好！先将我们三人的妻子'嫁'到美国，然后我们就有落脚点了！"余绪惠召集二许的夫人开了会，具体策划怎么合法"嫁"到美国。后余绪惠通过互联网同跨国偷渡组织取得了联系并达成协议，余绪惠等三人每人交 20 万美元，由偷渡组织为她们物色了三个美国人，并为她们办理了结婚证。这样三位贪官夫人于 1999 年同时"嫁"到了美国，取得了美国公民资格。这下，余振东等没有了后顾之忧，三人八仙过海各显神通，疯狂将资金汇到美国。

2001 年 10 月 12 日，中国银行为了规范行业系统管理，将全国一千多处原来手工填写的网点由电脑中心统一联网为三十多个中心。就在工作人员核查电脑上集中反映出来的账目时发现，开平支行赫然出现了 4.83 亿美元的亏空！当专案组调查余振东、许超凡、许国俊时，发现他们已经失踪。

逃到美国后的余振东在拉斯维加斯找到了妻子余绪惠，他长长地松了一口气，梦想着美国的"天堂"生活开始了！然而余绪惠却哭丧着脸告诉他："我们在美国的全部存款都被冻结了，我的出入也受到美国调查人员的监视！""那我们可以支配的还有多少钱？"他问余绪惠。"美国方面只允许我从存折中取最低生活费，多一分也取不出来！"余绪惠说。突然，窗外一阵警车警报声传来，余振东朝窗下一看，一辆警车停在了下面，两位联邦警察走了进来："余先生，你涉嫌非法入境和洗钱罪，请配合我们回警察局接受调查！"

调查后，警方并没有立即拘捕余振东，余振东回到"家"后神情沮丧，知道大势已去，美国根本不接受他所谓"避难"的要求。后来一段时间，夫妇俩不敢外出，因为外面有警察监视，而且听到警车声他们就直发抖，每天晚上噩梦不断。

走投无路的余振东同余绪惠商量，不能坐以待毙，两人分了余振东身上仅剩下的 600 美元，各自逃离拉斯维加斯。2002 年 12 月 19 日，余振东逃到洛杉矶，刚下飞机就被美国联邦警察以"使用欺骗手段获得签证"为由逮捕，从此开始了在美国的监狱生活。2004 年 4 月 8 日，拉斯维加斯联邦法院判处余振东诈骗罪成立。在我国司法机关的努力下，2004年 4 月 16 日余振东被引渡回国。还没来得及出逃的余绪惠也被拉斯维加斯警方及时拘捕。2005 年 4 月 26 日，走投无路的余绪惠向拉斯维加斯当地法院承认了非法骗取美国公民身份等罪名，等待她的，将是法律的制裁！

## 贪念动到储备粮

"民以食为天。"粮食问题，事关国计民生，一直被视为社会稳定的基础。但近年来，我国粮食领域官员严重违法违纪案件却时有发生。2010年 9 月 10 日，湖南益阳琼湖国家粮食储备库原主任宋耀涛因贪污、挪用公款 2200 余万元，被依法判处死缓。令人担忧的是，像宋耀涛这样的"粮仓硕鼠"不是一只两只，他们常常不择手段，监守自盗，严重侵害了民众利益，也威胁到国家的粮食安全。

### 案例一："清廉"粮官侵吞千万公款

13 万平方米的库区，宽敞干净的道路，成片的茂密绿树，38 栋库房整齐划一。一切显得井井有条，充满现代粮食仓储企业的气息。这便是益阳琼湖国家粮食储备库。该粮库始建于 1956 年，位于全国 22 个大型商品粮基地之一的益阳市沅江城区。它内通三湘四水，毗邻长（沙）石（门）铁路，地理位置得天独厚。

作为这里曾经的负责人，宋耀涛出生于 1964 年 9 月。自 1981 年参加工作，他先后任沅江粮食局粮站主任、支部书记、法人代表。1999 年，他开始担任琼湖国家粮食储备库主任。说起来，宋耀涛干工作也是"一把好手"。他曾在市直粮食系统率先大力推进体制改革，面向市场，最终造就了琼湖这个仓容 2 亿斤，集粮食收购、销售、储存、加工为一体的综合性粮库。

　　然而，眼看着粮食储备库在自己手中一步步发展壮大，宋耀涛的贪欲开始膨胀。由于在基层粮站干过，宋耀涛深知，他掌管的不是粮食，而是一座不折不扣的"金山"。"如此巨大的财富，不捞一笔岂不可惜？"面对唾手可得的利益，宋耀涛红了眼，心痒起来。

　　身为"一把手"，宋耀涛非常了解粮食储备库的权力运行、资金使用，对监管的"漏洞"更是了然于胸。于是，他开始利用收入不入账和修改账目等手段侵吞公款。这时的宋耀涛显然已经忘了，自己贪污的每一分钱都是维持粮库正常运转的"保命钱"。

　　而另一方面，宋耀涛还在努力争当"清官"，"库务一定要公开，我一定带头公开所有工作开支……"惟妙惟肖的表演骗过了所有人。2003年，宋耀涛当选为沅江第十四届人大代表，可谓"名利双收"。

　　尝到甜头的宋耀涛胆子越来越大。他开始利用职权，接受粮食相关企业的贿赂，在粮食收购、买卖等方面为其大开方便之门，自己从中捞取好处。然而，没有不透风的墙。宋耀涛的行为很快引起了有关部门的注意。2008年8月至11月，益阳市纪检委对宋耀涛等人的严重经济违纪问题展开了调查。2010年9月10日，益阳市中级人民法院宣判，宋耀涛共侵吞公款800万元，非法挪用公款1425万元，依法判处死刑，缓期两年执行，剥夺政治权利终身，并处没收个人全部财产。

　　中国人民大学农业与农村发展学院党委书记兼副院长、博士生导师孔祥智教授多年来一直关注国家粮食问题。他表示，近年来粮食领域大案要案频发，与粮食储备行业的特点密切相关。"粮食作为资源性产品，每一笔的规模都不小，往往带来巨大利益。比如，在粮食收购中，即便每斤只有一分钱的差价，一笔上万吨的粮食生意，利润也相当可观。"正是这巨大的经济利益，让许多像宋耀涛这样的官员昏了头。

## 案例二："赌王"把手伸向粮库

　　2004年7月，重庆市涪陵区人民检察院以涉嫌贪污、挪用公款等罪名，对原涪陵粮食储备库主任兰中建提起诉讼。把这位"粮官"推向深渊的，是赌博。

　　1983年，兰中建刚参加工作时，并没有什么恶习。但随着官越做越大，他酒场和牌场上的应酬越来越多。在他看来，大权在握，吃吃喝喝在所难免，打几圈麻将也属"正常"。慢慢地，兰中建染上了赌瘾。同行戏称他为"赌王"，并不是因为他赌技高超，而是因为他终日沉溺于赌场。有人到办公室找他，得到的回答多是："正赌着呢！"

　　很快，兰中建把自己积蓄的5万元存款全部输光了。哪里能搞到钱呢？他自然而然地打起了粮款的主意。当时，兰中建不但是涪陵粮食储备库的负责人，还是粮库所属的涪陵油脂公司的法人，这两个单位两块牌子一套人马，兰中建用钱并不麻烦。于是，他以跑项目为由，开始从本单位财务上"借"款，将储备库资金变成自己的"私房钱"。他随赌随"借"，越"借"越多。到 2003 年 8 月，他已经"借"走公款 288.5 万元。为了堵住借款窟窿，兰中建开始在粮库建设中虚开工程发票，贪污的钱不仅把原来"借"走的公款全部冲销，还多侵吞了 4416 元。

但好景不长。兰中建"涉嫌重大经济问题"的举报信雪片般飞进涪陵区检察院。检察院随即展开秘密调查。2004 年 3 月，兰中建被正式逮捕，锒铛入狱。

### 案例三：主意打到了救灾粮上

更有甚者，一些官员把主意打到了救灾粮上。这两年自然灾害频发，政府调动部分粮食储备赈灾，一些人便想趁机"大捞一笔"。王安武就是其中一位。2004 年初，王安武开始担任陕西汉中西乡县粮食局长。耐人寻味的是，1984 年 12 月 4 日，王安武曾因流氓罪被西乡县法院判处有期徒刑 4 年。就是这么一个人，因为"有贵人相助"，开始掌管一个县的粮食大权。王安武的"贵人"，不外乎当地的一些领导。据说，他不管书记、县长叫某书记、某县长，而是直接叫"哥"。一位中层干部透露，王安武曾当着许多人的面自豪地说："我一个电话可以让某领导 5 分钟之内出现在面前。"

有"靠山"的王安武做事肆无忌惮。2005 年 4 月，他指使西乡县粮食局官员张某，将下属贯山粮站峡口粮点和杨河粮站柳树粮点的 50.3 万公斤稻谷调运至县粮食局直接管理的粮食储备库，但并不入账。然后，他们将稻谷加工成大米销售，先后赚取了 65 万余元现金。对这笔不义之财，王安武指使财务刘某单独保管，不入粮款专用账户："反正这批粮食没有入账，这钱你知我知，就是咱们的了。"二人一拍即合，神不知鬼不觉地将这笔钱悄悄分掉了。他们没有意识到，自己分掉的，不是几十万元钱，而是 50 多万公斤的口粮。

2008 年汶川大地震发生后，西乡县财政紧急垫资 175 万余元，向受灾群众发放救灾粮，但群众反映，多个乡镇发放的救灾粮缺斤短两，标识为每袋 20 斤包装的救灾粮实际装量只有 17 斤至 19 斤，总共少了 2.76 万斤粮食。做手脚做到了救灾粮上，王安武终于"触犯天条"。2009 年 7 月，他被汉中市中级人民法院以贪污受贿及挪用公款罪判处有期徒刑 16 年。

近年来，除了宋耀涛、兰中建、王安武等人，落马的"粮官"还有河南省平顶山市叶县国家粮食储备库原主任赵小路，湖北省黄石市粮食局原党委书记、局长罗相成等，他们纷纷把手伸向了国家粮食储备这块"肥肉"，危害极大。

全社会对这些"粮仓硕鼠"的"零容忍"，一个很大的原因，在于粮食储备对国家安全意义重大。储备粮是国家用来"保命"的，一旦出现大的灾荒或战争，有足够粮食储备，至少可以保障民众的吃饭问题。此外，国家还可以通过抛售储备粮来调节粮价，平抑物价。

粮食储备不足引发的社会动荡并不少见。2007年，有些亚洲国家发现存粮不足，开始大量收购，结果造成粮食价格上涨，粮食危机像瘟疫一样在全球蔓延。国际市场上大米价格甚至从每吨300美元，一度炒到了每吨1000美元的"天价"。当时，中国国内的粮价始终维持在国际粮价的一半，真正做到了"手中有粮，心中不慌"，大大稳定了人心。

我国现在到底有多少粮食储备？温家宝总理2008年4月考察河北省农业和春耕生产时指出，中国人完全有能力解决自己的吃饭问题，中国的粮食储备是充裕的。国家现有1.5亿吨到2亿吨的储备粮，库存水平比世界平均水平多一倍。总理的这番话，着实增添了13亿中国人的信心。

当然，并不能因为我们有充足的粮食储备，就忽视了对粮食问题的重视以及对粮食官员的监管。2008年全国两会期间，身为政协委员的"杂交水稻之父"袁隆平提交了一份有关粮库空置问题的提案，直指目前粮食体制中的管理漏洞：许多国有粮食储备库一方面向上虚报库存容量数字骗取国家保管费，另一方面通过倒卖"不允许动"的储备粮或出租粮仓在市场上赢利，"双重套现"。此言一出，舆论一片哗然。他的话提醒人们，要注意当前粮食体制存在的问题，从源头上保障国家粮食安全。

我国现有的粮食储备制度成形于20世纪90年代。当时的初衷是，在废除"粮本"之后，建立一个可以调节市场供求、平抑粮食波动的国家粮食储备制度，以确保粮食生产安全。1990年，国务院发出了《关于建立国家专项粮食储备制度的决定》。1999年，国务院决定建立中央储备粮垂直管理体制，并成立中央储备粮管理总公司，具体负责中央储备粮的经营管理。在此基础上，逐步形成了以中央粮食储备为骨干、地方粮食储备为支柱、社会粮食储备（包括企业、农民存粮）为基础的三级储备粮调节体系。

在国务院发展研究中心农村经济研究部副部长谢扬看来，我国的这种粮食管理体制在国际上是独有的。中国既不像日本，所有储备的粮食都在国家手里；也不像美国，政府自己不存，完全靠社会存粮。

谢扬强调，要解决当前粮食领域出现的腐败问题，关键还是要加强监管，把资金、粮食、制度更好地结合起来。这些年，国家从人到物到库，都建立了非常完备的制度，谁敢挪走一分一毫，都得原封不动退回来！

一度热播的电视连续剧《天下粮仓》，暴露出清朝中期"皇家粮仓"的体制问题。当时的"皇家粮仓"地处外省，朝廷监管乏力；而"粮仓"又直属朝廷，地方插不上手。结果，监守自盗、相互串通的窝案频繁发生。有专家认为，我们目前的粮食储备制度，和"皇家粮仓"的管理方式多少有些类似。为了避免体制带来的腐败问题，一方面，应该努力改变一个系统、一个部门独家专办粮食储备的局面，实现保管与储备分离；另一方面，必须解决粮食储备库，尤其是地方粮库的仓容水平差距大、管理人员素质参差不齐的问题，健全一套规范的行政执法工作制度，使管理人员学法、懂法、依法办事。

**【教授点评】**

最恨贪官除不尽，常思海瑞能再生。贪污贿赂行为自古以来都为广大人民群众所唾弃。在我国，改革开放和建设社会主义市场经济体制，既为真正的共产党人开拓进取，为国家、为人民建功立业提供了大显身手的舞台，同时也给某些蜕化变质者提供了更多腐化堕落的机会。历史经验告诉我们：任何阶级、阶层、政党、社会、集团，只要真正为老百姓办好事、办实事，就能吸引民众、获得支持、壮大自身，就能形成较强的吸引力、感召力、影响力和凝聚力。就执政党而言，就会巩固自己的执政地位，扩大自己的执政范围；相反，如果"执政为己"、"掌权图利"，就会降低社会成员对执政党、政府机关的满意度，最终失去民心、丢掉政权。因此，加大对贪污贿赂行为的打击力度，既是广大人民群众人心所向，又是维护国家政治稳定的根基。

我国《刑法》分则将贪污贿赂罪归为一类，主要是从反腐败的需要出发。贪污贿赂犯罪的共同特点在于侵犯了国家的廉政建设制度，即侵犯了国家工作人员职务的廉洁性，败坏了国家工作人员的声誉，损害了党和国家机关在人民群众中的威信。贪污贿赂罪是指国家工作人员或国有单位实施的贪污、受贿等侵犯国家廉政建设制度，以及与贪污、受贿犯罪密切相关的侵犯职务廉洁性的行为。惩治贪污、受贿犯罪，是我国现阶段反腐败斗争的重点。在《刑法》分则中将贪污贿赂罪列为专门一章，作为独立的类罪，对于加强国家的廉政建设，突出反腐败的打击重点，有效地遏制职务犯罪，具有积极的意义。

根据《刑法》分则第八章的规定，贪污贿赂罪共有12个具体罪名。纵观贪渎档案中刘青山、张子善案，胡长清案，徐凤山案，余振东案，我们可以发现，在12个具体罪名中，贪污罪、挪用公款罪和受贿罪为较常见的罪名。贪污罪，是指国家工作人员和受国家机关、国有公司、企业、事业单位、人民团体委托管理、经营国有财产的人员，利用职务上的便利，侵吞、窃取、骗取或者以其他手段非法占有公共财物的行为。挪用公款罪，是指国家工作人员，利用职务上的便利，挪用公款归个人使用，进行非法活动的，或者挪用公款数额较大、进行营利活动的，或者挪用数额较大、超过3个月未还的行为。受贿罪是指国家工作人员利用职务上的便利，索取他人财物，或者非法收受他人财物，为他人谋取利益的行为。此三罪的主体均为特殊主体，即国家工作人员，这里所说的国家工作人员具有特定性和公务（职务）性，包括：在国家机关中从事公务的国家工作人员；在国有公司、企事业单位和人民团体中从事公务的人员；受国有单位委派到非国有单位中从事公务的人员；其他依照法律从事公务的人员。刘青山、张子善、胡长清、徐凤山、余振东等，他们作为国家工作人员，最终没有抵制住金钱的诱惑，在自己的岗位上利用手中的职权收受贿赂、挪用公款，侵犯了国家工作人员的职务廉洁性，触犯了《刑法》中关于贪污贿赂罪的规定，最终等待他们的是应有的惩罚。

中国共产党是工人阶级的先锋队和全国各族人民利益的忠实代表。我们党以全心全意为人民服务为宗旨，保持清正廉洁，得到了人民群众的拥护和支持，从而我们党和国家事业兴旺发达。但是，我们必须清醒地看到，在改革开放和市场经济的条件下，党政机关工作人员中出现了官僚主义、贪污受贿、任人唯亲、贪赃枉法、腐化堕落、道德败坏等丑恶现象。如果任其蔓延，就会使党变质、国变色，人民民主专政国家亦将毁于一旦。可见，反腐败斗争关系到党的生死存亡，关系到我国社会主义的前途和改革开放事业的成败。因此，要保证党不变质、国不变色，改革开放顺利进行，就必须加强法制建设，惩治腐败。

一个人仅拥有物质生活是不够的，还需要一种信仰、一种精神、一种指引。面对权、钱、色的诱惑，国家工作人员不仅要管好自己的手，更要坚定自己的心，清醒认识到自己的职责，担负起国家和人民赋予的重任。权力属于人民，权力来源于人民，国家工作人员代表人民所行使的权力必须符合法定的规范。不论是被利所诱、被欲所牵，还是被人所逼、被费所困、被情所迫，任何理由都不能成为权力行使超越规范的护身符，否则法律将受到践踏，广大人民的利益也会遭受难以弥补的损失。

# 第四章　乌纱贪污染社稷　渎职侵权终现形

## ——渎职侵权记

### 不揣腰包的腐败

"渎职侵权犯罪"与贪污贿赂犯罪相比,并没有把钱装进自己的腰包,因此侵权犯罪俗称"不揣腰包的腐败"。比起人们深恶痛绝的官员贪污,国家机关工作人员玩忽职守、滥用职权、徇私舞弊以及利用职权侵犯公民人身权利和民主权利造成的损失更大。最高人民检察院渎职侵权检察厅曾把贪污贿赂犯罪和渎职侵权犯罪给国家造成的损失做过一个比较:贪污贿赂案件个案平均是人民币15万元,渎职侵权案平均是人民币258万元,后者是前者的17倍。

由于渎职侵权犯罪者是国家机关工作人员,这种腐败又以"不揣腰包"为特征,故存在以下误解:

1. 有相当一部分国家机关工作人员认为,只要不利用职务和职务便利为自己谋取非法利益,就不构成犯罪。

2. 对于发生的重大责任事故和重大安全事故,不少人习惯于用"发展阶段改革代价论"来推脱。

3. 有的认为渎职是"好心办坏事"、"好人犯错误",在所难免。

4. 有些官员抛开程序与监督,"只看目的不问手段",却被当作具有"开拓精神"。

从检察机关反渎职侵权工作发展的实际情况看,查办渎职侵权犯罪案件发现取证难、处理难、阻力大的问题依然没有得到很好的解决,发现和查办渎职侵权犯罪的数量与实际的发案状况相差悬殊。

现实社会的发展对反渎职侵权工作提出了更新更高的要求,依托相关行政、司法机关和新闻媒体的多方资源,凝聚各方力量,开展法制宣传教育活动,提高国家机关工作人员和社会公众对渎职侵权犯罪的严重性和反渎职侵权工作的重要性、必要性的认识,进一步动员全社会的力量,共同惩治和预防渎职侵权犯罪,是推动检察机关反渎职侵权工作深入发展的重要措施。

依法治国的方略下，立党为公，执政为民，检察机关具有相对独立的法律监督职能，因此，开展反渎职侵权工作可以实现对行政权和司法权的有效监督。现阶段，重大事故多发，突发事件频发。这是前些年粗放型发展模式的累积效应，也是改革发展进入关键时期的表征之一。在经济发展水平提高之后，依法行政、公正司法成了公众急需的公共产品，细节决定成败成为管理界的主题词，科学发展成为举国上下的共识。全国人大常委会连年专题听取高检院反渎职侵权工作报告，各级人大常委会连年审议反渎职侵权工作。检察机关反渎职侵权工作的加强，深植于国家重托、群众期待和现实需要。

应该看到，检察机关对渎职侵权犯罪查处力度的加大，已经构成了此类犯罪的成本和风险因素，起到了有效的震慑和警示作用，促使公权力行使者认真对待权力。面对取得的进步，我们感到欣慰，也觉得沉重。一个个案件的背后，意味着一次次巨大的损失。如果说无讼是司法的最高境界，无渎则是反渎职侵权工作的最终要求。相对于古代来说，现行反渎职侵权犯罪立法是谦抑的，重大损失这一客观要件，大大克减了渎职侵权者的个人责任，而将大量的轻微渎职和侵权纳入了道德规范和行政法规调整的轨道。但是，从实际工作来看，反渎职侵权工作在诸检察权体系中仍属朝阳权能，这项工作开展得仍不充分，仍然存在着监督不力、权威不够的问题，仍需要检察机关工作人员的努力、社会的理解以及被监督者的配合。

## 观"反渎职侵权局"

从法纪检察到反渎职侵权，不仅是名称的变化，更是检察机关亮出的打击腐败的又一新品牌。实施渎职侵权行为的官员可能没有贪污受贿，可能没有为自己谋取私利，但由于自己不履行职责或不认真履行职责，给社会和人民所造成的危害却可能会更大。

1979年1月，最高人民检察院设置了法纪检察厅，随后省级以下地方各级检察院相继设立了法纪检察处（科、股）。1982年6月，法纪检察厅与经济检察厅（反贪污贿赂总局的前身）合并，设置法纪经济检察厅，检察机关的职务犯罪侦查工作全部由该厅负责。1988年8月，最高人民检察院决定将法纪和经济检察厅分设，法纪检察厅再次独立建制。这一合合分分的过程也正是法纪检察逐步发展、逐步受到重视的过程。该称谓一直使用到2000年，在这期间法纪检察的职权渐为广大人民所熟知。

2000 年，最高人民检察院法纪检察厅更名为渎职侵权检察厅，地方各级检察院法纪检察部门相继更名为渎职侵权检察处（科、股）。根据1997 年修订的《刑法》规定，把渎职罪的主体限定为国家机关工作人员，检察机关渎职侵权检察部门的管辖范围与之前相比有所缩小。由于名称的改变和管辖范围的缩小，人民群众对渎职侵权检察处（科）感到陌生，不知其职责范围是什么。

2005 年 5 月，最高人民检察院发出通知，地方各级检察院反渎职侵权工作机构更名设局，成立反渎职侵权局。这标志着反渎职侵权工作进入了一个新的历史发展阶段。

"反渎职侵权局"的成立体现了该项职能与名称的一致性，也与反贪污贿赂局的设置相统一，更好地凸显了检察机关的两大侦查职能，且名称更具科学性，法律依据明确，侦查性质凸显，使人一目了然，更有利于检察机关加大对渎职侵权检察职能的宣传力度，争取社会各界更广泛的理解和支持。

反渎职侵权，这个十几年前或许还有些陌生的词汇，在今天已经是逐步为人们所熟悉，成为检察机关反腐败打出的又一记重拳。

## 渎职犯罪七危害

**危害一：**国家机关工作人员玩忽职守、滥用职权、徇私舞弊以及利用职权侵犯公民人身权利和民主权利犯罪，是影响社会和谐稳定的突出问题之一，具有严重的社会危险性。

**危害二：**对市场监督管理不力，严重危害社会主义市场经济秩序。少数国家机关工作人员不能正确对待手中的权力，或疏于职守，或恣意滥用，或以权谋私，轻则导致国有资产流失，重则破坏市场经济秩序，阻碍经济社会发展。如湖南省娄底市原常务副市长易佑德滥用职权造成8200 万元住房公积金的损失；辽宁省宽甸满族自治县房地产管理处原处长牟智波和房地产交易所所长陈宏新等人违法为不法分子办理房屋他项权证，使不法分子骗贷，造成 1300 余万元经济损失。

**危害三：**在安全生产、食品卫生、房屋拆迁、社保资金、环境资源、医疗医药、教育管理、企业改革改制等领域的渎职犯罪，严重侵害了广大人民群众的切身利益。如国家食品、药品监督管理局原局长郑筱萸失职渎职，草率启动全国范围内统一换发药品批准文号专项工作，擅自降低审批标准，滥批药名，导致药价虚高，假药、劣药充斥市场，不仅使老百姓饱受高药价之苦，而且严重危害了人民群众身体健康；再如安徽阜阳劣质奶粉案件，整个受害人群波及山东、四川、江西、山西、广东、甘肃、辽宁、海南、湖北、湖南、浙江、河北等地。

**危害四**：司法人员渎职失职犯罪依然严重，破坏司法公正，损害司法权威，践踏法律尊严。有的在金钱私利的诱惑下，徇私枉法、枉法裁判；有的滥用司法权，有法不依，执法不严；有的在民事、行政诉讼活动中，弄虚作假，歪曲事实，侵害当事人权益；有的利用执行刑罚、监管、改造职权，徇私舞弊，非法减刑、假释、暂予监外执行，等等。另外，除了这些表现外，还有极少数司法工作人员充当黑恶势力犯罪的"保护伞"，包庇纵容黑恶势力犯罪，为犯罪分子称霸一方、牟取暴利提供便利条件，或者为犯罪分子通风报信、帮助逃避处罚，甚至直接参与犯罪，严重破坏了社会的稳定。汝州市公安局原副局长韩某在主抓刑侦工作期间，于1999年11月负责指挥办理以唐某为首的黑社会性质组织犯罪案件，在下属秘密抓捕该组织骨干分子王向阳的当天下午，韩到唐家中，把王向阳被抓的消息告诉唐，暗示其潜逃。当晚，唐某携主要骨干潜逃，直到2000年1月4日才被抓获。

**危害五**：严重侵犯公民人身权利、民主权利。一些国家机关工作人员在司法、行政执法过程中，作风粗暴、耍特权、逞威风、刑讯逼供、非法拘禁，手段残忍，造成了极为恶劣的社会影响。河南省平顶山市鲁山县计生干部王某，将该县张店乡一超生对象非法关押8天，只让其吃了6个馒头，终致其饥饿难耐，跳楼致残，社会影响非常恶劣。

**危害六**：政府有关安全生产监督管理部门的监管人员玩忽职守、滥用职权而导致责任事故频发，造成重大人员伤亡。如2005年的黑龙江七台河矿难，造成171人死亡；2006年的山西左云矿难，造成56名矿工死亡；2007年河南省平顶山市宝丰县周庄镇王庄煤矿发生瓦斯爆炸事故，死亡31人；2008年山西襄汾尾矿库溃坝事故，遇难254人；2009年的新华四矿"9.8"瓦斯爆炸事故，死亡76人；2010年洛阳伊川矿难，遇难44人。

**危害七**：领导干部，尤其是县处级以上干部犯罪增多。2008年1月至今，全国检察机关立案查处的县处级以上领导干部渎职侵权犯罪呈逐年上升的趋势，共立案查办1341人，其中县处级干部1285人，厅局级干部55人，省部级干部1人。涉嫌渎职侵权犯罪的人员虽然是极少数，但这些犯罪破坏了社会公平正义，危害了民主法制建设，侵犯了人民群众利益，阻碍了经济社会发展，影响了和谐社会建设，也严重损害了国家机关工作人员形象，损害了党和国家机关的公信力，危害后果极其严重。如2005年3月5日下午3时许，由于监管人员不认真履行职责，擅离职守，致使河南省郏县鑫安花炮厂在专项整治期间私自生产时发生爆炸，造成2人死亡、2人重伤、1人轻伤，数十间民房坍塌的严重后果。

## 渎职立案之标准

### 一、滥用职权罪

滥用职权罪是指国家机关工作人员超越职权，违法决定、处理其无权决定、处理的事项，或者违反规定处理公务，致使公共财产、国家和人民利益遭受重大损失的行为。

**立案标准：**

根据《最高人民检察院关于渎职侵权犯罪案件立案标准的规定》，涉嫌下列情形之一的，应予立案：

1. 造成死亡 1 人以上，或者重伤 2 人以上，或者重伤 1 人、轻伤 3 人以上，或者轻伤 5 人以上的；

2. 导致 10 人以上严重中毒的；

3. 造成个人财产直接经济损失 10 万元以上，或者直接经济损失不满 10 万元，但间接经济损失 50 万元以上的；

4. 造成公共财产或者法人、其他组织财产直接经济损失 20 万元以上，或者直接经济损失不满 20 万元，但间接经济损失 100 万元以上的；

5. 虽未达到 3、4 两项数额标准，但 3、4 两项合计直接经济损失 20 万元以上，或者合计直接经济损失不满 20 万元，但合计间接经济损失 100 万元以上的；

6. 造成公司、企业等单位停业、停产 6 个月以上，或者破产的；

7. 弄虚作假，不报、缓报、谎报或者授意、指使、强令他人不报、缓报、谎报情况，导致重特大事故危害结果继续、扩大，或者致使抢救、调查、处理工作延误的；

8. 严重损害国家声誉，或者造成恶劣社会影响的；

9. 其他致使公共财产、国家和人民利益遭受重大损失的情形。

国家机关工作人员滥用职权，符合《刑法》第九章所规定的特殊渎职罪构成要件的，按照该特殊规定追究刑事责任；主体不符合《刑法》第九章所规定的特殊渎职罪的主体要件，但滥用职权涉嫌前款第 1 项至第 9 项规定情形之一的，按照《刑法》第 397 条的规定以滥用职权罪追究刑事责任。

**处罚：**

根据《刑法》第 397 条的规定，国家机关工作人员滥用职权，致使公共财产、国家和人民利益遭受重大损失的，处三年以下有期徒刑或者拘役；情节特别严重的，处三年以上七年以下有期徒刑。国家机关工作人员徇私舞弊，犯该罪的，处五年以下有期徒刑或者拘役；情节特别严重的，处五年以上十年以下有期徒刑。

## 二、玩忽职守罪

玩忽职守罪是指国家机关工作人员严重不负责任，不履行或者不认真履行职责，致使公共财产、国家和人民利益遭受重大损失的行为。

**立案标准：**

根据《最高人民检察院关于渎职侵权犯罪案件立案标准的规定》，涉嫌下列情形之一的，应予立案：

1. 造成死亡 1 人以上，或者重伤 3 人以上，或者重伤 2 人、轻伤 4人以上，或者重伤 1 人、轻伤 7 人以上，或者轻伤 10 人以上的；

2. 导致 20 人以上严重中毒的；

3. 造成个人财产直接经济损失 15 万元以上，或者直接经济损失不满 15 万元，但间接经济损失 75 万元以上的；

4. 造成公共财产或者法人、其他组织财产直接经济损失 30 万元以上，或者直接经济损失不满 30 万元，但间接经济损失 150 万元以上的；

5. 虽未达到 3、4 两项数额标准，但 3、4 两项合计直接经济损失30 万元以上，或者合计直接经济损失不满 30 万元，但合计间接经济损失 150 万元以上的；

6. 造成公司、企业等单位停业、停产 1 年以上，或者破产的；

7. 海关、外汇管理部门的工作人员严重不负责任，造成 100 万美元以上外汇被骗购或者逃汇 1000 万美元以上的；

8. 严重损害国家声誉，或者造成恶劣社会影响的；

9. 其他致使公共财产、国家和人民利益遭受重大损失的情形。

国家机关工作人员玩忽职守，符合《刑法》第九章所规定的特殊渎职罪构成要件的，按照该特殊规定追究刑事责任；主体不符合《刑法》第九章所规定的特殊渎职罪的主体要件，但玩忽职守涉嫌前款第 1 项至第 9 项规定情形之一的，按照《刑法》第 397 条的规定以玩忽职守罪追究刑事责任。

**处罚：**

根据《刑法》第 397 条的规定，国家机关工作人员玩忽职守，致使公共财产、国家和人民利益遭受重大损失的，处三年以下有期徒刑或者拘役；情节特别严重的，处三年以上七年以下有期徒刑。国家机关工作人员徇私舞弊，犯该罪的，处五年以下有期徒刑或者拘役；情节特别严重的，处五年以上十年以下有期徒刑。

### 三、故意泄露国家秘密罪

故意泄露国家秘密罪是指国家机关工作人员或者非国家机关工作人员违反《保守国家秘密法》，故意使国家秘密被不应知悉者知悉，或者故意使国家秘密超出了限定的接触范围，情节严重的行为。

**立案标准：**

根据《最高人民检察院关于渎职侵权犯罪案件立案标准的规定》，涉嫌下列情形之一的，应予立案：

1. 泄露绝密级国家秘密1项（件）以上的；
2. 泄露机密级国家秘密2项（件）以上的；
3. 泄露秘密级国家秘密3项（件）以上的；
4. 向非境外机构、组织、人员泄露国家秘密，造成或者可能造成危害社会稳定、经济发展、国防安全或者其他严重危害后果的；
5. 通过口头、书面或者网络等方式向公众散布、传播国家秘密的；
6. 利用职权指使或者强迫他人违反《保守国家秘密法》的规定泄露国家秘密的；
7. 以牟取私利为目的泄露国家秘密的；
8. 其他情节严重的情形。

**处罚：**

根据《刑法》第398条的规定，国家机关工作人员犯故意泄露国家秘密罪的，处三年以下徒刑或者拘役；情节特别严重的，处三年以上七年以下有期徒刑。

非国家机关工作人员犯故意泄露国家秘密罪的，依照上述规定酌情处罚。

### 四、过失泄露国家秘密罪

过失泄露国家秘密罪是指国家机关工作人员或者非国家机关工作人员违反《保守国家秘密法》，过失泄露国家秘密，或者遗失国家秘密载体，致使国家秘密被不应知悉者知悉或者超出了限定的接触范围，情节严重的行为。

**立案标准：**

根据《最高人民检察院关于渎职侵权犯罪案件立案标准的规定》，涉嫌下列情形之一的，应予立案：

1. 泄露绝密级国家秘密1项（件）以上的；
2. 泄露机密级国家秘密3项（件）以上的；
3. 泄露秘密级国家秘密4项（件）以上的；

4. 违反保密规定，将涉及国家秘密的计算机或者计算机信息系统与互联网相连接，泄露国家秘密的；

5. 泄露国家秘密或者遗失国家秘密载体，隐瞒不报、不如实提供有关情况或者不采取补救措施的；

6. 其他情节严重的情形。

**处罚：**

根据《刑法》第398条的规定，国家机关工作人员犯过失泄露国家秘密罪的，处三年以下有期徒刑或者拘役；情节特别严重的，处三年以上七年以下有期徒刑。

非国家机关工作人员犯过失泄露国家秘密罪的，依照上述规定酌情处罚。

### 五、徇私枉法罪

徇私枉法罪是指司法工作人员徇私枉法、徇情枉法，对明知是无罪的人而使他受追诉、对明知是有罪的人而故意包庇不使他受追诉，或者在刑事审判活动中故意违背事实和法律作枉法裁判的行为。

**立案标准：**

根据《最高人民检察院关于渎职侵权犯罪案件立案标准的规定》，涉嫌下列情形之一的，应予立案：

1. 对明知是没有犯罪事实或者其他依法不应当追究刑事责任的人，采取伪造、隐匿、毁灭证据或者其他隐瞒事实、违反法律的手段，以追究刑事责任为目的立案、侦查、起诉、审判的；

2. 对明知是有犯罪事实需要追究刑事责任的人，采取伪造、隐匿、毁灭证据或者其他隐瞒事实、违反法律的手段，故意包庇使其不受立案、侦查、起诉、审判的；

3. 采取伪造、隐匿、毁灭证据或者其他隐瞒事实、违反法律的手段，故意使罪重的人受较轻的追诉，或者使罪轻的人受较重的追诉的；

4. 在立案后，采取伪造、隐匿、毁灭证据或者其他隐瞒事实、违反法律的手段，应当采取强制措施而不采取强制措施，或者虽然采取强制措施，但中断侦查或者超过法定期限不采取任何措施，实际放任不管，以及违法撤销、变更强制措施，致使犯罪嫌疑人、被告人实际脱离司法机关侦控的；

5. 在刑事审判活动中故意违背事实和法律，作出枉法判决、裁定，即有罪判无罪、无罪判有罪，或者重罪轻判、轻罪重判的；

6. 其他徇私枉法应予追究刑事责任的情形。

**处罚：**

根据《刑法》第 399 条第一款的规定，司法工作人员犯徇私枉法罪的，处五年以下有期徒刑或者拘役；情节严重的，处五年以上十年以下有期徒刑；情节特别严重的，处十年以上有期徒刑。

根据《刑法》第 399 条第四款的规定，司法工作人员收受贿赂，同时构成受贿罪和徇私枉法罪的，依照处罚较重的规定定罪处罚。

## 六、民事、行政枉法裁判罪

民事、行政枉法裁判罪是指司法工作人员在民事、行政审判活动中，故意违背事实和法律作枉法裁判，情节严重的行为。

**立案标准：**

根据《最高人民检察院关于渎职侵权犯罪案件立案标准的规定》，涉嫌下列情形之一的，应予立案：

1. 致使当事人或者其近亲属自杀、自残造成重伤、死亡，或者精神失常的；

2. 造成个人财产直接经济损失 10 万元以上，或者直接经济损失不满 10 万元，但间接经济损失 50 万元以上的；

3. 造成法人或者其他组织财产直接经济损失 20 万元以上，或者直接经济损失不满 20 万元，但间接经济损失 100 万元以上的；

4. 伪造、变造有关材料、证据，制造假案枉法裁判的；

5. 串通当事人制造伪证，毁灭证据或者篡改庭审笔录而枉法裁判的；

6. 徇私情、私利，明知是伪造、变造的证据予以采信，或者故意对应当采信的证据不予采信，或者故意违反法定程序，或者故意错误适用法律而枉法裁判的；

7. 其他情节严重的情形。

**处罚：**

根据《刑法》第 399 条第二款的规定，犯民事、行政枉法裁判罪的，处五年以下有期徒刑或者拘役；情节特别严重的，处五年以上十年以下有期徒刑。

根据《刑法》第 399 条第四款的规定，司法工作人员收受贿赂，同时构成受贿罪和民事、行政枉法裁判罪的，依照处罚较重的规定定罪处罚。

## 七、执行判决、裁定失职罪

执行判决、裁定失职罪是指司法工作人员在执行判决、裁定活动中，严重不负责任，不依法采取诉讼保全措施、不履行法定执行职责，或者违法采取保全措施、强制执行措施，致使当事人或者其他人的利益遭受重大损失的行为。

**立案标准：**

根据《最高人民检察院关于渎职侵权犯罪案件立案标准的规定》，涉嫌下列情形之一的，应予立案：

1．致使当事人或者其近亲属自杀、自残造成重伤、死亡，或者精神失常的；

2．造成个人财产直接经济损失 15 万元以上，或者直接经济损失不满 15 万元，但间接经济损失 75 万元以上的；

3．造成法人或者其他组织财产直接经济损失 30 万元以上，或者直接经济损失不满 30 万元，但间接经济损失 150 万元以上的；

4．造成公司、企业等单位停业、停产 1 年以上，或者破产的；

5．其他致使当事人或者其他人的利益遭受重大损失的情形。

**处罚：**

根据《刑法》第 399 条第三款的规定，犯执行判决、裁定失职罪的，处五年以下有期徒刑或者拘役；致使当事人或者其他人的利益遭受重大损失的，处五年以上十年以下有期徒刑。

根据《刑法》第 399 条第四款的规定，司法工作人员收受贿赂，同时构成受贿罪和执行判决、裁定失职罪的，依照处罚较重的规定定罪处罚。

## 八、执行判决、裁定滥用职权罪

执行判决、裁定滥用职权罪是指司法工作人员在执行判决、裁定活动中，滥用职权，不依法采取诉讼保全措施、不履行法定执行职责，或者违法采取保全措施、强制执行措施，致使当事人或者其他人的利益遭受重大损失的行为。

**立案标准：**

根据《最高人民检察院关于渎职侵权犯罪案件立案标准的规定》，涉嫌下列情形之一的，应予立案：

1．致使当事人或者其近亲属自杀、自残造成重伤、死亡，或者精神失常的；

2．造成个人财产直接经济损失 10 万元以上，或者直接经济损失不满 10 万元，但间接经济损失 50 万元以上的；

3．造成法人或者其他组织财产直接经济损失 20 万元以上，或者直接经济损失不满 20 万元，但间接经济损失 100 万元以上的；

4．造成公司、企业等单位停业、停产 6 个月以上，或者破产的；

5. 其他致使当事人或者其他人的利益遭受重大损失的情形。

处罚：

根据《刑法》第399条第三款的规定，犯执行判决、裁定滥用职权罪的，处五年以下有期徒刑或者拘役；致使当事人或者其他人的利益遭受重大损失的，处五年以上十年以下有期徒刑。

根据《刑法》第399条第四款的规定，司法工作人员收受贿赂，同时构成受贿罪和执行判决、裁定滥用职权罪的，依照处罚较重的规定定罪处罚。

## 九、私放在押人员罪

私放在押人员罪是指司法工作人员私放在押（包括在羁押场所和押解途中）的犯罪嫌疑人、被告人或者罪犯的行为。

立案标准：

根据《最高人民检察院关于渎职侵权犯罪案件立案标准的规定》，涉嫌下列情形之一的，应予立案：

1. 私自将在押的犯罪嫌疑人、被告人、罪犯放走，或者授意、指使、强迫他人将在押的犯罪嫌疑人、被告人、罪犯放走的；

2. 伪造、变造有关法律文书、证明材料，以使在押的犯罪嫌疑人、被告人、罪犯逃跑或者被释放的；

3. 为私放在押的犯罪嫌疑人、被告人、罪犯，故意向其通风报信、提供条件，致使该在押的犯罪嫌疑人、被告人、罪犯脱逃的；

4. 其他私放在押的犯罪嫌疑人、被告人、罪犯应予追究刑事责任的情形。

处罚：

根据《刑法》第400条第一款的规定，犯私放在押人员罪的，处五年以下有期徒刑或者拘役；情节严重的，处五年以上十年以下有期徒刑；情节特别严重的，处十年以上有期徒刑。

## 十、失职致使在押人员脱逃罪

失职致使在押人员脱逃罪是指司法工作人员由于严重不负责任，不履行或者不认真履行职责，致使在押（包括在羁押场所和押解途中）的犯罪嫌疑人、被告人、罪犯脱逃，造成严重后果的行为。

立案标准：

根据《最高人民检察院关于渎职侵权犯罪案件立案标准的规定》，涉嫌下列情形之一的，应予立案：

1. 致使依法可能判处或者已经判处 10 年以上有期徒刑、无期徒刑、死刑的犯罪嫌疑人、被告人、罪犯脱逃的；

2. 致使犯罪嫌疑人、被告人、罪犯脱逃 3 人次以上的；

3. 犯罪嫌疑人、被告人、罪犯脱逃以后，打击报复报案人、控告人、举报人、被害人、证人和司法工作人员等，或者继续犯罪的；

4. 其他致使在押的犯罪嫌疑人、被告人、罪犯脱逃，造成严重后果的情形。

**处罚：**

根据《刑法》第 400 条第二款的规定，犯失职致使在押人员脱逃罪的，处三年以下有期徒刑或者拘役；造成特别严重后果的，处三年以上十年以下有期徒刑。

## 十一、徇私舞弊减刑、假释、暂予监外执行罪

徇私舞弊减刑、假释、暂予监外执行罪是指司法工作人员徇私舞弊，对不符合减刑、假释、暂予监外执行条件的罪犯予以减刑、假释、暂予监外执行的行为。

**立案标准：**

根据《最高人民检察院关于渎职侵权犯罪案件立案标准的规定》，涉嫌下列情形之一的，应予立案：

1. 刑罚执行机关的工作人员对不符合减刑、假释、暂予监外执行条件的罪犯，捏造事实，伪造材料，违法报请减刑、假释、暂予监外执行的；

2. 审判人员对不符合减刑、假释、暂予监外执行条件的罪犯，徇私舞弊，违法裁定减刑、假释或者违法决定暂予监外执行的；

3. 监狱管理机关、公安机关的工作人员对不符合暂予监外执行条件的罪犯，徇私舞弊，违法批准暂予监外执行的；

4. 不具有报请、裁定、决定或者批准减刑、假释、暂予监外执行权的司法工作人员利用职务上的便利，伪造有关材料，导致不符合减刑、假释、暂予监外执行条件的罪犯被减刑、假释、暂予监外执行的；

5. 其他徇私舞弊减刑、假释、暂予监外执行应予追究刑事责任的情形。

**处罚：**

根据《刑法》第 401 条的规定，犯徇私舞弊减刑、假释、暂予监外执行罪的，处三年以下有期徒刑或者拘役；情节严重的，处三年以上七年以下有期徒刑。

## 十二、徇私舞弊不移交刑事案件罪

徇私舞弊不移交刑事案件罪是指工商行政管理、税务、监察等行政执法人员，徇私舞弊，对依法应当移交司法机关追究刑事责任的案件不移交，情节严重的行为。

**立案标准：**

根据《最高人民检察院关于渎职侵权犯罪案件立案标准的规定》，涉嫌下列情形之一的，应予立案：

1．对依法可能判处 3 年以上有期徒刑、无期徒刑、死刑的犯罪案件不移交的；

2．不移交刑事案件涉及 3 人次以上的；

3．司法机关提出意见后，无正当理由仍然不予移交的；

4．以罚代刑，放纵犯罪嫌疑人，致使犯罪嫌疑人继续进行违法犯罪活动的；

5．行政执法部门主管领导阻止移交的；

6．隐瞒、毁灭证据，伪造材料，改变刑事案件性质的；

7．直接负责的主管人员和其他直接责任人员为牟取本单位私利而不移交刑事案件，情节严重的；

8．其他情节严重的情形。

**处罚：**

根据《刑法》第 402 条的规定，犯徇私舞弊不移交刑事案件罪的，处三年以下有期徒刑或者拘役；造成严重后果的，处三年以上七年以下有期徒刑。

## 十三、滥用管理公司、证券职权罪

滥用管理公司、证券职权罪是指工商行政管理、证券管理等国家有关主管部门的工作人员徇私舞弊，滥用职权，对不符合法律规定条件的公司设立、登记申请或者股票、债券发行、上市申请予以批准或者登记，致使公共财产、国家和人民利益遭受重大损失的行为，以及上级部门、当地政府强令登记机关及其工作人员实施上述行为的行为。

**立案标准：**

根据《最高人民检察院关于渎职侵权犯罪案件立案标准的规定》，涉嫌下列情形之一的，应予立案：

1．造成直接经济损失 50 万元以上的；

2．工商管理部门的工作人员对不符合法律规定条件的公司设立、登记申请，违法予以批准、登记，严重扰乱市场秩序的；

3. 金融证券管理机构工作人员对不符合法律规定条件的股票、债券发行、上市申请，违法予以批准，严重损害公众利益，或者严重扰乱金融秩序的；

4. 工商管理部门、金融证券管理机构的工作人员对不符合法律规定条件的公司设立、登记申请或者股票、债券发行、上市申请违法予以批准或者登记，致使犯罪行为得逞的；

5. 上级部门、当地政府直接负责的主管人员强令登记机关及其工作人员，对不符合法律规定条件的公司设立、登记申请或者股票、债券发行、上市申请予以批准或者登记，致使公共财产、国家或者人民利益遭受重大损失的；

6. 其他致使公共财产、国家和人民利益遭受重大损失的情形。

**处罚：**

根据《刑法》第 403 条的规定，犯滥用管理公司、证券职权罪的，处五年以下有期徒刑或者拘役。

### 十四、徇私舞弊不征、少征税款罪

徇私舞弊不征、少征税款罪是指税务机关工作人员徇私舞弊，不征、少征应征税款，致使国家税收遭受重大损失的行为。

**立案标准：**

根据《最高人民检察院关于渎职侵权犯罪案件立案标准的规定》，涉嫌下列情形之一的，应予立案：

1. 徇私舞弊不征、少征应征税款，致使国家税收损失累计达 10 万元以上的；

2. 上级主管部门工作人员指使税务机关工作人员徇私舞弊不征、少征应征税款，致使国家税收损失累计达 10 万元以上的；

3. 徇私舞弊不征、少征应征税款不满 10 万元，但具有索取或者收受贿赂或者其他恶劣情节的；

4、其他致使国家税收遭受重大损失的情形。

**处罚：**

根据《刑法》第 404 条的规定，犯徇私舞弊不征、少征税款罪的，处五年以下有期徒刑或者拘役；造成特别重大损失的，处五年以上有期徒刑。

### 十五、徇私舞弊发售发票、抵扣税款、出口退税罪

徇私舞弊发售发票、抵扣税款、出口退税罪是指税务机关工作人员

违反法律、行政法规的规定，在办理发售发票、抵扣税款、出口退税工作中徇私舞弊，致使国家利益遭受重大损失的行为。

**立案标准：**

根据《最高人民检察院关于渎职侵权犯罪案件立案标准的规定》，涉嫌下列情形之一的，应予立案：

1. 徇私舞弊，致使国家税收损失累计达 10 万元以上的；

2. 徇私舞弊，致使国家税收损失累计不满 10 万元，但发售增值税专用发票 25 份以上或者其他发票 50 份以上或者增值税专用发票与其他发票合计 50 份以上，或者具有索取、收受贿赂或者其他恶劣情节的；

3. 其他致使国家利益遭受重大损失的情形。

**处罚：**

根据《刑法》第 405 条第一款的规定，犯徇私舞弊发售发票、抵扣税款、出口退税罪的，处五年以下有期徒刑或者拘役；致使国家利益遭受特别重大损失的，处五年以上有期徒刑。

## 十六、违法提供出口退税凭证罪

根据《刑法》第 405 条第二款的规定，违法提供出口退税凭证罪是指海关、外汇管理等国家机关工作人员违反国家规定，在提供出口货物报关单、出口收汇核销单等出口退税凭证的工作中徇私舞弊，致使国家利益遭受重大损失的行为。

**立案标准：**

根据《最高人民检察院关于渎职侵权犯罪案件立案标准的规定》，涉嫌下列情形之一的，应予立案：

1. 徇私舞弊，致使国家税收损失累计达 10 万元以上的；

2. 徇私舞弊，致使国家税收损失累计不满 10 万元，但具有索取、收受贿赂或者其他恶劣情节的；

3. 其他致使国家利益遭受重大损失的情形。

**处罚：**

根据《刑法》第 405 条第二款的规定，犯违法提供出口退税凭证罪的，处五年以下有期徒刑或者拘役；致使国家利益遭受特别重大损失的，处五年以上有期徒刑。

## 十七、国家机关工作人员签订、履行合同失职被骗罪

国家机关工作人员签订、履行合同失职被骗罪是指国家机关工作人员在签订、履行合同过程中，因严重不负责任，不履行或者不认真履行

职责被诈骗，致使国家利益遭受重大损失的行为。

**立案标准：**

根据《最高人民检察院关于渎职侵权犯罪案件立案标准的规定》，涉嫌下列情形之一的，应予立案：

1. 造成直接经济损失 30 万元以上，或者直接经济损失不满 30 万元，但间接经济损失 150 万元以上的；

2. 其他致使国家利益遭受重大损失的情形。

**处罚：**

根据《刑法》第 406 条的规定，犯国家机关工作人员签订、履行合同失职被骗罪的，处三年以下有期徒刑或者拘役；致使国家利益遭受特别重大损失的，处三年以上七年以下有期徒刑。

## 十八、违法发放林木采伐许可证罪

违法发放林木采伐许可证罪是指林业主管部门的工作人员违反《森林法》的规定，超过批准的年采伐限额发放林木采伐许可证或者违反规定滥发林木采伐许可证，情节严重，致使森林遭受严重破坏的行为。

**立案标准：**

根据《最高人民检察院关于渎职侵权犯罪案件立案标准的规定》，涉嫌下列情形之一的，应予立案：

1. 发放林木采伐许可证允许采伐数量累计超过批准的年采伐限额，导致林木被超限额采伐 10 立方米以上的；

2. 滥发林木采伐许可证，导致林木被滥伐 20 立方米以上，或者导致幼树被滥伐 1000 株以上的；

3. 滥发林木采伐许可证，导致防护林、特种用途林被滥伐 5 立方米以上，或者幼树被滥伐 200 株以上的；

4. 滥发林木采伐许可证，导致珍贵树木或者国家重点保护的其他树木被滥伐的；

5. 滥发林木采伐许可证，导致国家禁止采伐的林木被采伐的；

6. 其他情节严重，致使森林遭受严重破坏的情形。

林业主管部门工作人员之外的国家机关工作人员，违反《森林法》的规定，滥用职权或者玩忽职守，致使林木被滥伐 40 立方米以上或者幼树被滥伐 2000 株以上，或者致使防护林、特种用途林被滥伐 10 立方米以上或者幼树被滥伐 400 株以上，或者致使珍贵树木被采伐、毁坏 4 立方米或者 4 株以上，或者致使国家重点保护的其他植物被采伐、毁坏后果严重的，或者致使国家严禁采伐的林木被采伐、毁坏情节恶劣的，按照《刑法》第 397 条的规定以滥用职权罪或者玩忽职守罪追究刑事责任。

处罚：

根据《刑法》第407条的规定，犯违法发放林木采伐许可证罪的，处三年以下有期徒刑或者拘役。

### 十九、环境监管失职罪

环境监管失职罪是指负有环境保护监督管理职责的国家机关工作人员严重不负责任，不履行或者不认真履行环境保护监管职责导致发生重大环境污染事故，致使公私财产遭受重大损失或者造成人身伤亡的严重后果的行为。

**立案标准：**

根据《最高人民检察院关于渎职侵权犯罪案件立案标准的规定》，涉嫌下列情形之一的，应予立案：

1. 造成死亡1人以上，或者重伤3人以上，或者重伤2人、轻伤4人以上，或者重伤1人、轻伤7人以上，或者轻伤10人以上的；

2. 导致30人以上严重中毒的；

3. 造成个人财产直接经济损失15万元以上，或者直接经济损失不满15万元，但间接经济损失75万元以上的；

4. 造成公共财产、法人或者其他组织财产直接经济损失30万元以上，或者直接经济损失不满30万元，但间接经济损失150万元以上的；

5. 虽未达到3、4两项数额标准，但3、4两项合计直接经济损失30万元以上，或者合计直接经济损失不满30万元，但合计间接经济损失150万元以上的；

6. 造成基本农田或者防护林地、特种用途林地10亩以上，或者基本农田以外的耕地50亩以上，或者其他土地70亩以上被严重毁坏的；

7. 造成生活饮用水地表水源和地下水源严重污染的；

8. 其他致使公私财产遭受重大损失或者造成人身伤亡严重后果的情形。

**处罚：**

根据《刑法》第408条的规定，犯环境监管失职罪的，处三年以下有期徒刑或者拘役。

### 二十、传染病防治失职罪

传染病防治失职罪是指从事传染病防治的政府卫生行政部门的工作人员严重不负责任，不履行或者不认真履行传染病防治监管职责，导致传染病传播或者流行，情节严重的行为。

**立案标准：**

根据《最高人民检察院关于渎职侵权犯罪案件立案标准的规定》，涉嫌下列情形之一的，应予立案：

1. 导致甲类传染病传播的；

2. 导致乙类、丙类传染病流行的；

3. 因传染病传播或者流行，造成人员重伤或者死亡的；

4. 因传染病传播或者流行，严重影响正常的生产、生活秩序的；

5. 在国家对突发传染病疫情等灾害采取预防、控制措施后，对发生突发传染病疫情等灾害的地区或者突发传染病病人、病原携带者、疑似突发传染病病人，未按照预防、控制突发传染病疫情等灾害工作规范的要求做好防疫、检疫、隔离、防护、救治等工作，或者采取的预防、控制措施不当，造成传染范围扩大或者疫情、灾情加重的；

6. 在国家对突发传染病疫情等灾害采取预防、控制措施后，隐瞒、缓报、谎报或者授意、指使、强令他人隐瞒、缓报、谎报疫情、灾情，造成传染范围扩大或者疫情、灾情加重的；

7. 在国家对突发传染病疫情等灾害采取预防、控制措施后，拒不执行突发传染病疫情等灾害应急处理指挥机构的决定、命令，造成传染范围扩大或者疫情、灾情加重的；

8. 其他情节严重的情形。

**处罚：**

根据《刑法》第 409 条的规定，犯传染病防治失职罪的，处三年以下有期徒刑或者拘役。

## 二十一、非法批准征用、占用土地罪

非法批准征用、占用土地罪是指国家机关工作人员徇私舞弊，违反《土地管理法》、《森林法》、《草原法》等法律以及有关行政法规中关于土地管理的规定，滥用职权，非法批准征用、占用耕地、林地等农用地以及其他土地，情节严重的行为。

**立案标准：**

根据《最高人民检察院关于渎职侵权犯罪案件立案标准的规定》，涉嫌下列情形之一的，应予立案：

1. 非法批准征用、占用基本农田 10 亩以上的；

2. 非法批准征用、占用基本农田以外的耕地 30 亩以上的；

3. 非法批准征用、占用其他土地 50 亩以上的；

4. 虽未达到上述数量标准，但造成有关单位、个人直接经济损失 30 万元以上，或者造成耕地大量毁坏或者植被遭到严重破坏的；

5．非法批准征用、占用土地，影响群众生产、生活，引起纠纷，造成恶劣影响或者其他严重后果的；

6．非法批准征用、占用防护林地、特种用途林地分别或者合计 10 亩以上的；

7．非法批准征用、占用其他林地 20 亩以上的；

8．非法批准征用、占用林地造成直接经济损失 30 万元以上，或者造成防护林地、特种用途林地分别或者合计 5 亩以上或者其他林地 10 亩以上毁坏的；

9．其他情节严重的情形。

**处罚：**

根据《刑法》第 410 条的规定，犯非法批准征用、占用土地罪的，处三年以下有期徒刑或者拘役；致使国家或者集体利益遭受特别重大损失的，处三年以上七年以下有期徒刑

## 二十二、非法低价出让国有土地使用权罪

非法低价出让国有土地使用权罪是指国家机关工作人员徇私舞弊，违反《土地管理法》、《森林法》、《草原法》等法律以及有关行政法规中关于土地管理的规定，滥用职权，非法低价出让国有土地使用权，情节严重的行为。

**立案标准：**

根据《最高人民检察院关于渎职侵权犯罪案件立案标准的规定》，涉嫌下列情形之一的，应予立案：

1．非法低价出让国有土地 30 亩以上，并且出让价额低于国家规定的最低价额标准的百分之六十的；

2．造成国有土地资产流失价额 30 万元以上的；

3．非法低价出让国有土地使用权，影响群众生产、生活，引起纠纷，造成恶劣影响或者其他严重后果的；

4．非法低价出让林地合计 30 亩以上，并且出让价额低于国家规定的最低价额标准的百分之六十的；

5．造成国有资产流失 30 万元以上的；

6．其他情节严重的情形。

**处罚：**

根据《刑法》第 410 条的规定，犯非法低价出让国有土地使用权罪的，处三年以下有期徒刑或者拘役；致使国家或者集体利益遭受特别重大损失的，处三年以上七年以下有期徒刑。

## 二十三、放纵走私罪

放纵走私罪是指海关工作人员徇私舞弊，放纵走私，情节严重的行为。

**立案标准：**

根据《最高人民检察院关于渎职侵权犯罪案件立案标准的规定》，涉嫌下列情形之一的，应予立案：

1. 放纵走私犯罪的；
2. 因放纵走私致使国家应收税额损失累计达 10 万元以上的；
3. 放纵走私行为 3 起次以上的；
4. 放纵走私行为，具有索取或者收受贿赂情节的；
5. 其他情节严重的情形。

**处罚：**

根据《刑法》第 411 条的规定，犯放纵走私罪的，处五年以下有期徒刑或者拘役；情节特别严重的，处五年以上有期徒刑。

## 二十四、商检徇私舞弊罪

商检徇私舞弊罪是指出入境检验检疫机关、检验检疫机构工作人员徇私舞弊，伪造检验结果的行为。

**立案标准：**

根据《最高人民检察院关于渎职侵权犯罪案件立案标准的规定》，涉嫌下列情形之一的，应予立案：

1. 采取伪造、变造的手段对报检的商品的单证、印章、标志、封识、质量认证标志等作虚假的证明或者出具不真实的证明结论的；
2. 将送检的合格商品检验为不合格，或者将不合格商品检验为合格的；
3. 对明知是不合格的商品，不检验而出具合格检验结果的；
4. 其他伪造检验结果应予追究刑事责任的情形。

**处罚：**

根据《刑法》第 412 条第一款的规定，犯商检徇私舞弊罪的，处五年以下有期徒刑或者拘役；造成严重后果的，处五年以上十年以下有期徒刑。

## 二十五、商检失职罪

商检失职罪是指出入境检验检疫机关、检验检疫机构工作人员严重不负责任，对应当检验的物品不检验，或者延误检验出证、错误出证，致使国家利益遭受重大损失的行为。

立案标准：

根据《最高人民检察院关于渎职侵权犯罪案件立案标准的规定》，涉嫌下列情形之一的，应予立案：

1．致使不合格的食品、药品、医疗器械等商品出入境，严重危害生命健康的；

2．造成个人财产直接经济损失 15 万元以上，或者直接经济损失不满 15 万元，但间接经济损失 75 万元以上的；

3．造成公共财产、法人或者其他组织财产直接经济损失 30 万元以上，或者直接经济损失不满 30 万元，但间接经济损失 150 万元以上的；

4．未经检验，出具合格检验结果，致使国家禁止进口的固体废物、液态废物和气态废物等进入境内的；

5．不检验或者延误检验出证、错误出证，引起国际经济贸易纠纷，严重影响国家对外经贸关系，或者严重损害国家声誉的；

6．其他致使国家利益遭受重大损失的情形。

处罚：

根据《刑法》第 412 条第二款的规定，犯商检失职罪的，处三年以下有期徒刑或者拘役。


## 二十六、动植物检疫徇私舞弊罪

动植物检疫徇私舞弊罪是指出入境检验检疫机关、检验检疫机构工作人员徇私舞弊，伪造检疫结果的行为。

立案标准：

根据《最高人民检察院关于渎职侵权犯罪案件立案标准的规定》，涉嫌下列情形之一的，应予立案：

1．采取伪造、变造的手段对检疫的单证、印章、标志、封识等作虚假的证明或者出具不真实的结论的；

2．将送检的合格动植物检疫为不合格，或者将不合格动植物检疫为合格的；

3．对明知是不合格的动植物，不检疫而出具合格检疫结果的；

4．其他伪造检疫结果应予追究刑事责任的情形。

处罚：

根据《刑法》第 413 条第一款的规定，犯动植物检疫徇私舞弊罪的，处五年以下有期徒刑或者拘役；造成严重后果的，处五年以上十年以下有期徒刑。

### 二十七、动植物检疫失职罪

动植物检疫失职罪是指出入境检验检疫机关、检验检疫机构工作人员严重不负责任，对应当检疫的检疫物不检疫，或者延误检疫出证、错误出证，致使国家利益遭受重大损失的行为。

**立案标准：**

根据《最高人民检察院关于渎职侵权犯罪案件立案标准的规定》，涉嫌下列情形之一的，应予立案：

1. 导致疫情发生，造成人员重伤或者死亡的；

2. 导致重大疫情发生、传播或者流行的；

3. 造成个人财产直接经济损失 15 万元以上，或者直接经济损失不满 15 万元，但间接经济损失 75 万元以上的；

4. 造成公共财产或者法人、其他组织财产直接经济损失 30 万元以上，或者直接经济损失不满 30 万元，但间接经济损失 150 万元以上的；

5. 不检疫或者延误检疫出证、错误出证，引起国际经济贸易纠纷，严重影响国家对外经贸关系，或者严重损害国家声誉的；

6. 其他致使国家利益遭受重大损失的情形。

**处罚：**

根据《刑法》第 413 条第二款的规定，犯动植物检疫失职罪的，处三年以下有期徒刑或者拘役。

### 二十八、放纵制售伪劣商品犯罪行为罪

放纵制售伪劣商品犯罪行为罪是指对生产、销售伪劣商品犯罪行为负有追究责任的国家机关工作人员徇私舞弊，不履行法律规定的追究职责，情节严重的行为。

**立案标准：**

根据《最高人民检察院关于渎职侵权犯罪案件立案标准的规定》，涉嫌下列情形之一的，应予立案：

1. 放纵生产、销售假药或者有毒、有害食品犯罪行为的；

2. 放纵生产、销售伪劣农药、兽药、化肥、种子犯罪行为的；

3. 放纵依法可能判处 3 年有期徒刑以上刑罚的生产、销售伪劣商品犯罪行为的；

4. 对生产、销售伪劣商品犯罪行为不履行追究职责，致使生产、销售伪劣商品犯罪行为得以继续的；

5. 3 次以上不履行追究职责，或者对 3 个以上有生产、销售伪劣商品犯罪行为的单位或者个人不履行追究职责的；

6. 其他情节严重的情形。

**处罚：**

根据《刑法》第414条的规定，犯放纵制售伪劣商品犯罪行为罪的，处五年以下有期徒刑或者拘役。

## 二十九、办理偷越国（边）境人员出入境证件罪

办理偷越国（边）境人员出入境证件罪是指负责办理护照、签证以及其他出入境证件的国家机关工作人员，对明知是企图偷越国（边）境的人员，予以办理出入境证件的行为。

**立案标准：**

根据《最高人民检察院关于渎职侵权犯罪案件立案标准的规定》，负责办理护照、签证以及其他出入境证件的国家机关工作人员涉嫌在办理护照、签证以及其他出入境证件的过程中，对明知是企图偷越国（边）境的人员而予以办理出入境证件的，应予立案。

**处罚：**

根据《刑法》第415条的规定，犯办理偷越国（边）境人员出入境证件罪的，处三年以下有期徒刑或者拘役；情节严重的，处三年以上七年以下有期徒刑或者拘役。

## 三十、放行偷越国（边）境人员罪

放行偷越国（边）境人员罪是指边防、海关等国家机关工作人员，对明知是偷越国（边）境的人员予以放行的行为。

**立案标准：**

根据《最高人民检察院关于渎职侵权犯罪案件立案标准的规定》，边防、海关等国家机关工作人员涉嫌在履行职务过程中，对明知是偷越国（边）境的人员而予以放行的，应予立案。

**处罚：**

根据《刑法》第415条的规定，犯放行偷越国（边）境人员罪的，处三年以下有期徒刑或者拘役；情节严重的，处三年以上七年以下有期徒刑。

## 三十一、不解救被拐卖、绑架妇女、儿童罪

不解救被拐卖、绑架妇女、儿童罪是指对被拐卖、绑架的妇女、儿童负有解救职责的公安、司法等国家机关工作人员接到被拐卖、绑架的

妇女、儿童及其家属的解救要求或者接到其他人的举报，而对被拐卖、绑架的妇女、儿童不进行解救，造成严重后果的行为。

**立案标准：**

根据《最高人民检察院关于渎职侵权犯罪案件立案标准的规定》，涉嫌下列情形之一的，应予立案：

1．导致被拐卖、绑架的妇女、儿童或者其家属重伤、死亡或者精神失常的；

2．导致被拐卖、绑架的妇女、儿童被转移、隐匿、转卖，不能及时进行解救的；

3．对被拐卖、绑架的妇女、儿童不进行解救3人次以上的；

4．对被拐卖、绑架的妇女、儿童不进行解救，造成恶劣社会影响的；

5．其他造成严重后果的情形。

**处罚：**

根据《刑法》第416条第一款的规定，犯不解救被拐卖、绑架妇女、儿童罪的，处五年以下有期徒刑或者拘役。

### 三十二、阻碍解救被拐卖、绑架妇女、儿童罪

阻碍解救被拐卖、绑架妇女、儿童罪是指对被拐卖、绑架的妇女、儿童负有解救职责的公安、司法等国家机关工作人员利用职务阻碍解救被拐卖、绑架的妇女、儿童的行为。

**立案标准：**

根据《最高人民检察院关于渎职侵权犯罪案件立案标准的规定》，涉嫌下列情形之一的，应予立案：

1．利用职权，禁止、阻止或者妨碍有关部门、人员解救被拐卖、绑架的妇女、儿童的；

2．利用职务上的便利，向拐卖、绑架者或者收买者通风报信，妨碍解救工作正常进行的；

3．其他利用职务阻碍解救被拐卖、绑架的妇女、儿童应予追究刑事责任的情形。

**处罚：**

根据《刑法》第416条第一款的规定，犯阻碍解救被拐卖、绑架妇女、儿童罪的，处二年以上七年以下有期徒刑；情节较轻的，处二年以下有期徒刑或者拘役。

### 三十三、帮助犯罪分子逃避处罚罪

帮助犯罪分子逃避处罚罪是指有查禁犯罪活动职责的司法及公安、国家安全、海关、税务等国家机关工作人员，向犯罪分子通风报信、提供便利，帮助犯罪分子逃避处罚的行为。

**立案标准：**

根据《最高人民检察院关于渎职侵权犯罪案件立案标准的规定》，涉嫌下列情形之一的，应予立案：

1. 向犯罪分子泄漏有关部门查禁犯罪活动的部署、人员、措施、时间、地点等情况的；

2. 向犯罪分子提供钱物、交通工具、通讯设备、隐藏处所等便利条件的；

3. 向犯罪分子泄漏案情的；

4. 帮助、示意犯罪分子隐匿、毁灭、伪造证据，或者串供、翻供的；

5. 其他帮助犯罪分子逃避处罚应予追究刑事责任的情形。

**处罚：**

根据《刑法》第417条的规定，犯帮助犯罪分子逃避处罚罪的，处三年以下有期徒刑或者拘役；情节严重的，处三年以上十年以下有期徒刑。


### 三十四、招收公务员、学生徇私舞弊罪

招收公务员、学生徇私舞弊罪是指国家机关工作人员在招收公务员、省级以上教育行政部门组织招收的学生工作中徇私舞弊，情节严重的行为。

**立案标准：**

根据《最高人民检察院关于渎职侵权犯罪案件立案标准的规定》，涉嫌下列情形之一的，应予立案：

1. 徇私舞弊，利用职务便利，伪造、变造人事、户口档案、考试成绩或者其他影响招收工作的有关资料，或者明知是伪造、变造的上述材料而予以认可的；

2. 徇私舞弊，利用职务便利，帮助5名以上考生作弊的；

3. 徇私舞弊招收不合格的公务员、学生3人次以上的；

4. 因徇私舞弊招收不合格的公务员、学生，导致被排挤的合格人员或者其近亲属自杀、自残造成重伤、死亡，或者精神失常的；

5. 因徇私舞弊招收公务员、学生，导致该项招收工作重新进行的；

6. 其他情节严重的情形。

处罚：

根据《刑法》第418条的规定，犯招收公务员、学生徇私舞弊罪的，处三年以下有期徒刑或者拘役。

### 三十五、失职造成珍贵文物损毁、流失罪

失职造成珍贵文物损毁、流失罪是指文物行政部门、公安机关、工商行政管理部门、海关、城乡建设规划部门等国家机关工作人员严重不负责任，造成珍贵文物损毁或者流失，后果严重的行为。

**立案标准：**

根据《最高人民检察院关于渎职侵权犯罪案件立案标准的规定》，涉嫌下列情形之一的，应予立案：

1．导致国家一、二、三级珍贵文物损毁或者流失的；

2．导致全国重点文物保护单位或者省、自治区、直辖市级文物保护单位损毁的；

3．其他后果严重的情形。

**处罚：**

根据《刑法》第419条的规定，犯失职造成珍贵文物损毁、流失罪的，处三年以下有期徒刑或者拘役。

### 三十六、非法拘禁罪

非法拘禁罪是指以拘禁或者其他方法非法剥夺他人人身自由的行为。

**立案标准：**

根据《最高人民检察院关于渎职侵权犯罪案件立案标准的规定》，国家机关工作人员利用职权非法拘禁，涉嫌下列情形之一的，应予立案：

1．非法剥夺他人人身自由24小时以上的；

2．非法剥夺他人人身自由，并使用械具或者捆绑等恶劣手段，或者实施殴打、侮辱、虐待行为的；

3．非法拘禁，造成被拘禁人轻伤、重伤、死亡的；

4．非法拘禁，情节严重，导致被拘禁人自杀、自残造成重伤、死亡，或者精神失常的；

5．非法拘禁3人次以上的；

6．司法工作人员对明知是没有违法犯罪事实的人而非法拘禁的；

7．其他非法拘禁应予追究刑事责任的情形。

**处罚：**

根据《刑法》第238条的规定，犯非法拘禁罪的，处三年以下有期

徒刑、拘役、管制或者剥夺政治权利。具有殴打、侮辱情节的，从重处罚。

犯非法拘禁罪，致人重伤的，处三年以上十年以下有期徒刑；致人死亡的，处十年以上有期徒刑。使用暴力致人伤残、死亡的，依照《刑法》第234条、第232条规定的故意伤害罪、故意杀人罪定罪处罚。

为索取债务非法扣押、拘禁他人的，依照前两款的规定处罚。

国家机关工作人员利用职权犯非法拘禁罪的，依照前三款的规定从重处罚。

### 三十七、非法搜查罪

非法搜查罪是指非法搜查他人身体、住宅的行为。

**立案标准：**

根据《最高人民检察院关于渎职侵权犯罪案件立案标准的规定》，国家机关工作人员利用职权非法搜查，涉嫌下列情形之一的，应予立案：

1. 非法搜查他人身体、住宅，并实施殴打、侮辱等行为的；

2. 非法搜查，情节严重，导致被搜查人或者其近亲属自杀、自残造成重伤、死亡，或者精神失常的；

3. 非法搜查，造成财物严重损坏的；

4. 非法搜查3人（户）次以上的；

5. 司法工作人员对明知是与涉嫌犯罪无关的人身、住宅非法搜查的；

6. 其他非法搜查应予追究刑事责任的情形。

**处罚：**

根据《刑法》第245条的规定，犯非法搜查罪的，处三年以下有期徒刑或者拘役。

### 三十八、刑讯逼供罪

刑讯逼供罪是指司法工作人员对犯罪嫌疑人、被告人使用肉刑或者变相肉刑逼取口供的行为。

**立案标准：**

根据《最高人民检察院关于渎职侵权犯罪案件立案标准的规定》，涉嫌下列情形之一的，应予立案：

1. 以殴打、捆绑、违法使用械具等恶劣手段逼取口供的；

2. 以较长时间冻、饿、晒、烤等手段逼取口供，严重损害犯罪嫌疑人、被告人身体健康的；

3. 刑讯逼供造成犯罪嫌疑人、被告人轻伤、重伤、死亡的；

4．刑讯逼供，情节严重，导致犯罪嫌疑人、被告人自杀、自残造成重伤、死亡，或者精神失常的；

5．刑讯逼供，造成错案的；

6．刑讯逼供 3 人次以上的；

7．纵容、授意、指使、强迫他人刑讯逼供，具有上述情形之一的；

8．其他刑讯逼供应予追究刑事责任的情形。

**处罚：**

根据《刑法》第 247 条的规定，犯刑事逼供罪的，处三年以下有期徒刑或者拘役。致人伤残、死亡的，依照《刑法》第 234 条、第 232 条规定的故意伤害罪、故意杀人罪定罪从重处罚。

### 三十九、暴力取证罪

暴力取证罪是指司法工作人员以暴力逼取证人证言的行为。

**立案标准：**

根据《最高人民检察院关于渎职侵权犯罪案件立案标准的规定》，涉嫌下列情形之一的，应予立案：

1．以殴打、捆绑、违法使用械具等恶劣手段逼取证人证言的；

2．暴力取证造成证人轻伤、重伤、死亡的；

3．暴力取证，情节严重，导致证人自杀、自残造成重伤、死亡，或者精神失常的；

4．暴力取证，造成错案的；

5．暴力取证 3 人次以上的；

6．纵容、授意、指使、强迫他人暴力取证，具有上述情形之一的；

7．其他暴力取证应予追究刑事责任的情形。

**处罚：**

根据《刑法》第 247 条的规定，犯暴力取证罪的，处三年以下有期徒刑或者拘役。致人伤残、死亡的，依照《刑法》第 234 条、第 232 条规定的故意伤害罪、故意杀人罪定罪从重处罚。

### 四十、虐待被监管人罪

虐待被监管人罪是指监狱、拘留所、看守所、拘役所、劳教所等监管机构的监管人员对被监管人进行殴打或者体罚虐待，情节严重的行为。

**立案标准：**

根据《最高人民检察院关于渎职侵权犯罪案件立案标准的规定》，涉嫌下列情形之一的，应予立案：

1. 以殴打、捆绑、违法使用械具等恶劣手段虐待被监管人的；

2. 以较长时间冻、饿、晒、烤等手段虐待被监管人，严重损害其身体健康的；

3. 虐待造成被监管人轻伤、重伤、死亡的；

4. 虐待被监管人，情节严重，导致被监管人自杀、自残造成重伤、死亡，或者精神失常的；

5. 殴打或者体罚虐待 3 人次以上的；

6. 指使被监管人殴打、体罚虐待其他被监管人，具有上述情形之一的；

7. 其他情节严重的情形。

**处罚：**

根据《刑法》第 248 条的规定，犯虐待被监管人罪的，处三年以下有期徒刑或者拘役；情节特别严重的，处三年以上十年以下有期徒刑。致人伤残、死亡的，依照《刑法》第 234 条、第 232 条规定的故意伤害罪、故意杀人罪定罪从重处罚。

监管人员指使被监管人殴打或者体罚虐待其他被监管人的依照前款的规定处罚。


## 四十一、报复陷害罪

报复陷害罪是指国家机关工作人员滥用职权、假公济私，对控告人、申诉人、批评人、举报人实行打击报复、陷害的行为。

**立案标准：**

根据《最高人民检察院关于渎职侵权犯罪案件立案标准的规定》，涉嫌下列情形之一的，应予立案：

1. 报复陷害，情节严重，导致控告人、申诉人、批评人、举报人或者其近亲属自杀、自残造成重伤、死亡，或者精神失常的；

2. 致使控告人、申诉人、批评人、举报人或者其近亲属的其他合法权利受到严重损害的；

3. 其他报复陷害应予追究刑事责任的情形。

**处罚：**

根据《刑法》第 254 条的规定，犯报复陷害罪的，处二年以下有期徒刑或者拘役；情节严重的，处二年以上七年以下有期徒刑。


## 四十二、破坏选举罪

破坏选举罪是指在选举各级人民代表大会代表和国家机关领导人员

时，以暴力、威胁、欺骗、贿赂、伪造选举文件、虚报选举票数或者编造选举结果等手段破坏选举或者妨害选民和代表自由行使选举权和被选举权，情节严重的行为。

**立案标准：**

根据《最高人民检察院关于渎职侵权犯罪案件立案标准的规定》，国家机关工作人员利用职权破坏选举，涉嫌下列情形之一的，应予立案：

1．以暴力、威胁、欺骗、贿赂等手段，妨害选民、各级人民代表大会代表自由行使选举权和被选举权，致使选举无法正常进行，或者选举无效，或者选举结果不真实的；

2．以暴力破坏选举场所或者选举设备，致使选举无法正常进行的；

3．伪造选民证、选票等选举文件，虚报选举票数，产生不真实的选举结果或者强行宣布合法选举无效、非法选举有效的；

4．聚众冲击选举场所或者故意扰乱选举场所秩序，使选举工作无法进行的；

5．其他情节严重的情形。

**处罚：**

根据《刑法》第256条的规定，犯破坏选举罪的，处三年以下有期徒刑、拘役或者剥夺政治权利。

## 【贪渎档案】

### 玩忽职守毁能源

2008年4至2009年11月，最高人民检察院部署开展了深入查办危害能源资源和生态环境渎职犯罪的专项工作。专项工作中，由河南省平顶山市检察院领办、卫东区检察院查办的平顶山市国土资源局卫东分局曹某、许某玩忽职守导致国有土地非法改变用途，造成1400余万元国有土地出让金流失一案，被最高人民检察院确定为全国十大危害能源资源和生态环境典型案例。

曹、许二人在土地巡查过程中，发现平顶山市某房地产公司擅自改变土地用途进行商品房开发，未及时制止并下达《责令停止土地违法行为通知书》，且未及时查明非法买卖土地的事实真相，最终导致国有土地非法改变用途，造成1400余万元土地出让金流失。

曹某、许某被平顶山市检察机关以玩忽职守罪立案侦查，法院已对二人作出有罪判决，1400余万元损失被检察机关全部追回。

### 超期羁押亦渎职

#### 之一：全国首例公安人员因超期羁押而犯罪的案件

2003年3月，河南省平顶山市郏县发生一起炸药、雷管盗窃案，郏县公安局将村民赵某列为重点嫌疑对象。3月21日晚，郏县公安局刑侦七中队中队长叶某等人将赵某带回公安局讯问，并于次日对其办理了留置48小时的法律手续，后在一直未办理其他法律手续的情况下，将赵某关押到3月27日才释放。

叶某被平顶山市检察机关以非法拘禁罪立案侦查，起诉后法院对其作出有罪判决。

据平顶山市人民检察院检察长段玉良介绍，这是全国检察机关中办理的首例公安人员因超期羁押而犯罪的案件。

## 之二：打响"打击国家机关工作人员利用职权侵犯人权犯罪专项活动"第一枪

2005年7月，河南省平顶山市检察机关办理了"全国打击国家机关工作人员利用职权侵犯人权犯罪专项活动"开展后的第一起案件。

2005年4月6日中午12时许，鲁山县计生干部王某带领数名工作人员，以农民赵大轩夫妇违反计划生育政策为由，将赵带至张官营乡计划生育服务中心，并限制其人身自由。赵大轩在被限制人身自由的近8天时间内，一共只吃过两袋方便面和6个馒头，被关押至第八天时因饥饿难耐，从该中心办公楼二楼跳下，致其右腿胫骨骨折，后经法医鉴定为轻伤。

检察机关立案侦查后，王某闻风而逃。平顶山市检察院反渎职侵权局会同鲁山县检察院多次对其实施抓捕行动。2005年6月10日，王某被抓捕归案。案件起诉后，王某被判处管制二年。

《检察日报》以头版头条报道，称此案为平顶山市检察机关在全国打响了"打击国家机关工作人员利用职权侵犯人权犯罪专项活动"的第一枪。

## 传染病防治失职

2008年11月5日，河南省平顶山市叶县辛店乡田寨小帅才幼儿园6名幼儿出现了恶心、呕吐等症状，经辛店乡卫生院诊断为甲肝。时任叶县辛店乡防保组组长的赵春善和叶县疾控中心学卫科科长的被告人张世周，不认真履行自己的传染病防治监管职责，在明知发生甲肝疫情的情况下，不及时上报，导致疫情流行，至2008年12月30日上报疫情时，已有36名幼儿被传染甲肝，在当地引起恐慌，造成直接经济损失30万元，间接经济损失120万元。

赵春善、张世周被叶县检察院以涉嫌传染病防治失职罪立案侦查，起诉后法院对二人作出了有罪判决。

据平顶山市检察院常务副检察长许晓伟介绍，该起案件是2006年新修订的《最高人民检察院关于渎职侵权犯罪案件立案标准的规定》颁布实施以后平顶山市检察机关查办的第一起传染病防治失职案件，被最高人民检察院确定为新罪名典型案件。

# "黑老大"引爆青岛警界地震

青岛"黑老大"聂磊被抓，导致青岛市的两名公安分局局长落马。逐步披露的内幕让人震惊：聂磊挑选公安系统内"能力和上进心较强，但自身尚无靠山的普通警员"，动用人脉及金钱为其铺平晋升之路，一旦被提拔、重用，这些受益警员会加倍回馈。

虽然以聂磊为首的重大涉嫌黑社会性质犯罪组织已被摧毁，但青岛的打黑大戏似乎远未拉上帷幕。

2011年9月29日，山东省青岛市市北区公安分局局长于国铭和李沧区公安分局局长冯越欣在全市公安局局长办公会议上被纪检人员当场带走。

2011年10月21日，经青岛警方证实，上述两名落马的公安局长为以聂磊为首的重大涉嫌黑社会性质犯罪组织充当"保护伞"，违法违纪；其涉嫌犯罪问题，有关部门正在依法调查处理。

其实，早在一年前，这场极大冲击青岛警界的"地震"就已有震前迹象。

据青岛警方2011年10月21日发布的通报，2010年6月（应为"9月"——笔者注），经一年多深入调查和缜密侦查，以聂磊为首的重大涉嫌黑社会性质犯罪组织终被摧毁。随着盘踞青岛多年的这颗"毒瘤"被铲除，其复杂的利益关系网逐步呈现，长期为其充当"保护伞"的公安干警逐一落马。他们中有刑警、特警、看守所民警，甚至有曾经的"青岛市十大杰出青年"。经青岛警方证实，涉案的警员多达14名，令人痛惜。

### 涉黑十余年 无任何案底

相当长一段时间内，在青岛街头不务正业的年轻人常以身为"聂磊小弟"为荣。

聂磊是谁？

生于1967年的聂磊是青岛当地人，初中文化程度，化名张泷、王鑫。一位曾与其一起吃过饭的私营企业主向记者形容其人："戴眼镜，长相斯文，举手投足很有大哥风范。"

就是这位"大哥"，却有一段不大光彩的青春岁月。笔者辗转获得的起诉书显示，1983年9月，聂磊因抢劫罪被青岛市市北区人民法院判处有期徒刑6年，1985年被改判拘役6个月；1986年7月，因斗殴被青岛市劳动教养管理委员会劳教3年；1992年8月，因抢劫罪被青岛市中级人民法院判处有期徒刑6年。

起诉书称，1995年后，聂磊拉拢狱友、邻居、亲属等，成立多家房地产公司，同时在青岛市中山路、南京路等地段开办多家游戏场所，由此聚敛了大量财富，并开始经营自己的组织，对外统称"聂磊公司"。

从 2000 年起，该组织逐渐向赌博、色情等灰色行业渗透，资产渐趋庞大，其势力范围甚至扩张到海外。记者了解到，聂磊在东南亚也有自己的赌场。

在 2010 年被捕前的 10 年，堪称聂磊的"黄金时代"。"聂磊"这个名字在青岛当地几乎无人不晓，这副隐秘面孔常常成为街谈巷议的焦点。

起诉书显示，10 年间，该组织成立了全濠实业有限公司，继续通过房地产开发攫取财富；开设"新艺城夜总会"，组织妇女卖淫；开设地下赌场牟取暴利；成立暴力犯罪团伙，为组织活动提供暴力保护。

据一知情者讲述，聂磊的公司组织严密，层级清晰，他本人喜欢仗义疏财，常以房产、赌场股份、名车等笼络人心。该知情者称，一次聂磊的公司需要招聘一名"可靠"的会计，会计到位后，聂磊叮嘱手下立马为其配一辆奥迪 A6 轿车，"他觉得自己的公司就应该需要这个"。

直至 2010 年的"3.27"之夜，聂磊多年的叱咤风云由此落幕。

2010 年 6 月 23 日，公安部发布的关于聂磊的 B 级通缉令上，这样描述简要案情："2010 年 3 月 27 日，犯罪嫌疑人聂磊指使多名犯罪嫌疑人持械窜至山东省青岛市颐中皇冠假日大酒店夜总会打伤员工多人，并损坏物品若干。"

青岛的一家都市报记录了如下血腥场景："3 月 27 日凌晨 1 时许，在香港中路颐中皇冠假日酒店三楼的夜总会内，服务经理孙先生正在门口巡视时，突然冲进来 20 多名拿着刀具的男子，得知孙先生是负责人后就是一阵猛砍，孙先生身中 8 刀，其右手食指和中指当场被砍断。在 401 医院，经过 8 个小时的手术，孙先生才逐渐苏醒过来，对于被砍伤的原因，他表示并不清楚。"

而该暴力事件实则缘于新艺城夜总会和被砸的雾之花夜总会之间的纠葛——前者，是聂磊的产业。

起诉书显示，3 月 27 日零时许，高某组织新艺城夜总会 4 名女青年到颐中皇冠假日酒店卖淫，与该酒店内雾之花夜总会的保安发生争执并厮打。后新艺城夜总会总经理助理蔡某将此事告知聂磊组织骨干李某，李某则让蔡某汇报给聂磊或另一骨干任某。蔡某未联系上聂磊，遂找到任某，任某通过手下纠集了数十人前往酒店，于是出现了上述一幕。

案发后，聂磊出资给任某及其他参与者，供其逃跑、藏匿，以逃避公安机关侦查。

显然，这一事件让青岛颇为尴尬。3 月 27 日至 28 日，正值国际游泳联合会举办的李宁国际跳水系列赛在青岛举行，前来参赛的 70 余名跳水运动员来自 15 个国家（地区），均被安排在颐中皇冠假日酒店下榻。

媒体报道称，这项比赛是青岛继2008年北京夏季奥运会帆船比赛后，迎来的又一国际A级大赛。

而就在暴力事件发生的几个小时前，3月26日晚，青岛官方刚刚在该酒店宴请了国内外参赛运动员及众多来宾。

一位当地公检法系统的工作人员称，这一事件更坚定了青岛官方彻底打击聂磊团伙的决心。2010年9月7日，青岛市公安局发布消息，按照公安部、山东省公安厅的部署，青岛警方一举摧毁了以聂磊为首的涉嫌黑社会性质犯罪组织，首犯聂磊及130余名成员已归案。

经侦查，该犯罪组织涉嫌组织、领导、参加黑社会组织罪，故意伤害罪，组织卖淫罪，开设赌场罪，非法买卖枪支罪，非法持有枪支、弹药罪，贩卖毒品罪，寻衅滋事罪等20余项罪名。

令人意外的是，这样一个非法敛财、为所欲为的涉黑组织头目，10多年来竟无任何案底。由此，该团伙与一些警员相互勾结的问题逐渐浮出水面。

### 110对讲机被带进匪车

在青岛当地，聂磊人脉甚广的传闻由来已久。

据上述工作人员透露，从2000年起，在长达10年的时间里，聂磊在青岛非法经营的一家无名赌场曾因"风声紧"先后在市区内换过十余个地点，但每次都安然无恙，不能不让人佩服聂磊的"巨大能量"。

王晓青，青岛市公安局特警支队一大队原副大队长，14名被查处的民警之一。其与聂磊关系非同一般，一个可以佐证二者关系的鲜明例证是，聂磊手下骨干外出"办事"时，常会叫上王晓青。这名特警支队副大队长每次必携带110对讲机——于是，聂磊团伙的成员在案发现场便可随时听到警员调度信息和出警时间，便于及时抽身。

14名涉案民警均在不同程度上给予了聂磊类似的实质性帮助，而聂磊的回报也相当慷慨，成堆的名烟、名酒甚至房产均不在话下。

与警员的这种关系正是聂磊多年苦心"经营"的结果。据知情者透露，聂磊所扶持的对象一般都是"能力和上进心较强，但自身尚无靠山的普通警员"。通常，他会动用人脉及金钱为其铺平晋升之路，而一旦被提拔、重用，这些受益警员便会加倍回馈。

荒谬的是，在青岛警界，聂磊甚至有着"地下组织部长"的"头衔"。据记者了解，青岛某警员曾经由科级晋升到处级的价码是30万元，这笔钱全部由聂磊"埋单"。而该警员之所以得以顺利晋升，就是因其辖区内有众多夜总会、酒吧。不到一年，聂磊的这笔"投入"即可全部收回。

"这好比一个怪圈，一旦踏进去，就被它绑架了。"上述知情者称。

无疑，案发前曾任青岛市公安局团委书记的陈鹏也是被"绑架"的一员。

生于 1971 年的陈鹏曾在 2003 年荣获"青岛市十大杰出青年"称号。如今，在网上依然可以查到当年的颁奖词："陈鹏不畏艰险，勤奋工作，凭借一名优秀侦查员超人的胆略和过人的智慧，先后参与了上百起重大、特大刑事案件的侦破，特别是在侦破'7.29'特大抢劫杀人案等 60 余起性质恶劣、影响巨大的恶性、疑难案件中，处处冲锋在前，发挥了关键作用，获得上级领导和同志们的一致赞扬，该同志屡获嘉奖，并两次被省公安厅记个人二等功。"

在不同场合，谈起这位政治前途极为看好的青岛市公安局最年轻的处级干部，不少人为之惋惜。

聂磊涉黑案所带来的震荡远不止于此，经笔者多方证实，即便在案件侦办过程中，青岛市人民检察院一名办案人员同样因涉案落马。

在 2011 年 10 月 21 日的官方通报中，青岛市公安机关将侦破聂磊涉黑案件称为"青岛市打黑除恶工作的'阶段性成果'"。

## 黑恶势力保护伞

河南省汝州市以唐某为首的黑社会性质组织长期横行乡里，无恶不作，引起了各级领导的高度重视，中央领导亲笔批示要迅速侦破此案，从严惩处；河南省政法委把该案作为当年督办的第一起"打黑"案件。

时任汝州市公安局刑侦副局长的韩某为唐某通风报信，使唐某及团伙其他主要骨干闻风而逃，给抓捕工作带来极大困难。

2000 年 1 月 4 日，唐某在郑州被抓获。2001 年 6 月 1 日，唐某一审被判处死刑，9 月 13 日被执行枪决。

2001 年 5 月 20 日，平顶山市检察院对韩某以涉嫌帮助犯罪分子逃避惩罚立案侦查并提起公诉。2001 年 5 月 22 日，法院判处韩某有期徒刑 3 年。

## 林业厅长忙毁林

2010 年 2 月 8 日，最高人民检察院公布了中国十大危害能源资源和生态环境典型案例，其中，位居榜首者便是贵州省林业厅原厅长张锦林违法发放林木采伐许可证、受贿、巨额财产来源不明案。

2006 年 5 月，几位北京来客在贵阳转了几天后，决定在离贵阳约 40 分钟路程的云关山省级森林公园，建一批林中别墅。

云关山森林公园大部分林木都已有上百年历史。尤其是其中的"树木园"内，更是种植保存了 400 余种珍贵树种，是全国青少年科技教育基地和全国科普教育基地，内有国家一级保护植物、二级保护植物 25 种，还有贵州省马尾松良种基地、森林昆虫标本馆，其性质是科研用地、特种用途林。所以，园内是决不允许毁林建别墅的。

可这次要来这林中造别墅的不是别人，他是曾经于 1994 至 1996 年，连续 3 年入选美国《福布斯》杂志中国大陆富豪排行榜，被称为中国亿万富翁的罗忠福。罗忠福是中国靠投资房地产业最先致富的那批人之一。不过在暴富后没多久，罗忠福就因违法经营而负债累累了。

最后，罗忠福终于在珠海待不下去了。就打着那个《福布斯》富豪排行榜和珠海政协副主席的牌子，用那所谓"福海集团"的注册执照，到天津、北京到处设套骗人。

有则报道这样描写罗忠福的骗术——"罗忠福套人的手段基本雷同——玩'空手道'。他总是不断地跟人签合作协议，但每次签协议他都不会出一分钱，而是下套让对方出资，钱到手后，他就扔下对方不管了。等对方发现受骗后，只能到法院起诉、打官司。在北京、天津等地，罗忠福的生意就是不停地签协议，不停地打官司，而且他从来就没打赢过官司。但他不怕打官司，因为打官司的人即使打赢了官司也休想从他这里拿走一分钱。"

那么，罗忠福从北京来到贵阳，又是怎样把一个专家学者型的林业厅长和林科院长骗得晕头转向的呢？

张锦林并非平庸之辈。20 世纪 60 年代就读于北京大学林学系的张锦林，要理论有理论，要实践有实践，脑瓜灵活办法多，是个专家学者型的贪官。

其实，罗忠福并没有直接下套套张锦林，而是先把张锦林下边的一个林科院套进去了。

罗忠福还是打着他到处行骗的那两张牌子；套法也是老生常谈——在全国兴建 100 个连锁经营制的"福海生态园度假村"，第一个度假村就选建在贵阳云关山森林公园内。贵州省林科院和罗忠福达成协议，双方约定：由林科院提供云关山森林公园 2000 亩旅游森林用地，福海公司投资 3.2 亿元，，修建 1200 套组装式度假别墅。其中让林科院死心塌地为罗忠福效力的是这样一条：土地和林地的权属不变，福海公司每组装好一套度假别墅，就付给林科院两万元。之后的经营收益，林科院还永远享有 15%的利润回报。这样算来，罗中福的 1200 套别墅一完工，林科院就可以一次性获得 2400 万元的巨大经济利益，且还有以后每年约 30 万元的收益回报，这不就等于林科院的职工一下子就富起来了？

但是，在接下来的商谈中，协商开始由热转凉了。因为，罗中福选定造别墅的这 2000 亩林地，恰恰就在云关山森林公园的核心景区——

"树木园"。按规定，这样的项目显然是不能获得上级相关部门的批准的。

这时，林科院院长于曙明等也打算知难而退了，没想到罗忠福却语出惊人："手续没问题，在北京我们的项目都可以上，贵阳更没问题。而且，我们有很多关系，已经充分了解过，不能办手续我是不会投钱的。"罗忠福一句话，又鼓起了于曙明院长的信心，就说，那希望你尽快把手续办下来。其实，罗忠福哪有什么办法办手续？他所有的，从来就是给人出违法犯罪的点子，他对于曙明院长说，其实用不着跑国务院，很简单，项目是死的，人是活的，你们想想，你们可以批得下来的东西是什么？按照你们能够批得下的项目报个项目不就得了！

于曙明也是个学者专家型的院长，脑瓜子好用，经罗忠福这么一提醒，他立即想到了一个主意，那就是：若由省林科院出面办理这 2000亩林地手续很麻烦，但如果交给林科院下属的绿源公司经营的话，就可以免去一些相关手续。就这样，他们坐在院长办公室里，几杯茶，几支烟，就想出了一个妙招，把建别墅改成建"科普教育生态旅游区"，为罗忠福的"福海生态园项目"披上了合法外衣。

2006 年 6 月 23 日，省林业厅接到了林科院要在云关山森林公园建"科普教育生态旅游区"的书面报告。张锦林对于曙明历来十分信任，也就很快在报告上做出批复：同意该项目。并向省发改委发函，省发改委也很快复函林业厅："建设单位应在落实规划、环保、土地预审等相关手续后报省发改委核准，项目才能正式立项。"

但是，罗忠福却迫不及待了。

2006 年 9 月 3 日，罗忠福在什么手续也没获准的情况下便急急上阵了，亲自指挥，带人进入树木园，一台台电锯锯向一棵棵参天大树，一棵棵大树轰然倒下，然后又压断了周围的一片小树林，4 台挖掘机开足了马力，昼夜不停地推土、挖方，一车车水泥也拖了进来，绿色的林地中平出了一片片水泥地基。随着一棵棵树木的倒下，先前藤萝缠绕的林地被深深地划开一道口子，变成了车辆往来的上山公路。而本当是护林植林的林科院，则变成了积极为罗忠福砍林伐木负责提供水、电、员工等的后勤部队。

由于群众纷纷向有关部门举报，惊醒了厅长张锦林，才让于曙明如实招来。张锦林一听，这怎么行？这要砍多少树，毁多少地？这是为了一时的小集体利益而置子孙万代生存家园于不顾的蠢事，这是要犯罪的呀！

"但现在已是骑虎难下了，我们已和罗忠福的'福海公司'签订了合同协议，如果我们单方终止合同，要倒赔他几千万。咋办？"

"这……"张锦林也感到事情棘手，但不管怎样，张锦林还是以林业厅的名义向省林科院和福海公司下达了停工通知。

可是，省林科院却来了个真假两手抓：假的方面，先后 8 次向福海公司下达停工通知；真的方面，积极配合福海公司施工。有了林科院的有力支持，罗忠福更是加快了砍树的进程，更要在林区修一条连接别墅之间和整个林区里的所谓"观光游览"的园区道路。

于曙明想了一个主意，以修建林区防火通道的名义，向上打了报告。

而张锦林真正的犯罪也是从这里开始的。他明知根本不需要新辟防火通道，但还是同意了于曙明的做法，说"要给他们擦屁股"。

在张锦林厅长权力和"擦屁股"思想的指导下，林业厅各领导和处室很快统一了思想，于 2006 年 11 月 1 日，作出批复，内容为同意林科院在修防火通道中，2006 年木材采伐 4.987 公顷，采伐蓄积 3390 立方米，出材量 2390 立方米。

后于曙明又按罗忠福建别墅的要求，把"防火通道"加宽到了 6 至 7 米。

这期间，虽然相关部门也先后 10 余次给罗忠福下达书面停工通知，但福海公司依然我行我素。

2007 年 10 月，老百姓的举报之声终于迎来了希望。

10 月的一天，贵阳市市长现场调查后，明确指出其是一个"典型的破坏生态环境的违规违纪项目"，要求严肃查处。随即，贵阳市成立了专案组调查此案。

2007 年 12 月 13 日，罗忠福因涉嫌非法占用农用地、滥伐林木罪被警方刑事拘留。接着，林科院院长于曙明也因涉嫌同样的罪名被刑事拘留。

2008 年 2 月，贵州省人民检察院成立专案组对张锦林涉嫌违法发放林木采伐许可证一案进行立案调查。

张锦林为什么要给林科院"擦屁股"？原来，张锦林和一名黄姓女子来往密切，为她办的好多事，都是通过林科院办成的。黄姓女子投桃报李，前前后后共 11 次送给张锦林人民币、名表等，共计 68 万余元。

2009 年 9 月 28 日，贵阳市中级人民法院以张锦林犯受贿罪、违法发放林木采伐许可证罪和巨额财产来源不明罪，数罪并罚，判处张锦林有期徒刑 13 年，并处没收个人财产 50 万元，对其受贿赃款 87.59 万余元，以及来源不明的巨额财产 86.29 万元全部予以没收，上缴国库。

**【教授点评】**

美国当代著名法学家 E.博登海默说过："法律是人类最伟大的发明，因为别的发明使人类学会了驾驭自然，而惟有法律让人类学会了如何驾驭自己。"《刑法》对于职务犯罪的处罚正是对权力进行驾驭的规则。人的行为需要法律的规范，权力的行使更需要节制。"渎职侵权犯罪"与贪污贿赂犯罪相比，犯罪嫌疑人并没有把钱装进自己的腰包，因此俗称"不揣腰包的腐败"。但比起人们深恶痛绝的官员贪污，国家机关工作人员玩忽职守、滥用职权、徇私舞弊以及利用职权侵犯公民人身权利和民主权利的造成的损失更大。

渎职罪，是指国家机关工作人员利用职务上的便利徇私舞弊、滥用职权、玩忽职守，妨害国家机关的正常活动，损害公众对国家机关工作人员职务活动客观公正性的信赖，致使国家与人民利益遭受重大损失的行为。《刑法》列出渎职罪，是为了保护国家机关的正常活动，以及公众对国家机关工作人员职务活动客观公正性的信赖。国家机关的正常活动与公众对国家机关工作人员职务活动客观公正性的信赖密切关联。

在我国《刑法》第九章中，用了23条规定了有关渎职罪的34个罪名，包括：滥用职权罪；玩忽职守罪；枉法追诉裁判罪；私放在押人员罪；国家工作人员签订、履行合同被骗罪等；国家机关工作人员利用职权实施的侵犯公民人身权利、民主权利的犯罪有七项：1.非法拘禁罪；2.非法搜查罪；3.刑讯逼供罪；4.暴力取证罪；5.虐待被监管人罪；6.报复陷害罪；7.破坏选举罪。

贪渎档案中平顶山市国土资源局卫东分局曹某、许某玩忽职守案，被最高人民检察院确定为全国十大危害能源资源和生态环境典型案例，其中玩忽职守罪即是渎职罪的一种。该罪与滥用职权罪相比，在行为内容上多数情况下为积极的作为方式，多为故意的罪过。另一中国十大危害能源资源和生态环境典型案例之贵州省林业厅原厅长张锦林违法发放林木采伐许可证、受贿、巨额财产来源不明案中的违法发放林木采伐许可证罪亦为渎职罪名，该罪的主体为特殊主体，即"林业主管部门的工作人员"，其超过批准的年采伐限额发放林木采伐许可证情节严重，致使森林遭到严重破坏的，即构成本罪。被最高人民检察院确定为新罪名典型案件的赵春善、张世周传染病防治失职案，时任叶县辛店乡防保组组长的赵春善和叶县疾控中心学卫科长的被告人张世周，不认真履行自己的传染病防治监管职责，在明知发生甲肝疫情的情况下，不及时上报，导致疫情流行，在当地引起恐慌，造成直接经济损失30万元，间接经济损失120万元，其行为已构成《刑法》第409条规定的传染病防治失职罪，属于特定国家机关工作人员的渎职罪。

国家机关工作人员侵犯公民人身权利、民主权利的犯罪，造成的影响要比一般的普通刑事案件更大。作为国家机关工作人员，应该规范地执行国家法律，保护和尊重人权。如果国家机关工作人员利用职权侵犯了人权，构成了犯罪，那要比一般的刑事犯罪影响更加恶劣。普通公民、甚至犯罪嫌疑人，相较于掌握着行政权力的国家机关工作人员而言，是弱势群体，如果权力不能得到有效的控制，那么将给相对人带来难以弥补的损失。任何人的人身权利、民主权利都是应当得到尊重和保护的，任何犯罪行为都将通过公正的审判得到惩处。

随着赵作海冤案和大学生孙志刚事件等案件曝光在公众视野中，公民的人身权利和民主权利越来越成为大家关注的焦点。实体正义与程序正义历来是大家讨论的焦点，如果只关注实体正义、轻视程序规范，那么必然造成公民的正当权益被侵犯，国家机关工作人员的行为失去制约，人权受到践踏。现实社会的发展对反渎职侵权工作提出了更新更高的要求，我们应该依托相关行政、司法机关和新闻媒体的多方资源，凝聚各方力量，开展法制宣传教育活动，提高国家机关工作人员和社会公众对渎职侵权犯罪的严重性和反渎职侵权工作的重要性、必要性的认识，进一步动员全社会的力量，共同惩治和预防渎职侵权犯罪。

# 第五章 贪官落马百姓喜 邪气消沉正气隆

## ——反腐策略论

### 职务犯罪巧预防

遏制和减少职务犯罪，打击是治标之举，预防才是治本之策。职务犯罪是腐败最严重的表现，开展预防职务犯罪对于反腐败、维护党的威信，巩固国家政权，维护政治、经济、文化和人民生活各个领域的正常秩序具有重要意义。

预防职务犯罪，需要党委的领导、政府的支持，需要职能部门主力军作用的发挥，需要各个部门及全社会的积极参与。因此，我们应建立党委领导、政府支持、检察机关在其中充分发挥职能作用、社会各部门及人人都来参与的社会化预防职务犯罪格局。具体来讲即是：

#### 一、党委和政府重视

党和国家反腐败的态度是明朗的，决心是坚定的，并成立了相应的机构。所以，地方各级党委和政府应坚决拥护和执行党中央的决策，将反腐败和领导、支持查处和预防职务犯罪工作列入重要议事日程，常抓不懈。党委领导主要是政治领导、组织领导，建立本辖区预防职务犯罪的领导机构，确保辖区内职务犯罪预防工作在党委的领导下统一有序进行，形成预防合力，打造整体预防效果。政府支持主要是从人力和财力两方面对职务犯罪预防工作给予支持。从人力方面协同和配合党委选配好职务犯罪预防工作干部，为职务犯罪预防工作提供好的人力资源和坚实的人力保障；从财力方面主要是对职务犯罪预防工作给予必要的财力倾斜和支持，保障职务犯罪预防工作正常开展所需必要经费。在职务犯罪预防工作开展过程中，没有党委的领导，将会迷失方向，缺乏力度；没有政府的支持，将会失去支撑，缺乏保障。总之，没有党委和政府重视，职务犯罪预防工作将成无源之水、无本之木。

## 二、检察机关充分发挥职能作用

检察机关要充分发挥职能作用，必须树立大预防意识，力戒单兵作战和点面脱离。检察机关也只有树立大预防意识，各业务部门协同配合作战，点面结合，以点带面，才能在职务犯罪预防工作中充分发挥职能作用，取得预期实效。这里的"树立大预防意识"包括三层含义：

### （一）检察机关内部应树立大预防意识

检察机关内部要认识到预防工作是各个检察业务部门的事，而不仅仅是预防部门一个部门的事。所以，实际工作中，各检察业务部门都应结合办案，结合自身业务开展职务犯罪预防工作，预防部门应主动和其他检察业务部门加强联系、沟通和配合，充分运用和发挥自身职能优势，切实把预防工作做实、做好。其实，查办案件也是犯罪预防，它是刑罚功能的具体体现，即对犯罪人的特殊预防和对犯罪人以外的其他人的一般预防，但查办案件往往偏重于特殊预防。这就需要我们预防部门基于自身职能综合运用宣传、教育、调研、提检察建议等多种形式充分发挥刑罚的一般预防功能，确保一般预防实效，从而确保充分发挥刑罚功能的整体效能，以形成预防合力，确保预防效果。职务犯罪预防工作应是查办案件和宣传教育、提检察建议的有机统一，离开查案工作，单纯去谈犯罪预防，那么，我们的预防工作将缺乏后盾和必要的支撑，从而显得苍白无力；离开宣传教育、提检察建议工作，单纯去查案，那么，我们的预防工作将不完整，从而很难取得完整的、理想的预防效果，很难达到从源头上预防和治理腐败的目标。

### （二）点面结合，以点带面

职务犯罪预防部门应树立大预防意识，要点面结合，以点带面。我们的预防工作对象是所有的职务犯罪，是各行各业各个部门里的职务犯罪，它涉及所有的国家工作人员，所以，搞职务犯罪预防不能仅仅局限于某个点，某个行业、领域，或某个部门，应面对各行各业，各个领域，所有的国家工作人员。当然，在我们预防工作的初级阶段，可根据实际情况在某个行业、领域，或某几个行业、领域，搞试点、针对职务犯罪易发、多发单位、部位、环节，搞重点预防，但搞试点、搞重点预防应在确保预防效果的前提下立足于总结经验，达到向面上推广，向各行各业拓展，最终达到全面预防的目的。

### （三）预防职务犯罪，大家来参与

通过检察机关卓有成效的工作，教育、引导全社会、各行各业、各个单位都来参与预防工作，从而形成预防职务犯罪大家来参与的理想局面。如果大家都来参与职务犯罪预防工作，人人都有预防意识，各单位都有预防意识，都主动加强自身修养，加强单位内部教育和管理，建章立制、堵塞漏洞，那么，预防职务犯罪的工作将会取得事半功倍的效果，从源头上治理腐败的目标也将得到全面实现。

### 三、社会各部门和每个公民的积极参与和配合

#### （一）社会各部门的积极参与和配合

各种职务犯罪具体发生在社会各个部门或领域，各有其发案特点和规律，与社会各部门、领域规章制度的健全、完备程度，监督管理情况密切相关。所以，预防职务犯罪单靠检察机关而缺乏相应部门的积极参与和配合，就会显得单薄无力，很难取得实效。举个简单例子，检察机关在查处某单位某人职务犯罪的过程中，发现该职务犯罪是由于该单位缺乏有效的监督管理造成的，遂发检察建议，建议该单位建章立制，堵塞漏洞，加强监督管理。此时，如果该单位不采纳检察机关的建议，仍然我行我素，则类似的职务犯罪还可能会发生，检察机关也只能通过查处再度发生的类似职务犯罪达到特殊预防的目的，而从源头上预防职务犯罪的功效则显得十分微弱。反之，如果该单位从中吸取经验教训，及时认真采纳检察机关建议，建章立制，堵塞漏洞，加强监督管理，结合本单位已发生的职务犯罪对本单位工作人员进行教育，使他们警钟长鸣，不想、不敢、不能为职务犯罪，则刑罚功能的特殊预防和一般预防功能都能达到，从源头上预防和治理腐败的目标才能实现。对某个具体单位来说，预防职务犯罪，检察机关是外因，该单位是内因，内因不起作用，外因再努力也收效很小，作用不大，最终达不到从源头上预防和治理腐败的目的。所以，预防职务犯罪要想取得实效，最终达到从源头上预防和治理的目标，非有社会各个部门、各行各业的积极参与和配合不行，也只有如此，才能形成整体预防合力，达到最佳预防效果，取得明显预防成效。

基于此，社会各部门都应树立职务犯罪预防意识，在各级党委的领导下，在主动做好自身预防工作的同时，积极配合好检察机关的工作，对检察机关的职务犯罪预防工作给予大力支持和帮助，为共同做好职务犯罪预防工作建言献策，为职务犯罪预防工作取得实效，做出自己应有的努力。

#### （二）公民的积极参与和配合

遵守《宪法》和法律是每个公民应尽的义务，对于任何国家机关和国家工作人员的违法失职行为向有关国家机关提出控告或者检举是每个公民享有的权利。因此，每个公民都应很好地履行遵守《宪法》和法律的义务，很好地运用向有关国家机关控告、检举任何国家机关和国家工作人员违法失职行为的权利，在全社会形成人人遵守《宪法》和法律，

不为职务犯罪，人人控告、检举任何国家机关和国家工作人员违法失职行为，不让任何国家机关和国家工作人员为职务犯罪的大好局面。任何职务犯罪都与其周围的生活环境息息相关，都存在于一定的现实生活中，都或多或少地会留下一些蛛丝马迹。我们大都痛恨职务犯罪，我们何不很好地遵守《宪法》和法律，洁身自好？又何不很好地行使控告、检举权利，揭露职务犯罪，让其无藏身之地？人人都如此，则职务犯罪将无藏身之地，从源头上预防和治理腐败的目标的实现将指日可待。

### 四、构筑社会化职务犯罪预防格局的其他内容

当然，预防职务犯罪是一项全方位的系统工程，主要应该从以下几方面入手。

#### （一）强化权力制约

强化权力制约是根本，因为腐败的根源在于权力失控，这是制度、机制的问题，我们理应着眼于此。在现代化进程中发生的问题应当通过推动现代化的全面建设予以克服，通过深化政治体制改革和经济体制改革为清除腐败、实现立法政治打下坚实的基础。

首先，在战略上大力推进中国的政治现代化进程。中外历史的实践表明，现代化建设是一个国家经济、政治、社会、文化的全面发展的过程。我国现代化建设的目标是实现国家的富强、民主、文明，这是一个全方位的目标。它告诉我们，以经济建设为中心决不等于经济现代化的价值压倒一切。如果政治现代化如政治民主、政治效率、权力结构科学化等没有相应的发展，经济增长创造的财富就很可能成为腐败分子饱食的美餐或被其挥霍浪费。近十几年来围绕提高经济活动的效率进行了以放权为主的权力体制的改革，但传统权力结构却没有相应调整，权力只是在集权的结构中大量下移，由上级的集权形成众多的大大小小缺乏制约和规范的小集体、小单位甚至是个人的集权。以国有资产为例，一方面在不断增值，另一方面却因企事业单位中管理、经营权力的滥用而大量流失，进入小集体和个人的私囊。严峻的现实提醒我们，必须坚持经济和政治协调发展的指导思想，在经济现代化的同时加速政治现代化的进程。如果政治发展不能及时顺应经济发展的要求，滞后的时期过长或距离太大，必然为腐败提供泛滥的空间。所以必须依照经济发展的要求切实改革权力结构的种种弊端。这一点应当是反腐败斗争重要的战略性指导思想。

其次，完善权力体制，强化制约监督。腐败表现为权力的滥用，因此应当在权力体制和结构的改革上寻求对策，改善权力运作的体制环境和相关环境。针对传统体制中过分集权、缺乏制约功能的弊端，主要应

做到：（1）权力体制的调整和改革应在民主和科学的原则指导下进行。实践证明，民主政治的发展同权力腐败的发生，通常呈反比关系。尽管民主政治做不到完全根除腐败，但确实可以起到减少腐败发生和控制腐败规模的作用。权力体制的科学化是指权力的配置和结构设计要遵循权力活动的客观规律。（2）改革过分集权的弊端。（3）建立系统严密的权力监督机制。

最后，强化对权力的社会监督，充分发挥舆论对权力的监督作用。社会监督是指公民、企事业单位、社团和其他社会组织依法定权利对公共管理权力进行的监控和督促。它是权力监督和制约系统的重要组成部分，是社会对国家行为的规范和约束力量。权力腐败损害着社会公共利益，那么，动员各种社会力量保卫自身的合法权益，维护正常的管理秩序，必然构成对违法犯罪的有力抵制。

### （二）以法治腐，把反腐败斗争纳入法制化的轨道

面对性质恶劣危害极大的腐败现象，加大惩治力度不失为一种有效做法。"有法可依、有法必依、执法必严、违法必究"，这是党的十一届三中全会上提出来的社会主义法制基本原则，这也应该是以法治腐，把反腐败斗争纳入法制化轨道的基本要求。具体来说，反腐败斗争的法制化应该包括：有与市场经济体制相适应、完善的廉政法律体系，如反贪污的立法；有与社会主义政治制度相适应的、强有力的反腐倡廉的监督机制，如监督法的出台；有政治上坚定、业务上强、装备良好、反应迅捷的执法队伍；有领导重视、群众支持、社会形成廉洁意识的执法环境。而其中，主要应该做好三方面的工作：（1）继续完善反腐败和廉政立法，一要抓紧制定从宏观上强化反腐败、廉政建设地位的法律，使"两手抓，两手都要硬"的方针取得法律上的保证；二要抓紧制定规范市场经济行为的法律；三要抓紧制定对违法违纪和犯罪的国家机关工作人员进行严惩的法律。（2）加强执法队伍建设，改善执法条件，保证严格执法、依法办事，坚持标本兼治方针，形成具有中国特色的预防职务犯罪的工作机制。（3）发挥检察机关预防职务犯罪的职能。作为司法机关之一的检察院，是查办国家机关工作人员职务犯罪的主体。

### （三）加强政治思想教育工作

反腐斗争光有外在的约束机制还不够，还必须从干部自身的素质教育入手。我国《宪法》规定，国家通过思想教育、道德教育、文化、纪律和法制等各个领域的教育，加强社会主义精神文明建设。精神文明建设是我国现代化建设的根本方针之一。邓小平同志说："要教育全党同志发扬大公无私、服从大局、艰苦奋斗、廉洁奉公的精神，坚持共产主义思想和共产主义道德。"我们要加强对干部的各方面的教育，使他们自己充分意识到腐败的严重危害，并坚决制止此类现象在自己身上和身边发

生。在进行教育的同时，也要注意有效的教育方法的运用，可以开展学习讨论，进行法制观念教育，开展批评与自我批评，增强党性，建章立制，纠正错误问题等。

综上所述，职务犯罪是一个严重的社会问题，通过对其产生的原因及其特点的分析，我们可以看出，加强预防职务犯罪工作，是一项长期而艰巨的任务。在工作中，必须贯彻党中央关于反腐败领导体制和工作机制的要求，坚持党委统一领导，党政齐抓共管，纪委组织协调，部门各负其责，依靠群众的支持和参与，动员全社会力量，发挥预防工作的整体效能。检察机关在开展预防职务犯罪工作中，则必须立足于履行检察职能，紧紧围绕检察职权（不能超越检察职权搞预防），坚持在党的领导下与有关部门配合，并与系统预防、部门预防、社会预防相结合，防止在工作中脱离检察机关在国家政治结构中的分工和定位，更不能"种了别人之田，忘了自己的地"。

只有我们运用正确有效的手段，并经过几代人的共同努力，坚持不懈地同腐败现象作长期而坚决的斗争，才能有效遏制和减少职务犯罪，才能更好地服从和服务于经济建设这个大局。

## 治腐关键在预防

职务犯罪是腐败的集中和极端表现，做好预防职务犯罪工作，对于提高党的执政能力，巩固党的执政地位，保持党的先进性，维护人民群众的根本利益，构建社会主义和谐社会，保证改革开放和现代化建设事业的顺利进行，都具有十分重大的意义。

### 一、有效预防：党的执政能力的重要标志

当前反腐败斗争的形势依然严峻，一些领域的腐败现象还比较严重，特别是有些领导干部以权谋私、贪赃枉法、腐化堕落、失职渎职的案件仍时有发生，对此，我们应始终保持清醒的头脑，决不能放松惩治这一手。与此同时，我们还要从政治的、全局的高度，充分认识做好预防职务犯罪工作的重要性，增强紧迫感。

惩治和预防是反腐败斗争相辅相成、互相促进的两个方面。只有狠抓治标，才能有效遏制腐败现象的高发多发势头；只有着力治本、注重预防，才能从根本上解决腐败问题。正如胡锦涛同志指出的那样："坚决惩治腐败是我们党执政能力的重要体现，有效预防腐败更是我们党执政能力的重要标志。"如果不坚决惩治和有效预防腐败，听任腐败现象的滋

生和蔓延，就会严重破坏党和人民群众的血肉联系，严重影响党的先进性和战斗力，削弱党的执政基础，降低党的执政能力，动摇党的执政地位。所以，预防职务犯罪工作在新形势下尤为重要，也是摆在我们面前的重大课题。

做好预防职务犯罪工作，是从源头上预防和治理腐败，深入推进党风廉政建设和反腐败斗争的根本途径。我们党要完成执政兴国的历史使命，需要培养造就一支善于治国理政的干部队伍，然而却有许多能力很强的干部因为职务犯罪而自毁前程，这对于他本人来说是场灾难，对党的事业更是个损失。干部出了问题当然要严肃处理，但我们不能等到干部出了问题再来惩处，我们强调要抓好预防工作，就是使干部不犯错误或者少犯错误，这是对干部的关心和爱护，对于干部个人及其家庭以及党的事业都是非常重要的。

职务犯罪是个体人格不健全和社会体制不健全综合作用的结果，开展预防职务犯罪工作的过程，就是培养健全人格、完善社会管理体制的过程，也是贯彻落实科学发展观，建设社会主义和谐社会，促进人与社会、经济与社会、物质文明与政治文明、精神文明协调发展的过程。另外，抓好预防职务犯罪工作，对于改变机关作风，提高工作效能，端正党风政风，树立社会新风，优化发展环境，促进经济社会又快又好发展，也起着非常重要的作用。

### 二、预防手段：教育、制度和监督多措并举

党中央提出的"标本兼治，综合治理，惩防并举，注重预防"这一反腐倡廉工作的战略方针，也就是我们开展预防职务犯罪工作所必须坚持的根本方针。预防的目的概括起来就是"一个减少、一个增强、一个维护、一个促进"，即最大限度地减少和遏制职务犯罪的发生，增强党员干部特别是党员领导干部拒腐防变、依法执政、廉洁行政的能力，维护国家和人民的利益，促进经济社会又好又快地发展。那么怎样实现这个目的呢？简单地说，就是教育、制度和监督并重。在这三者之中，教育是基础，制度是保障，监督是关键。

职务犯罪的发生往往是从思想的蜕变开始的，因此宣传教育是反腐倡廉、预防职务犯罪的基础。教育搞好了，党员干部的思想作风端正了，精神境界提高了，才能真正构筑拒腐防变的思想道德长城。我们同腐败现象的斗争，是坚持党的性质、宗旨与违背党的性质、宗旨的斗争，是弘扬正气、战胜邪恶的斗争，是保持党的先进性、防止蜕化变质的斗争，因此，先进性教育、党章教育、理想信念教育、社会主义荣辱观教育也是深刻的反腐倡廉、预防职务犯罪教育。

要通过多种形式的宣传教育，在党员干部中营造出"不想贪、不愿贪、不能贪、不敢贪"的浓厚氛围。如果说惩治是为了让人"不敢贪"，建立健全制度和加强监督制约是为了让人"不能贪"，那么宣传教育则是促使人们"不想贪、不愿贪"的一种有效手段。

据统计，从 2010 年初中共中央印发《中国共产党领导干部廉洁从政若干准则》以来，各级党委、政府和纪检监察机关以贯彻落实这一准则为重点，切实强化对领导干部的教育和监督，认真治理和解决群众反映强烈的突出问题，取得明显成效：一年来，各级纪检监察机关配合有关部门认真落实党员干部报告个人有关事项规定，全国 167 万多名乡科级以上领导干部报告了个人有关事项，其中 85 万人报告了住房情况，60 万人报告了投资情况，80 万人报告了配偶子女从业情况，并根据申报情况及时纠正存在的问题。

解决产生腐败的深层次问题，从源头上预防和治理腐败，根本途径还在于建立健全防范制度。而解决制度上所存在问题的有效方法，则在于深化改革、创新体制，用发展的思路和改革的办法来防治腐败。近年来，推行了行政审批制度、公共财政制度、干部人事制度、司法体制等方面的改革，取得了初步成效。我们要在已有工作的基础上，进一步加大改革的力度，把制度建设的重点放在对权力的制约、资金的监控和干部任用的监督上。同时，要抓紧建立健全结构合理、配置科学、程序严密、制约有效的权力运行机制，保证权力沿着制度化和法制化的轨道运行，这是防止以权谋私的根本举措。因此，要切实加强制度建设，既要构建以《宪法》为核心的中国特色社会主义法律体系，又要构建以党章为核心的中国共产党党内规章体系。要牢固树立社会主义的法制理念，真正形成用制度管权、管事、管人的有效机制，推进预防职务犯罪工作的制度化、规范化、程序化。

我国行政审批制度改革自十年前全面启动以来，经过有序推进，目前改革成效明显。

——国务院部门共取消调整审批项目 2183 项，占原有审批项目总数的 60.6%；各省（区、市）本级共取消调整审批项目 3.6 万余项，占原有审批项目总数的 68.2%；

——全国各地已建立政务服务中心 2800 多个，省、市、县、乡联动的政务服务体系基本形成……

行政审批制度改革是建立健全惩治和预防腐败体系的一项根本性举措。这项改革取得的成效，从一个侧面凸显了中央从源头上预防和治理腐败问题的不懈努力和坚定信心。

在制度建设方面，截至 2011 年 8 月底，中央制定反腐倡廉相关法律法规 63 件，部门规章 55 件，其他相关文件 208 件；各省区市和新疆生产建设兵团制定反腐倡廉相关地方性法规和文件规定 784 件，惩治和预防腐败基本制度体系初步形成。

我们知道，制度建设的关键和难点是保证制度能得到不折不扣的执行。因此，一定要在狠抓制度的落实上下功夫，对各项制度的落实情况要进行经常性的督促检查，坚决查处和纠正不按制度、不按规矩、不按程序办事的行为，真正做到有法可依，有法必依，执法必严，违法必究。

尤其是《中国共产党党员领导干部廉洁从政若干准则》、《全国人民代表大会常务委员会关于修改〈中华人民共和国行政监察法〉的决定》、《关于实行党风廉政建设责任制的规定》的颁布实施，对于完善领导干部行为规范，健全监督和责任追究制度，完善反腐败领导体制和工作机制，真正形成用制度规范从政行为，按制度办事，靠制度管人的有效机制具有重要意义。

职务犯罪从本质上讲是权力的滥用，所以，必须围绕为人民掌好权、用好权这个根本问题，注重从源头上预防和治理腐败问题，加强对权力的监督制约。大量职务犯罪案件，特别是领导干部腐败案件表明，我们在对权力监督制约方面还存在比较多的问题，还有许多不尽如人意的地方。要紧紧抓住易于滋生职务犯罪的重点环节和重点部位，进行严格缜密的监督。多年的实践告诉我们，只有把党内监督与人大监督、政府专门机关监督、政协民主监督、民主党派监督、司法监督、群众监督和舆论监督结合起来，形成监督合力，才能提高监督效果。

当然，注重预防，并不是弱化惩治。惩治既是事后惩戒，也是事前预防，既是监督也是教育；对当事人而言是惩处和一种监督，对其他人而言则是防范教育。惩治有力，才能增强教育的说服力、制度的约束力和监督的威慑力。在当前职务犯罪依然比较严重的情况下，加强监督，就必须严查腐败案件，严惩腐败分子。所以，严查腐败案件是推进党风廉政建设的重要抓手。各级纪检监察机关应重点查处发生在领导机关和领导干部中的贪污贿赂、失职渎职案件、重点领域和关键环节中的违纪违法案件、严重违反政治纪律和组织人事纪律的案件、严重侵害群众利益的案件。

权为民所用，情为民所系，利为民所谋。据统计，2011 年以来，我国各级纪检监察机关和广大纪检监察干部把以人为本、执政为民理念落实到了党风廉政建设和反腐败工作的每个环节之中。

工程建设领域是腐败案件的高发区，人民群众反映强烈。2011 年，各级纪检监察机关会同有关部门强化监督检查、加大查办案件力度、完善规章制度、创新体制机制……反腐利剑毫不留情。

——中央工程治理领导小组办公室组织 5 个检查组，针对工程建设重点领域开展了为期 1 个月的集中检查，发现问题 466 个，提出整改建

议 409 条并督促整改;

——专项治理以来全国纪检监察机关受理违纪违法问题举报 4.23 万件,查实 2.02 万件,给予党纪政纪处分 15109 人,移送司法机关处理 7891 人……

"经过两年多的努力,工程建设领域腐败现象滋生蔓延的势头得到初步遏制,治理工作取得明显阶段性成效。"中央工程治理领导小组办公室负责人说。

一系列的数据表明,突破并不仅仅限于工程治理——

"小金库"治理:截至 2011 年 11 月底,新发现"小金库"8202 个,涉及金额 28.46 亿元。

公务用车问题治理:截至 2011 年 10 月底,全国党政机关共清理出违规车辆 17.95 万辆,专项治理取得了阶段性成果。

庆典、研讨会、论坛过多过滥问题治理:全国共清理和规范各种活动项目 6763 个,撤销 2549 个,节约资金 12.2 亿元。

"这些专项治理,正是我们顺应人民期待、回应社会关切、认真解决反腐倡廉建设中人民群众反映强烈突出问题的实际行动。"中央纪委有关负责人说。

领导干部大吃大喝、请客送礼、收受礼金等问题,群众深恶痛绝。一年来,各级纪检监察机关加大《党员领导干部廉洁从政若干准则》落实力度,组织开展贯彻执行情况专项检查,着力解决领导干部廉洁自律方面的突出问题。

——在深入治理上下工夫,44150 名党员干部主动上交现金、有价证券和支付凭证等 3.86 亿元;查处住房违规党员干部 2349 人……

基层干部处在改革发展的第一线,直接面对人民群众,担负重要职责。过去的一年里,各级纪检监察机关加强基层党风廉政建设,着力解决发生在群众身边的腐败问题——

规范权力运行,印发《农村基层干部廉洁履行职责若干规定(试行)》,明确农村基层干部廉洁履职的"41 个不准";

加大案件查办,全国立案查处农村基层党员干部违纪违法案件 5.85 万件,给予党政纪处分或组织处理 5.79 万人;

加强预防监督,全年对 35.29 万名农村基层干部进行了经济责任审计,开展村民评议村干部 236.95 万人次……

涉农、教育、医药、保障房等诸多领域的不正之风,是群众始终反映强烈的热点难点问题。一年来,各地各部门加强防范和纠正工作,着力解决损害群众利益的突出问题。

——通报 11 起强制拆迁致人伤亡案件调查处理结果;全国查处违法违规强制征地拆迁问题 1480 个,责任追究 509 人;

——查处食品安全责任追究问题 5975 个，责任追究 3895 人；查处药品安全责任追究问题 9084 个，责任追究 3680 人……

## 大部制彰显优势

党的十七大要求"加大机构整合力度，探索实行职能有机统一的大部门体制，健全部门间协调配合机制"。中共十七届二中全会通过了《关于深化行政管理体制改革的意见》，提出推进政府机构改革，探索实行职能有机统一的大部门体制，完善行政运行机制。十一届全国人大一次会议通过了涉及"大部制"的国务院机构改革方案。专家认为，这次大部制改革对预防腐败将会起到积极作用。

所谓大部门体制（简称大部制），就是在政府的部门设置中，将那些职能相近、业务范围雷同的事项相对集中，由一个部门统一进行管理，最大限度地避免政府职能交叉、政出多门、多头管理，从而达到提高行政效率、降低行政成本的目标。大部制是市场化程度比较高的国家普遍实行的一种政府管理模式，是为了解决机构重叠等政府管理问题而实行的一种行政管理模式，如"大运输"、"大农业"、"金融管理局"等。据资料显示，美、英、法、日、德、澳等主要发达国家，中央政府核心机构数量不多、相对精干，究其原因，很大程度上得益于大部门体制的实行。大部制在公共管理变革中有了新的发展，如决策权与执行权的分离等。澳大利亚于 1987 年就通过改革建立了成功的大部门体制，澳大利亚成为世界上最廉洁的国家之一，与此不无关系。

改革开放以来，我国先后于 1982 年、1988 年、1993 年、1998 年和 2003 年进行了五次机构改革。经过这几次改革，我国的政府架构与计划经济时代相比进步了很多，但和成熟的市场经济国家比较，部门设置仍然偏多，而且行政行为仍然带有经济干预的惯性，旧的体制难以对不断变化的经济和社会发展需求作出迅速反应。

这次大部门体制改革的主要目标和总体要求是"着力转变职能、理顺关系、优化结构、提高效能，形成权责一致、分工合理、决策科学、执行顺畅、监督有力的行政管理体制"，简单地说，就是要让行政组织及其人员正确运用法律所赋予的行政权力，有效地管理公共事务，最大限度地实现公共利益，满足公众的需求，建立服务型政府。

我们在过去的反腐败工作中，较少注意立法或政策制定中的部门利益化问题。实际上，部门利益是中国反腐的主要障碍之一。过去部门之间职能交叉，决策周期长、成本高，协调沟通困难，重要原因就在于受到了部门利益的严重影响，即所谓"权力部门化，部门利益化，利益法制化"。大部门体制改革可以解决现行管理体制中各政府部门通过制定政策争夺有利事务管辖权、处罚权、收费权，对无利可图的事务拖延塞责等部门利益问题无疑是釜底抽薪，可以解决部门之间的纠纷，可以促进政策的制定和执行。这也有利于铲除腐败的温床。当然，部门合并是一种权力和利益的重组，如何"说服"既得利益者放弃现有的势力范围，将是一个复杂的博弈过程，所以，大部门体制改革要逐步推进，循序渐进。另外，如何谨防新组建的大部门产生新的部门利益冲动，变以前各"小部门"的"分利益"为更强势的"大部门"的"合利益"，这是一个当下就必须面对的现实问题。

有效防治腐败，必须切实加强对权力运行的监督和制约。传统决策权与执行权一体化，决策者与执行者身兼二职，既是"裁判员"又是"运动员"，使决策和执行都失去了监督，从而导致政策决策和执行的不公。

我国的监督体制是多元化的体制，监督主体多、机构多、方式多、渠道多，但监督的实际效果并不理想。在实际运行过程中彼此既有交叉，也有空隙，职责权限不清，又缺乏沟通和协调，于是造成有的问题多方插手、互相牵制，有的问题推诿扯皮、无人过问，从而导致行政管理成本高，与廉价政府的目标背道而驰。而且，目前有些政府部门集决策权、执行权、监督权于一身，容易导致权力过于集中、部门利益化等问题，进而产生一系列的腐败问题。

通过大部制改革，使大部门的职责主要在于统筹决策、协调、监督，各专业管理局的主要职责是具体操作执行。将决策权与执行权分离，是实现政府职能规范化、效率化、责任化的前提。建立大部制，可以使政策制定者对政策执行者实行最有效和最直接的监督，政策执行相对独立又可以对政策制定者进行有效制约。

同时，大部制的推行也有利于监督政策的统一实施。我国改革开放的过程，主要就是发挥地方积极性和主动性的过程，地方是历次改革的受益者。但是，过分强调地方利益就容易导致地方保护主义甚至地方割据主义。目前普遍存在的"上有政策、下有对策"，"有令不行、有禁不止"的怪现象，就是政策失灵的表现。十七大提出行政管理体制改革的思路是"建立健全决策权、执行权、监督权既相互制约又相互协调的权力结构和运行机制"。这种权力结构和运行机制的设计旨在加强对政府行政的全程监督，不但可监督政策的制定，而且可监督政策的执行，有利于政府的自身建设，有利于全国统一大市场的完善，符合 WTO 规则体系。

问责制是国家政治制度和国家监督体系的重要组成部分，健全而有效的问责制，有利于防治腐败。中国官员问责制于 2003 年防治"非典"期间启动。"非典"过后，从中央到地方都加快了推进问责制度化的进程。

大部门体制改革有利于问责。这次国务院机构改革精简了政府部门和机构数量，实行职能整合，有利于减少职能交叉，明晰责任。传统的让多个部门负责同一项工作的做法，看起来是在加强领导，实际上是减轻了部门应承担的责任，造成了权责不对等。政府设置部门过多，职责划分过细且交叉，使各级政府之间及政府内部各部门之间的关系难以协调，面对一项稍微综合一点的工作，政府就不得不建立领导小组之类的常设机构来加强协调和管理，所以我国政府系统行政成本高，行政效率低，行政责任难以落实。大部制是一种"大职能、宽领域"的政府事务综合管理体制，能够有效避免职能交叉，提高行政效率，便于内部协调，提高社会经济生活的统筹安排能力，同时也有利于行政部门负责人承担政治责任与行政责任，有利于责任政府的建设。

## 旁听职务犯罪案

近年来，为进一步提高领导干部廉洁从政意识，筑牢拒腐防变防线，增强自我约束能力，各地不断加强对党员干部的党风廉政教育。

在党风廉政教育方面，河南省平顶山市纪委创新了反腐倡廉教育的形式，实行庭审教育，即组织党员干部参加旁听由法院审判庭开庭审理的一些职务犯罪案件。

平顶山市委常委、纪委书记段玉良说，庭审教育这种载体更直接、更生动、更鲜明，增强了教育的实效性，达到了"惩处一人，教育一片"的效果。

2011年11月9日上午，记者在平顶山市中级人民法院一审判庭看到，由市纪委组织的部分党员干部在这里旁听一起职务犯罪案件。庭审结束后，现场一名领导干部说，这如同一场生动的法制教育课，让我真切感受到了法律的威严和违纪违法的惨痛教训，体会到了"廉贪一念间，荣辱两世界"的含义。不少参加旁听的党员干部表示，在以后的工作中，要更加珍惜自己的工作岗位，时刻警醒自己遵守党纪国法。

## 职务犯罪面面观

改革开放三十余年来，在中国共产党的领导下，我国社会主义市场经济体制逐步建立。在由计划经济向市场经济转型的时期，社会上的各类经济犯罪现象也逐渐增多，尤其是手中掌握一定权力的领导干部贪污腐败、权钱交易等职务犯罪案件呈逐年上升趋势。

中国共产党很早就清醒地认识到为政不廉和腐败现象的严重危害性，在带领全国人民集中力量抓经济建设的同时，没有忽视党风廉政建设。特别是近几年来，中央抓党风廉政建设的力度不断加大，反腐败斗争也取得了明显的阶段性成果。但是必须看到，一些党员领导干部利用职务上的便利贪污贿赂、进行权钱交易的现象还没有得到彻底遏制，甚至在某些地方有愈演愈烈之势；职务犯罪案件数量仍居高不下，且金额越来越大、涉案领导干部的级别越来越高；有些问题边纠边犯，一些老问题还没有得到有效解决，新的问题又已产生。所有这些，都促使我们有必要从理论和实践上对职务犯罪现象产生的深层次原因及防范对策进行研究和探讨。

## 一、理论上的认识

职务犯罪也即腐败现象的实质是将国家或集体权力转化为个人权力，成为权力的使用者追求个人满足的手段。

所谓权力是指一种以法的形式固定的对社会各方面的管理关系。在我国现阶段，权力的使用者一般是指各级领导干部。为什么国家权力或集体权力在个人手中能够转化为个人敛集财富的手段？这是由于领导干部本身具有的二重性所决定的。第一，作为权力使用者的领导干部是以一种超社会的身份行使权力、履行职能的。这种身份使领导干部通过行使权力，使各种社会活动处于有序状态，保证社会或集体目标得以实现。在普通人眼里，领导干部是权力的化身，是自己的管理者。第二，每一个领导者又是社会中的一员，也生活在现实生活里，他们和其他普通人一样，也有七情六欲，个人的物质利益也需要满足。按照党和国家的要求，领导干部在取得个人利益时，应当以自己的合法权利参加社会利益的分配，而决不应使用国家权力和集体权力谋取个人利益。党和国家的这种要求只能通过两个方面来实现。一是靠领导干部的信念、觉悟和责任；二是靠纪检监察等监督机关发挥职能。前者可以称为内部因素，后者可称为外部条件。内部因素的作用越大，即个人的思想、品德、修养越好，越是能抵御各种非法利益的诱惑。反过来，要设立纪检监察等监督机关也恰恰说明每个领导干部并非都能做到秉公办事，清正廉洁。外部条件充分，作用大，可以形成一种社会力量来约束和规范领导干部的行为。当内部因素和外部监督都失去作用时，利用国家权力或集体权力来实现个人私利，即腐败现象的产生就是一种很必然的事了。

目前，我国各级领导干部的产生形式，一般来讲有两种，即选举制和委任制。在正常的选举制情况下，权力由下而上产生，相对应的是被选中者对选民或选民代表负责；而在委任制情况下，下级的权力来自上级的委任（尽管这种委任也经过一定形式的考核或民意测评），因此，下级在行使权力的过程中更多的考虑是如何对上级负责，这也是一些所谓的"公仆"密切联系领导的客观原因之一。如果说对通过选举产生的领导干部最好的监督者是选民的话，那么委任制产生的领导干部最有力的监督者就是他的上级。无论通过何种形式产生的领导干部在获得了权力之后，一般会出现三种情况：一是有责任心的领导干部。他们靠信仰、责任、良心和道德，自觉地把权力的行使限制在本岗位和上级的要求范围之内。二是领导干部走上领导岗位之初也具有德才兼备的素质，但在行使权力时，发现权力是可以为自己带来额外好处的工具或手段。因此，在外部监督无力的情况下，责任被忘记了，信仰被践踏了，腐败行为也就随之发生了。三是一些所谓的"领导者"，本来就不具备应有的德才素质，特别是政治素质，而是通过送礼行贿、奉迎拍马取得了权力，通过这种手段获得权力的人绝不可能用手中权力来为人民谋利益。他们不但不能担负起与权力相适应的责任，而且会利用手中的权力疯狂地为个人捞取好处，一个这样的"领导者"可以直接腐蚀掉一批干部，而且极有可能成为上述第二种领导干部的"学习榜样"，因此这类"领导者"危害最大。

通过以上分析，不难得出这样的结论：

1. 防止腐败现象的发生，教育是根本。思想决定行为，有什么样的思想，就会产生什么样的行为。随着我国改革开放的不断深化，人们的各种利益关系处在经常的变动之中，一些领导干部的意识形态和价值观念也会随之发生变化，这种变化所导致的消极后果就是对党和国家的忠诚削弱了，对法律和纪律淡化了，其行为也就不可避免地发生畸变，超出了应当遵守的行为规范。因此，加强世界观、人生观、价值观的教育，在领导干部的内心深处建立一道牢固的拒腐防变的精神屏障，对于遏制腐败现象的发生蔓延具有深刻意义。

2. 防止腐败现象的发生，用人是关键。人是权力运行的主体，通过何种形式和途径选人，选什么样的人担任领导干部，是反腐败关口前移的重要内容和措施。把好权力的入口关，是保证权力沿着正确的轨道正常运行的前提条件，也是防止腐败现象发生的关键。

3. 防止腐败现象的发生，监督是保证。权力失去监督必然导致腐败，这是极其深刻的经验教训的总结。防范权力被滥用，防止权力在运行过程中产生腐败的一项至关重要的工作，就是建立有效的监督制约机制，这种机制应当做到对权力的运行过程和结果的全方位监督。

## 二、实践中的思考

对腐败现象，党和国家高度重视。各级党组织在反腐败斗争中投入很大精力，纪检、监察等监督机关也做了大量工作。但不可否认的是，反腐败斗争所取得的成果与党和人民的要求仍相距甚远。腐败问题依然是人民群众十分关注的"热点"问题，甚至在一些地区和单位已成为影响改革、发展、稳定的大问题。古今中外，腐败现象的产生有其共性原因，但在一定的社会历史阶段，在特定的行业和单位又有其特殊原因。例如，我们从水利行业的情况看，所属单位点多、线长；担负的职能多、责任重；资金来源多、金额大，针对这种特殊情况，我们应当对监督机制的完善和预防腐败现象产生的做法进行探索。

### （一）关于监督机制问题

目前廉政制度制定得不少，各种廉政措施也很多，为什么违反规定的行为仍屡禁不止？关键在于监督工作没有十分到位。监督的作用在于及时发现和解决"苗头"问题。"防为上，救次之，戒为下"。如果经常性的监督到位、措施得力，不仅可以减少上级的调查工作量，而且可有效防止不廉洁行为发生。如水利系统所属单位的领导班子成员廉政状况主要由上级纪检监察机关考核，发生违纪行为由上级纪检监察机关负责调查处理。由于单位分布点多、线长，所管干部人多量大，容易出现上级管得着、但不一定看得见，本单位看得见、但管不着的现象。实际上存在一定程度的"空白点"。为消除这种现象，是否可以将权力下放，上级只负责对各单位"一把手"的监督和违纪行为的查处。而将班子其他成员的日常监督或发生一般性违纪行为的调查工作交由"一把手"和所在单位纪委负责进行。"一把手"不仅要对自身行为负责，而且要对班子其他成员的廉政情况负责。

### （二）关于任用干部问题

在现阶段既然用人关是防止权力被滥用的第一道关口，那么就应当把被任用人员的德放在第一位，相应地在考核任用干部的过程中，应突出纪检、监察部门的作用。有些专家认为在一些较小的单位可以考虑将纪检监察与组织人事部门合署办公。在竞争上岗机制还不十分健全的情况下，纪检和监察部门非常有必要参与到干部的考核任用工作中去，并坚决实行廉政一票否决制。同时，可以建立用人失察追究制。凡被任用者任用后在廉政上出了问题，其上级主管领导应当负失察责任，建立用人失察追究制的理论根据在于目前上级领导仍然是下级干部最有力的监督者。

### （三）关于学习教育问题

坚定的政治信仰、高尚的思想觉悟从哪里来？只能从学习教育中培养、树立和巩固提高。由于腐败问题主要发生在当权者身上，因此，手中有权者特别是各级领导干部应当经常参加政治学习，接受再教育。然而在实际工作中，一些领导干部职务越升越高，权力越来越大，参加学习的时间却越来越少。他们总是以工作忙、事情多为由不参加或少参加学习。而更多的学习任务就落在了一般党员、干部身上，于是就出现了群众所讲的"领导有病，百姓吃药"的奇怪现象。针对这种现象，可以考虑建立领导干部定期参加政治学习的硬性制度。这种学习应当以上级集中进行为主，并视学习情况与个人升职奖罚挂钩。要改变在学习教育上"下毛毛雨"和"点到为止"的做法，实行强制性的灌输教育。惟有如此，才能树立领导干部良好的学习风气和习惯，自觉接受思想改造。相信在学习教育工作中投入精力和财力，比出了违法违纪问题后，再花费精力、财力进行调查处理好得多。

### （四）关于建立合理的利益机制问题

马克思曾经说过，人们奋斗所争取的一切，都同他们的利益有关。许多案例表明一些领导干部上任初期确实做了大量工作，也取得过明显成绩，但最后却走上了贪污受贿的道路，非常令人痛心。究其原因，除主观上放松了思想改造以外，经济上的不平衡导致心理上的失衡也是一个重要原因。不平衡的根源就在于我们的利益分配机制还有不完备的地方，比如在许多单位特别是国有企业中，工作有成效的干部收入不一定多，平庸无能者的收入却不一定少，甚至一些投机钻营者通过不正当手段得到的更多。这种现象容易导致人们的心理失衡。如果有了合理的利益分配机制，能够起到奖勤奖廉罚懒惩腐的作用，可以使人们感到正义的力量始终存在。通过廉洁高效的工作能够得到较高的收入，那么采取违法违纪的手段得到高收入的想法就会有所收敛。


## 国资流失需关注

自改革开放和国有企业体制改革以来，我国的经济发展取得了巨大的成就，国有资产的数量迅速积累，质量也有很大的提高。

随着国有企业经营方式和产权关系上的不断改革和变化，国有资产的管理工作越来越复杂，国有资产流失的问题非常突出。国有资产的流失，已经严重影响着我国经济的发展。国有企业国有资产流失的原因各种各样，有主观上的原因，也有客观上的原因，笔者根据对国有企业国有资产的调查和分析，对国有资产流失的主要渠道、原因及对策略陈管见。

## 一、在业务中高价收购、低价竞销造成国有资产流失

国有企业的经营发展对我国国民经济发展和企业生产技术、科学文化的提高起到了很大的作用。但是，由于国有体制在改革过程中，商品放开经营，出现了各种企业之间进行不规范的竞争，国有企业为了完成任务，对我国本来有限的资源，相互抬价抢购，造成成本上升；并在商品成交价格上相互杀价，出现了增产不增收的不良现象，造成了国有资产流失。

## 二、承包经营不规范造成国有资产损失

承包经营责任制的实行在历史上曾经对促进国有企业的发展起到了积极的作用。但由于承包行为不规范，承包体制不健全、不科学，同时没有相应地加强对企业国有资产实施管理监督，无人真正对国有资产负责，国有资产所有者权益无法保障。另外，由于过分强调承包形式，诱发了企业的短期行为，承包者为了自己获得更大的利益，采取了少许或不许固定资产折旧等方法来虚增利润，使国家所有者权益受到侵犯。

## 三、投资失误造成国有资产大量流失

国有企业在我国社会主义市场经济发展的过程，为了扩大经营规模、提高经济效益，近年来，进行了大规模的投资，这对企业扩大经营规模，无疑起到了积极的作用。但是，由于企业在投资上缺乏严密的、科学的投资可行性研究，投资管理严重滞后，造成投资失误，投资项目效益低下，给企业带来巨额的损失，使国有资产大量流失。

## 四、管理不善造成国有资产流失

长期以来，企业在"重经营、轻管理"的思想影响下，过分强调铺摊子、搞投资、抓经营，忽略了内部管理，造成了大量的国有资产流失。具体表现为：一是投资管理不善，投资效益不高，造成有些企业严重亏损。二是财会基础工作薄弱，内部规章制度不健全，缺乏各部门间的约束机制；规范、科学的管理不到位，企业管理失控，造成国有资产流失和浪费。三是对流动资产管理不严，资金流失数额惊人，主要是库存商品大量积压、没有及时处理，使之霉烂、变质、损坏；在资金管理上，应收账款催收不及时，产生大量的呆坏账，资金调动、使用失控、缺乏制约机制，给坏人以可乘之机，给企业带来巨额的资金损失。

## 五、企业制度不健全造成国有资产流失

随着我国经济体制的不断改革和社会主义市场经济的不断发展，现行的企业制度已充分暴露出它的缺点，已阻碍了企业的进一步发展。也由于这种企业制度的存在，在不同程度上造成了国有资产的大量流失。其具体表现为：公司经营不善，造成严重亏损，使公司背上沉重的包袱；另一方面一旦公司发生经济纠纷案件，使公司承担连带的经济责任，便会严重影响企业的正常经营和发展，造成国有资产严重流失。

## 六、忽视无形资产管理造成国有资产流失

无形资产主要是专利权、非专利权、商标权、著作权、土地使用权和声誉等。无形资产可以为企业带来巨额的收益。但长期以来人们只重视有形资产的管理，忽略了无形资产的价值，造成国有无形资产大量流失。具体表现如下：一是外国抢注商标，造成我国名牌商标企业巨大损失；二是无形资产在创办中外合资、合作企业过程中往往被忽视计算；三是企业在产权转让过程中少计、漏计无形资产；四是由于人们对无形资产认识淡薄，大量的无形资产被埋没，企业本来应该得到的利益也无法实现其价值，而只能白白流失。

实践证明，我国的经济体制改革，给企业带来了生机和活力，但企业在发展的过程中，如何提高企业的经济效益，如何防止国有资产流失，是一个迫切需要解决的课题。对企业出现的国有资产流失现象及其原因，应采取以下对策：

国家应在宏观上加强对商品的收购价格和成交价格的管理、调控，制定相应的规定、制度，用规定、制度约束、指导企业的经营行为。根据国家价格政策，进行最高价格报价，防止因抬价抢购、低价竞销而造成的国有资产流失。

在企业投资管理上，要建立民主科学的投资决策体制，建立投资约束机制，在投资前，进行一系列的市场调查、论证，并进行民主审议，要防止关系、人情投资项目，防止在投资决策上出现"一言堂"的现象；在投资项目管理中，要有专人负责、跟踪管理，随时收集投资管理中的有关信息，进行及时研究、分析并对所出现的问题提出处理方法，及时调整，减少损失。

加快建立现代企业制度的步伐，增强企业在社会主义市场经济中的适应能力。现代企业制度是以"产权明晰、权责明确、政企分开、管理科学"为主要特点的，应使企业真正享有企业法人财产权，独立经营和支配法人财产；明确责任，增强企业法人意识和国有资产保值增值意识，

防止国家资产流失。

加强各种国有资产管理，防止国有资产流失。一方面作为主管部门或有权代表国家对企业行使国有资产所有权的部门，要加强对企业国有资产的管理，如进行产权界定，国有资产保值增值的考核、检查，国有资产的监督，向企业派出监事会，加强对企业及经营者进行外部监督等。另一方面作为企业本身，要按照国家有关国有资产管理的法规、政策，认真、及时、准确地做好国有资产的基础工作，建立国有资产内部管理制度，如产权登记、产权年检、资产评估、国有资产保值增值考核、总结等，并加强对各项资产包括无形资产在内的管理。

加强财务管理，建立健全企业内部科学的管理体系。科学管理是企业永恒的主题，科学管理，首先要立足于做好扎实的财会基础工作，严格遵守各项规章制度，真实、全面地反映企业的各项经济业务，建立健全企业内部管理、控制和约束机制，在管理中，真正做到事前预测、事中反映、事后检查；其次要做好各项资产的管理，特别要加强资金的管理，在资金管理中，要做到资金使用之前有计划、使用之中有监督、使用之后有检查；再次要严格规范企业内部的分配行为，一方面，主管部门要加强对企业职工分配行为进行检查，加强外部监督，另一方面，企业要严格按照国家劳动工资分配制度进行分配，加强内部监督；最后，在管理上，要采用现代的、科学的方法，结合企业的实际情况加以应用。

盘活企业资产存量，促进企业经济效益的提高。盘活企业的资产存量，就是对企业的资产进行优化组合或资产重组。具体途径是：调剂企业闲置资产，使闲置资产进入产权交易市场；进行资产结构调整，进行企业兼并、合并、拍卖直至破产，使资产流动。通过上述途径可使资产重新优化，提高存量资产的利用效果，防止国有资产流失。

彻底废除承包制。建立以国有资产经营责任制、国有资产保值增值为考核内容的管理机制，是防止国有资产流失的重要途径。

## 国资流失巧预防

当前，在我国经济体制转轨时期，经常发生少数不法分子钻法律、政策、企业制度空子，侵吞国有资产的案件，特别是在国有资产投资、转让、兼并等阶段，国有资产的流失情况让人触目惊心。究其原因，无外乎利益的诱惑、体制的缺陷、惩罚的失当和对策的乏力。检察机关作为法律监督机关，对维护国有资产安全具有义不容辞的法律责任，要遏制这种现状的继续恶化，就必须坚持打防结合、标本兼治的原则，从源头上遏制国有资产流失案件的继续发生。

## 一、通过建立预防网络，推进国有企业依法治企

依法治企是社会主义市场经济发展的必然要求，企业能够在日益激烈的市场竞争中保持持续快速发展，非常重要的一点就是企业有一个健康稳定的内部环境。在国有企业建立预防职务犯罪网络，通过网络将预防意识和工作方法贯彻到国有企业的各个阶层和经营中的各个环节，可以利用有限的人员最大限度发挥预防工作实效，而且还可以使我们随时掌握国有企业发展动态和存在的问题，为防止国有资产流失搜集情况，以便及时调整工作方法，提出防范措施。多年来，我国检察系统通过网络坚持深入企业进行普法宣传，不断加强企业的法律培训和制度建设，为企业献计献策，针对出现的问题苗头，积极采取有效措施及时遏制，逐步帮助企业建立起自身防范的有效机制。在共同预防过程中，逐步开始在销售、供应、采购、招标、管理监督、基建技改等方面，通过强化企业的管理机制，有效地防止和减少了企业内部的违法、违纪案件，有力地推动了企业健康发展。

## 二、加大此类案件查处力度，充分发挥法律震慑作用

"打"是为了更好预防犯罪，对犯罪案件进行快速有效的打击，既可以震慑有犯罪苗头的不法分子，防止对企业财产造成更大损失，又可及时加强企业管理中的堵漏建制工作，充分发挥预防工作的作用。首先，检察机关要加大运用检察权追究政府官员、国有企业领导职务犯罪的力度。检察权具有外部制约性，能够形成权力运行中的制约机制，通过打击腐化官员以及国企领导的职务犯罪，从而对其掌握的权力进行制约，具有高震慑效应。这样做的本质在于提高政府官员、国企领导利用手中权力进行权钱交易的成本，通过震慑防止侵吞国有资产案件的发生。

## 三、加强内部各项制度建设，从源头上预防腐败的产生

检企双方在办案和开展预防职务犯罪的工作中，对企业的制度建设也起到了积极的推进作用。许多大型企业，都不断改进自己的防范措施，建立完善各项制度。一是建立了领导干部廉政档案，将平时的教育情况记录在案，对新提拔的和即将离任的领导干部按要求进行廉政教育。二是针对工作中的重点环节和部位，制定了《党风廉政建设责任制实施办法》、《重点岗位人员实行岗位交流制度》、《纪检监察信访工作制度》、《比价采购实施意见》、《工程项目物资采购管理制度》等制度，从制度上约束领导干部各种不廉洁行为的发生，堵塞了管理上的漏洞。三是推行审

计制度。对领导干部和重点岗位（如供应销售业务、财务、基建项目等）人员离岗或转岗进行审计。四是改革用人制度。对干部的选拔任用坚持公开选拔、竞争上岗。各项制度的建立，从源头上建立了屏障，一定程度上有效阻止了职务犯罪案件的发生。

## 四、强化国有企业资产监督管理

随着国企改革的深入，企业的自主权逐步扩大，为防止权力过于集中滋生腐败或犯罪，应强化宏观监督。一是可实行纪检监察、审计、会计人员委派制。这是指纪检监察、审计人员、会计师，由上级机关派驻，这些人员的人事关系由上级部门管理。这样可以堵塞国企账外资金这个黑洞。二是增加行政执法监督密度，完善行政执法的监控手段，严格执法，严肃查处各种违法行为。三是认真落实办公公开措施，提高企业经营活动的透明度，采取多种办法提高社会监督效果。

### （一）强化改制企业的资产清理和管理工作

在国企改革中，借改革之名侵吞国有资产的案件不断涌现，因此对改制企业的资产清理和改制后的管理，应作为预防国有资产流失的重点环节来抓。对经济体制改革中改制的企业和部门，首先应成立相应的专门领导机构，制定明确、具体的操作办法和配套措施，明确责任，赏罚分明。其次，应成立由纪检、监察、审计、税务等有关部门参加的资产清理组织，对改制企业或部门的资产、债权债务进行认真严格清理，并有书面报告上报备案。对造成国有资产流失或私分国有资产的，应追究责任，严肃处理。对改制后的企业应加强管理，尤其是加强改制企业的监督制约机制，防止出现管理上的死角。

### （二）在大型技改工程项目中加强廉政监督

为促进企业依法治理，保护企业干部职工队伍的廉洁性，各级检察院应加强对各企业大型工程项目建设中廉政情况的监督，与他们签定共同开展专项预防工作的实施意见，并成立专项工程预防职务犯罪领导小组。检察院通过为工程工作人员上法制课、举办预防职务犯罪图片展览等形式，可以加强干部职工的法律观念和预防职务犯罪的能力。通过帮助企业在工程招标、投标、签订合同、质检、财务等方面建立健全规章制度，可以加强监督力度，有针对性地开展预防工作，促进企业的稳定发展。

### （三）在供应采购环节大力推行招标采购制度

近年来，各级检察院在预防企业职务犯罪工作中注意推进"依法治企"观念，帮助企业大力推行招标采购制度，逐步完善了物资采购、工程项目招标等管理制度，明确了招标采购范围、采购程序及验收考核标准,规范了招标的管理程序。如石药集团每年物资采购金额高达18亿元,如何把好物资采购关,不仅对于提高企业的经济效益,具有举足轻重的作用,而且对于从源头和机制上预防和遏制腐败、推进廉政建设,具有极其重要的意义。在检察院的影响下,石药集团采取了四项主要措施,都产生了良好效果。一是逐步扩大招标采购的范围,目前已拓展到近十大类、千余个品种。二是纪检人员积极参与,监督实施招标的全过程,招标前公布纪律,招标及中标结果公开,便于业务单位及职工的监督。三是成立监督检查小组,不断堵塞管理漏洞。由纪检监察部门会同财务、物资管理部门对物资采购情况定期进行检查,及时发现、解决问题。四是建立"一把手负总责,其他领导各负其责"的领导机制。在明确责任的基础上,将招标物资采购有关规定作为党风廉政建设责任制的一项重要考核内容。在全面推行物资招标比价采购后,各项有力的监督措施,从根本上杜绝了采购中各种违法违纪现象的发生,使企业真正实现了"买出效益",一般物资采购成本逐年下降,紧俏物资确保市场最低价格。通过比价采购,石药集团一年就节约资金2亿多元。

## 职务犯罪对策多

近年来企业财务人员的职务犯罪呈现出多发、易发趋势。因此,加强对财务人员的职务犯罪防范,分析其犯罪特点,透视其发案原因,制定预防对策和预防措施,应该引起我们的高度重视。

### 一、财务人员职务犯罪的特点

#### (一)利用专业技能实施犯罪,隐蔽性强

财务人员犯罪也可称为"职业犯罪",即财务人员使用专业技术手段实施犯罪,隐蔽性较之一般犯罪行为强。财务人员多利用单位资金、账户管理方面制度不健全或制度不落实实施犯罪,作案手段除收款不入账,以少报多,重复报账,利用保管印章的便利私自开取银行支票提取现金,隐匿、伪造、变造银行对账单,虚增债务等外,还有不少是利用计算机作案。

#### (二)赌博、经商、炒股成为财务人员职务犯罪的直接诱因

据统计,财务人员因赌博、经商、炒股实施贪污、挪用犯罪成为发案的直接诱因。

#### (三)"小金库"成为相对集中的发案部位

一些国有企事业单位违反《会计法》规定,在基本账户以外开设多

个账户截留资金，形成的"小金库"日益成为滋生职务犯罪的温床，大量的财务人员职务犯罪案件与"小金库"有直接的关系。

### （四）单位领导与财务人员相互勾结，共同贪污、挪用

财务人员职务犯罪案件有不少是单位领导与有关财务人员相互勾结共同作案。由于此类案件的单位领导直接参与作案，使得单位的财务工作失去监督，犯罪易于得逞。

### （五）后果严重，危害性大

由于财务人员直接统管单位大额资金，一旦犯罪给国家、集体和单位造成的损失非常大，危害严重。这种危害性体现在两个方面：一是给单位造成巨大损失；二是体现为无形的损失，即企事业单位的廉政建设和财务人员信誉受到损害。

## 二、财务人员职务犯罪的原因

财务人员职务犯罪之所以呈现多发、易发的态势，主观方面是人的世界观、人生观、价值观发生扭曲，个人主义心态膨胀所至。但发案单位在管理制度上的薄弱混乱，违反财务管理规定，对规章制度漠然置之也值得关注。

### （一）违法设立"小金库"是财务人员职务犯罪的重要原因

分析表明"小金库"是促使贪污、挪用犯罪滋生蔓延的土壤，其原因在于"小金库"的隐蔽性决定了只有少数财务人员和有关领导知道，因此存在难以监督的天然缺陷；也由于"小金库"是私设的账外账，财务审计审核一般不会对"小金库"进行审查，使之相对处于一种"绝缘"状态，因此对其贪污挪用不易被发现；"小金库"的使用记录通常是流水账甚至无账可稽，资金使用真实状况难以掌握，容易诱使经手管理"小金库"的人员滋生贪污、挪用的动机。

### （二）财务监督的方式力度不够

一是会计人员同单位或部门负责人的关系不对等，监督职责难以实现。《会计法》规定：会计人员有权利和义务监督企业的账目。但实践中，会计人员同单位或部门负责人之间是领导与被领导的关系，会计人员的作用是"助手与参谋"，领导的指示会计人员不能违背。因此会计对资金的流向、使用等监督难以做到。

二是会计与出纳相互监督不到位。《会计法》明确规定，会计、出纳应相互监督，自觉履行《会计法》规定的义务，认真落实各自职责。而实践中，一些会计、出纳要么因为长期共事相互信任或关系密切，放弃监督，要么因为一方与单位主要领导关系特殊，不敢监督，甚至相互之间都握有对方"把柄"不愿监督。

三是对派出机构监督松懈。驻外机构的财务账目通常是独立核算，大多数总公司每年对其审查和检查一次。但是，这种审查和检查往往存在"五多五少"，即事先通知检查的多，不通知突击性检查的少；听下级汇报的多，深入调查的少；表现检查的多，触及实情的少；做虚文章的多，落实具体的少；研究论证的多，解决实际的少。

### （三）财务管理薄弱混乱，规章制度不健全不落实

一是对现金的借出、使用及归还监管不严，财务部门定期盘存款项等检查制度未切实执行，为不法分子提供了可乘之机。二是对各种财务凭证、单据管理不规范。凭证、票据、印章等随意放置，随手可取，致使犯罪分子作案轻易得手。三是违反《会计法》有关会计、出纳岗位分离的规定，有些单位对会计、出纳错误地实行一人多岗，或互相替岗，或职责不清，使不法分子有机可乘。四是会计、出纳之间相互代替履行对方职责，为作案者提供了作案机会。五是有的单位不按规定管理电脑，对微机管理系统升级不及时，制度不健全，对微机人员管理不严，使犯罪分子作案得手。

### （四）部分财务人员素质不高，价值观错位，职业道德差

从事财务工作的人员，需要具备一定的专业素质和职业道德素质。但由于一些单位领导对此认识不足，重视不够，将财务人员视为单位普通职工，只要信得过就行，导致一些专业素质不高的人员进入到财务工作领域。另外，一部分财务人员职业道德素质差，虽有财会专业知识，但缺乏应有的职业准则和廉政操守，再加之价值观错位，对金钱诱惑抵抗力低，特别是在单位领导自身不正、管理监督不到位的情况下，这些人员极易滋生贪污、挪用犯罪动机，实施犯罪行为。


### 三、预防财务人员职务犯罪的对策

预防财务人员职务犯罪应当贯彻"标本兼治、综合治理、惩防并举、注重预防"的反腐败方针，按照抓紧建立健全与社会主义市场经济相适应的教育、制度、监督并重的惩治和预防腐败体系的要求，有针对性地采取有效措施，全力遏制"小金库"的滋生。

### （一）尽快建立与社会主义市场经济相适应的财务制度，遏制"小金库"滋生

"小金库"屡禁不止，与单位财务管理和监督制度不落实有重大关系。为此，一要建立与社会主义市场经济相适应的财务制度，建立与此相适应的财务管理和监督体系，保证国家集体财产的统一完整。二要严格财务管理制度，严肃财经纪律，经济业务往来应严格按有关规定进行结算，坚决制止侵占、转移、截留、隐瞒、挪用专项资金、业务收入的行为。

《卢评贪渎》

三要着力提高领导干部的素质，加强审计监督，促进财务公开、民主理财，消除"小金库"存在的社会土壤。四要加强监督，充分履行监督职能，加大经常性的监督检查。

有关单位的纪检、监察、审计等部门和检察机关要切实加强相互联系与协调，依法从严惩处私设"小金库"行为。

## （二）进一步建立和完善各项内部会计控制制度并坚决执行

当前应着重加强完善和落实以下三个方面的制度：

首先，加强对财务收支的管理。一是对审批手续不全的收支，不能在财务上冲销；二是对违反规定的收支，应当制止和纠正；三是对违反国家制度的收支，不予办理；四是对严重违反国家利益和公众利益的收支，应当向主管单位或财政、审计、税务机关报告。

其次是加强对原始凭证进行审核和监督。一是对原始凭证真实性、合法性的监督；二是对原始凭证准确性和完整性的监督；三是注意对原始凭证的保管。

最后，加强对会计账簿、财务印章的监督管理。严禁造假账、私设账外账，对伪造变造或者故意毁灭账簿、私设账外账行为，应当坚决治理和纠正，追究违纪违法责任。特别是对印章（鉴）的管理要坚决执行分管制，杜绝出纳一人保管涉及货币资金所有印章（鉴）和支票的行为。还应注意对库存现金及银行存款的监督检查，会计应每月定时或不定时检查核对出纳现金及银行存款的收支结余情况。

## （三）强化制约机制，落实监督措施

一是上对下的监督。单位领导要加大对财务部门管理力度，定期或不定期组织财务检查及审计，防止财务工作中可能出现的管理"真空"，保持财务信息沟通流畅，防止财务数据失真，形成犯罪隐患。二是严格执行不相容职务相互分离原则，实行会计出纳岗位分离，相互监督、相互分离，各司其职，各负其责，严格按照制度执行。三是建立科学合理的制约机制，实行财务支出授权批准制、双签制或会签制。大额支出必须经领导班子集体研究、审核。四是接受群众监督，实行财务公开。对财务收入和支出的依据、项目、金额，要一律向本单位本部门公开，接受全方位的监督。

## （四）推行会计委派制

会计、出纳人员的选用非常重要，选用得当，对一个单位的经营管理起促进作用。反之，会给一个单位带来严重损害。为从源头上治理财务人员犯罪，有条件的单位应实行会计委派制。会计委派制的内涵，主要指政府部门和产权单位作为所有者，向国有机关、企事业单位委派会计，承担对被委派单位的会计核算和经济活动监督，并在业务上受委派单位领导，通过会计核算参与其内部管理。由于委派会计人员是代表委派部门监督被委派单位的会计行为和经济活动，职权相对独立于被委派单位，能依照委派单位赋予的职责权限，在充分支持被委派单位依法理财、自主管理的前提下，发挥会计监督作用，能更好地履行职责。

## 警惕"一把手"犯罪

近年来，检察机关立案侦查的职务犯罪统计结果表明："一把手"领导干部犯罪占较高的比例。从新闻媒体报道来看，"一把手"利用职权进行犯罪活动后果相当严重，人民群众无不对之深恶痛绝。"一把手"实施的职务犯罪危害大，影响深，辐射面广，它往往是烂了一窝、坏了一层、倒了一片，严重败坏了党和政府的形象，侵蚀了国家政权基础，阻碍了社会主义现代化建设事业。加强对"一把手"职务犯罪现象的研究具有重要的现实意义。

### 一、加强对财权的监督制约

目前很多单位的所有开支都是由"一把手"审批、签字、报销，部分"一把手"趁机自批自花，贪污挥霍。其通常采用的是多开发票或与单位无关的开支签字后拿到单位报销的手段。预防此类职务犯罪的对策是加强财务监督，制约"一把手"的财权。

第一，加强内部财务人员的权力和责任心。财务人员肩负审查单位开支的职责，但由于担心"一把手"给穿"小鞋"，不敢履行对"一把手"的监督职责，从而失去预防"一把手"利用财权进行犯罪的第一道防线。针对此种现象，有必要对财会人员实行特殊管理，国家统管委派。这样可以去掉财务人员的后顾之忧，使他们切实行使起监督职权。

第二，推行重大开支的集体讨论制及全面公开财务。犯罪是秘密进行的，重大开支的集体讨论，扩大了知情面，可以及时发现开支的不正常，全面公开财务开支可将其置于人民群众的监督之下。实践证明：人民群众是真正的英雄，群众的眼光是雪亮的，任何犯罪都难逃群众的眼睛。

第三，加强专职审计。专职审计具有业务素质高、独立性强的特点。定期审计与"一把手"离职审计相结合，是预防"一把手"职务犯罪的最后一道防线。

## 二、加强对人事权的监督制约

检察机关查办的贿赂案件中有相当一部分是"一把手"利用手中的人事决定权进行权钱交易，对"一把手"人事权进行监督制约是预防"一把手"职务犯罪的一个重要方面。

第一，建立科学的干部考核制度。现在干部考核制度是单位领导推荐，上级组织部门考核，部门领导不推荐就进不了考核范围，而且领导的推荐要么是一言堂，"一把手"说了算，要么是搞个民主测评，发表打对号，至于测评的结果都不公开；而到了组织部门考核，是在已有圈圈、框框上测评、征求意见，测评同样不公布结果，这样就使少数不称职的干部被提拔重用到领导岗位，为"一把手"犯罪埋下伏笔，所以完善干部考核制度、把好用人进口关，是制约"一把手"人事权的一个环节。

第二，全面公开条件，推行公平竞争机制。"一把手"利用人事权进行权钱交易，不仅表现在提拔干部上，而且发生在评职称、晋级、调动工作等方面和环节。彻底公开条件，推行公平竞争可以引导竞争者本人把心思和力量花在学习提高自身素质上，防止一味找"一把手"打招呼、批条子现象。

第三，走访检察机关、纪检监督、审计信访部门，了解选用干部的群众反映，因为这些部门掌握大量群众反映的意见，组织部门与其互相通气，可以防止群众意见大的人被选用，避免一边调查一边升官的怪现象。

总之，对"一把手"人事权的监督制约是防止出现跑官、卖官现象的一个主要方面。

## 三、对重大问题决策权的监督制约

现行普遍采用的厂长经理负责制、行政首长负责制，一方面虽可提高工作效率，但为部分"一把手"搞幕后交易提供了机会。要将重大工程发包"一把手"说了算改为全面推行公开招标，解决"豆腐渣"工程建设部门领导腰包鼓起来的现象；要变原料设备的采购"一把手"决定为竞买竞卖，解决亏了单位，肥了个人的问题。

第一，真正贯彻实行民主集中制，切实做到凡属重大问题集体讨论民主决策，以集体权力制约滥用权力的行为，认真开展批评与自我批评，发挥集体监督的作用。

第二，实行领导政务活动公开制度，避免暗箱操作，把重大事项的决策原因、决策结果、决策依据、决策执行过程通过一定形式公开，增加透明度，铲除腐败产生的温床。

第三，争取群众支持，强化群众监督。在整个监督体系中群众监督是最能起作用的监督，没有真正的群众监督，监督就有局限性。何以20世纪五六十年代职务犯罪销声匿迹，就是因为当时党和国家发动起来了群众。当然，想发挥群众的监督作用，就必须利用法律切实保护群众的监督，对公民的控告、检举、批评、申诉要及时受理，认真处理，千方百计争取人民群众的支持。

第四，引导舆论监督，借鉴某些国家的经验，发挥舆论监督的特殊作用。

## 四、重视对"一把手"职务犯罪查处，发挥司法机关特殊预防威力

从近几年检察机关查办"一把手"职务犯罪的情况看，触目惊心，令人担忧，往往是查了一批又冒出一批，而且这种犯罪在社会主义市场经济完善和发展过程中还在呈上升趋势，况且其与一般职务犯罪相比不仅危害大、影响深，而且发现难、查证难、处理难。这些"一把手"凭借长期在官场上织就的关系网，四处活动，干扰办案，加之法律制度有疏漏，故查办"一把手"职务犯罪力度及威慑力显得不够，特殊预防作用不能得到有效发挥。为有效遏制"一把手"职务犯罪蔓延，除上述事前预防外，还必须加大对"一把手"职务犯罪查处的事后预防。

第一，各级职能部门要重视对"一把手"职务犯罪的查处，态度坚定，旗帜鲜明，真正做到对"一把手"职务犯罪无论牵扯到什么人都要坚决查处，坚决处理。

第二，提高检察机关反腐败机构权威，理顺体制上的关系，加强司法机关惩治犯罪的独立性，克服地方保护主义等因素干扰。

第三，完善相关法律，不给犯罪分子有机可乘。当前在司法实践中，之所以打击不力，群众有怨言，除人为因素外，与法律制度有疏漏也有很大关系。比如领导干部收入申报尚无法明确法律要求，领导干部的各种收入不能固定，使得受贿行为、巨额财产来源不明罪在司法实践中操作不力，放纵了犯罪。

第四，在具体惩治手段上要多管齐下，综合运用法律、行政、经济等手段。对"一把手"职务犯罪除了判处徒刑外，还要适用财产刑，并且要剥夺一定期限的政治权利，不能让这类犯罪分子刑后继续担任职务。

第五，要重视对"一把手"职务犯罪包庇、干扰等案件的查处力度，特别是要对地方部门领导的行政干预采取相关措施。构成共犯的要并案侦查，构成违法违纪的要移交有关部门处理，净化对"一把手"职务犯罪查处的周边环境，真正向党员和群众昭示党和政府反腐败决心。

### 五、发挥审计作用，对"一把手"开展经济责任审计

从 1999 年我国明确对县级以下党政主要领导干部开展经济责任审计开始，审计对象的范围逐步扩大，级别不断提高。2005 年，党政领导干部经济责任审计范围扩大至地厅级。

据国家审计署公开资料，1998 年至 2010 年 10 月，全国各级审计机关审计领导干部共计 41 万多人。其中，党政领导干部 38 万多人、国有企业领导人员 3 万多人。审计查出由领导干部直接责任造成的违规问题金额和损失浪费问题金额合计 684 亿多元；各级党委和干部管理、纪检监察部门参考审计结果，免职、降职、降级、撤职和其他处分共计 1.81万人。

总之，对"一把手"职务犯罪的预防，不是一朝一夕可以完成的，而是一项长期而艰巨的任务。只有从制约监督权力入手，堵住源头，结合教育和打击，形成各部门、各单位齐抓共营合力，才能有效遏制"一把手"职务犯罪的多发势头，确保改革开放事业顺利进行。

## 防腐重心在管钱

一般地说，腐败行为有三个基本要素：权、钱、人。这些年，我们更加注重治本和预防，"管权"、"管人"的力度逐步加大，也取得了明显的成效。相比之下，对"管钱"就不那么重视。表现在实际工作中，对"管钱"显得办法不多、力量不足，这方面的问题很多。

一是"跑部钱进"。政府一些部门手里掌握大笔资金，本意是用于本部门主管的事业发展。虽然政府对如何使用这笔资金有规定，但是这些规定大都比较原则化，具体到给谁不给谁、给多少，主要由该部门的负责人（如部长、局长、处长、科长）决定，因此在事实上就形成了"钱给谁都可以，就看谁跑得好"的状况。在这种情况下，一些地方为了自己的发展，千方百计搞"公关"，有的利用乡情、亲情、友情，有的直接送钱送礼品，"打通关键人"，获取政府的立项和投资。一些部门负责人利用这种自己说了算的权力，或者被动地被"糖衣炮弹"击中，或者主动设局"寻租"，滑进腐败的泥潭。一些地方的"驻京办"变成"腐败办"，直接诱因就是"跑部钱进"。

二是私设"小金库"。一些机关、部门和单位，运用权力和影响，通过截留、非法创收甚至巧取豪夺，获取一些资金，设立本单位的"小金库"。这笔钱既不列入单位预算，也不进入领导干部个人腰包，而是作为本单位"公关"之用，其中主要是向上级领导机关和领导干部请客送礼。

这些年一些领导干部收受下级送的钱或礼，主要的不是下级领导干部个人掏腰包，而用的是"小金库"的钱。下级领导干部则是"花公家钱，结自己缘"。"小金库"是腐败的重要滋生园地。这些年，治理"小金库"问题取得一定成效，但至今问题仍然很严重。据审计署披露，从1998年到2006年上半年，全国审计机关共查出"小金库"（含挤占挪用的资金）金额1406亿元。其中比重较大的是，机关事业单位占52%，企业占28%，金融机构占18%。近年来的审计结果和财政监督检查结果都显示，"小金库"的易发区已不再限于工商企业，高发区还集中到行政事业单位、少数权力部门、金融机构和垄断行业及其二级以下预算单位更为突出。2003年云南省审计厅发现，全省计99家公安机关设置"小金库"，共计人民币2367万元。江苏省审计厅对省属46所高校专项审计发现，有80%的高校不同程度地存在"小金库"问题。

三是收送大额现金进行权钱交易。改革开放以来，权钱交易已经成为腐败的主要形式。案例表明，腐败案件涉及的资金数额动辄上百万、千万甚至亿元，且大都是现金交易，有的行贿者用麻袋装着数额巨大的钞票"送礼"。少数贪官甚至携带巨额资金外逃。原河北省外贸厅副厅长兼省机电办主任李友灿，利用执掌全省汽车进口配额的分配大权疯狂揽钱，在任职期间，先后受贿高达4723万元，平均月受贿170多万元，日受贿5万多元。李友灿受贿基本上都要现金，为此他索要一辆轿车专门"运钞票"。2002年他一次性受贿1640万元，他把钱分放到16个旅行包里，开着自己的"运钞车"整整拉了三趟才拉完。

因为"管不住钱"而使得腐败现象在某些部门显得十分突出，这是人们有目共睹的。这就需要我们必须加深对"管住钱"重要意义的认识，切实把"管住钱"提到预防腐败的重要日程上来。

从预防腐败的角度看，"管住钱"是多层次、多领域、多方面的系统性要求。在当前和今后一段时间，首要的是贯彻落实党的十七大在"管住钱"、"用好钱"的问题方面提出的一系列新要求：一是围绕推进基本公共服务均等化和主体功能区建设，完善公共财政体系；二是深化预算制度改革，强化预算管理和监督，健全中央和地方财力与事权相匹配的体制，加快形成统一规范透明的财政转移支付制度，提高一般性转移支付规模和比例，加大公共服务领域投入；三是完善省以下财政体制，增强基层政府提供公共服务能力；四是实行有利于科学发展的财税制度，建立健全资源有偿使用制度和生态环境补偿机制；五是推进金融体制改革，发展各类金融市场，形成多种所有制和多种经营形式、结构合理、功能完善、高效安全的现代金融体系；六是提高银行业、证券业、保险业竞争力；七是优化资本市场结构，多渠道提高直接融资比重；八是加强和改进金融监管，防范和化解金融风险；九是完善人民币汇率形成机制，逐步实现资本项目可兑换；十是深化投资体制改革，健全和严格市场准入制度。这些要求，体现了经济全球化条件下我国社会主义市场经济发展的必然性，也反映了新形势下预防腐败、"管住钱"的紧迫性。

当然，要真正管住钱，还要研究许多新问题，形成一系列切实可行的健全的制度规定。

其一，改革国家财政的决策制度和管理制度。应该把财政预算的实际权力交给人民代表大会及其常委会。政府及其首长实际可以支配的财力要减少，而且必须公开。只要是政府掌握的钱，不论多与少，它用在了哪里，为什么要用在那里，都要公之于众，使每个公民都能够随时上网查到，所提出的疑问都能够得到负责的答复，不当的做法都能够及时得到纠正。这样才能减少"跑部钱进"导致腐败现象发生的机会。

其二，运用先进的现代科学设备和技术，多使用"刷卡"、"走账"方式，尽可能减少现金流通。这是世界上许多比较廉洁的国家的共同经验。法国是发达的市场经济国家，但在市场上流通的货币却很少，主要手段是"刷卡"、"走账"。在法国，公务员收到万元以上大额现金贿赂几乎是不可能的事情，因为他不敢把这些钱存入银行。如果有人动用大笔现金，就会受到查询。法国的每个公民在法兰西银行设有一个终身账户，而且全国各类银行实现联网。任何公民在银行存入的现金只要超过1万欧元，银行马上就会向财政部的反洗钱机构报告。财政部就会把这个公民的存款同他申报的个人所得税作比较分析，如果有很大出入，超过了政府规定的比率，即视为有洗钱或在其他方面作弊的嫌疑，并对其展开调查。在法国，大小官员或普通公民买房产、贵重物品及其他不动产，都不能用现金交易。这样，受贿的官员即使有大笔现金也无处可花，极大地限制了对他的资金贿赂。为了加大对洗钱行为的打击力度，法国政府还专门成立了一个类似克格勃的秘密警察机构——情报总局，这里的工作人员每天出入酒馆、赌场或色情场所，观察洗黑钱的嫌疑，对于洗钱犯罪形成了极大的威胁。法国的银行对个人失信的惩罚也很严厉，发现有谁开空头支票，就把谁列入"黑名单"，这个人将永远被剥夺使用支票的权利。他们的这些做法，值得我们参考和借鉴。比如说，我们也应该健全大额和可疑资金交易报告制度。对于大额度资金（1万元或者10万元以上）的流通，财政、监察部门要予以监管，加大银行在监管货币流通方面的功能，严厉打击洗钱行为。

其三，严格管理预算外资金，把它置于可控制的范围之内。要采取更有效的措施，尽可能减少直至消灭党政领导机关的"小金库"。多年来的实践表明，治理"小金库"的确很难，难就难在它同领导机关和领导干部的实际利益直接挂钩，而往往又以"有利于公务"的面目出现。对此，必须坚持教育先行，使所有干部群众都知道，设"小金库"是违法行为；"小金库"是滋生腐败和不正之风的园地；消灭"小金库"是加强反腐倡廉建设的紧迫任务。应该适时开展一次"小金库"专项治理行动。认真贯彻中共中央办公厅、国务院办公厅下发的《关于进一步开展治理"小金库"的意见》。通过研究，对"小金库"范畴进行规范界定，制定近期和中长期工作目标。明确现阶段治理"小金库"工作的重点即"打击'黑色支出'，遏制'灰色消费'，坚持疏堵结合，加强制度建设，明确各方责任"。要加强管理和制度建设，着重健全公共财政保障制度、收入分配制度和财务公开制度，做到"开通正路、关闭邪路"。同时，加强对"小金库"问题的监督检查，加大对责任人员特别是领导者的惩处力度。只要上上下下加强管理，"小金库"问题就不难解决。

# 用制度设计让"腐败无门"

### 官小出纳为何"震动业界"

从偶尔买几注彩票玩玩，到挪用公款几十万元大额购买彩票，进而一次挪用几百万元疯狂购买彩票，以期"一夜暴富"，最终他挪用公款亏空高达303万余元，给单位带来了巨额债务负担，自己也身陷囹圄。

这就是因挪用巨额公款买彩票而震惊河南邮政业的张东旗，案发前任河南省济源市邮政局出纳。

一个小小的出纳究竟何来如此巨大能量，竟能独自完成这件"惊天大案"？

2011年12月31日，在河南省三门峡监狱举办的一场警示教育活动中，张东旗现身说法，讲述了自己的"堕落之路"。

已46岁的张东旗，案发前任济源市邮政局出纳。2003年，他尝试着购买彩票，乐此不疲。2005年，张东旗花42元，中得奖金11000多元。自此，诱发其依靠买彩票来发财的梦想。2005年10月底，因没有资金买彩票，张东旗第一次动用公款，当时只用了100元钱，此后一发不可收拾，到2007年9月，他挪用公款已达100万元。2007年10月，张东旗一下买了近两万元彩票，结果还真中了117万元大奖，更是激发了他买彩票的激情，他每天都买两三万元的彩票，很快把剩余奖金全赔进去了。他又开始挪用公款，最多时挪用公款二百三四十万。然而，"财神"的恩惠再也没有降临于他。截至2009年2月9日投案自首时，张东旗亏空公款303万余元。随后，张东旗银铛入狱。

张东旗的案例在震惊邮政业的同时，也给济源市检察院办理此案的检察官带来了思考，一个小小的出纳为何有如此大的能量，多年连续挪用单位大量资金却不被发现？财务管理"管"在何处？漏洞又在哪里？

### 管理漏洞有待"亡羊补牢"

事实上，令人关注的不仅是张东旗这样的"蚁贪"案件。

2012年1月4日，河南省检察院向媒体通报了2011年的办案情况，全省检察机关一年来仅查办涉农职务犯罪案件就有643件1085人，涉及县处级以上人员37人，揪出不少"虎贪"。

同时，全省纪检监察机关也查处了一些违法违纪的党员领导干部。仅在由省纪委牵头组织开展的全省农村低保专项检查工作中，纪检监察机关就立案749件，已查结531件，给予党政纪处分316人，组织处理78人，移交司法机关22人。

然而，从查处的案件来看，腐败的产生无不与管理漏洞有关。

"反腐倡廉是一个系统工程，如果堵不住管理上的漏洞，就永远也防不了钻空子的蛀虫。只有把打击防范和制度建设结合起来，才能筑起反腐倡廉的铜墙铁壁。"叶县检察院检察长刘新义说。

为此，近一个时期以来，平顶山市检察院思考对策，以求破解如何堵住管理漏洞这一难题。

比如，"一把手"贪腐犯罪突出，如何把权力关进笼里？近年来，"一把手"贪腐犯罪不断发生，且涉案数额大。广西玉林市原市委书记李乘龙收受他人贿赂款374万多元，另有不能说明合法来源的财产650多万元及其他财物，李乘龙最终以受贿罪和巨额财产来源不明罪被判处死刑，剥夺政治权利终身。黑龙江省绥化市原市委书记马德因受贿603万元，被判处死缓。原郑州市惠济区书记冯刘成受贿500余万元，挪用公款270万元，以受贿罪、贪污罪被判处无期徒刑。还有铁道部原部长刘志军因涉嫌违法违纪，已被有关部门立案调查……

前不久，中国社会科学院发布我国首部《反腐倡廉蓝皮书》，其中有一项关于对党政"一把手"的监督现状调查。75.8%的受访者认为，对党政"一把手"及其权力运行缺乏有效监督。

### 如何把权力关进"笼"中

有观察家指出，对"一把手"的权力实施监督，必须依靠民主集中制，减少和约束"一把手"的权力行使，防止"一句话"、"一支笔"、"一点头"、"一拍脑袋"的权力效应，防止"我的权力我做主"。

另据平顶山市检察院的分析报告显示，除"一把手"贪腐犯罪突出外，还有"小官犯大案"、工程土地领域腐败高发、串案窝案频发、商业贿赂"潜规则"盛行、企业改制资产评估"假"字当头、玩忽职守案频发、"边腐边升"持续时间长、贪官外逃屡屡得逞、农民征地补偿款被侵吞等九大类腐败现象也比较突出，成为急需破解的难题。

值得关注的是，上述腐败现象警示人们，不光是"老虎"式鲸吞国家资产的巨贪，蚕食百姓利益的"蚁贪"也要高度警惕。前不久，郑州一村支部书记贪污、受贿 2000 多万被查。事实上，当"老虎"、"苍蝇"、"蚂蚁"一起疯狂食利，其贪腐行为将消解公众对党和政府的信任感，颠覆财富分配的公平感，销蚀全民共享改革与发展成果的幸福感。

不可否认，事后查处固然能够体现反腐成果，但更应该强化的是源头的防范。因此，必须强化制度管"官"，制度的堤坝绝不能决口。

### 顶层设计寻求新突破

2012 年 1 月 9 日，胡锦涛总书记在第十七届中央纪律检查委员会第七次全体会议上要求，要认真总结党风廉政建设和反腐败工作的有益经验，努力把握新形势下反腐倡廉建设的特点、规律、发展趋势，以战略眼光、改革精神、创新思路谋划今后工作。"并按照建立健全惩治和预防腐败体系要求，全面推进反腐倡廉各项工作，加强调查研究和科学论证，注重顶层设计和总体规划，建立健全惩治和预防腐败长效机制。"

对此，针对易生腐败的重点领域，如何遏制腐败，平顶山市检察院也"亮"出了自己的"设计"。

比如，面对工程土地领域腐败案件高发的现实，行政权力要与市场"骨肉分离"，全面推行"阳光工程"，充分发挥市场资源配置作用，让"看不见的手"来发挥作用。而作为领导干部要约束自己的行为，不把等价交换原则带入权力运行之中，做到不写条子、不打招呼，不干预市场经济活动。

串案窝案为何频发，利益链为何斩不断？为此，要加大反腐办案力度，加强权力的互相监督和制约。尤其在一个单位、一个部门要形成良好的风气和人际关系，防止权力附庸。

针对商业贿赂这一顽疾，要用铁的制度限制公权力。减少权力对市场的干预，让一切商业行为在公开、公正、公平、合理、统一的市场规则下进行。

另外，在企业改制资产评估中，如何严防"假"字；玩忽职守案件频发，如何防止权力被滥用；如何避免"边腐边升"和"带病提拔"的现象；如何不让贪官外逃得逞……所有这一切，都亟待靠堵住管理和制度上的漏洞去破解。

尤其是面对农民征地补偿款屡屡被侵吞的现状，必须捅破不透明的窗户纸，将土地补偿款的发放、管理公布于众，让群众全程监督，不被蒙在鼓里。有关部门对补偿款的发放也必须跟踪监督，而不能一发了之。

2012 年，是落实《建立健全惩治和预防腐败体系 2008－2012 年工作规划》的收官之年。

对此，中国社会科学院"反腐倡廉建设课题组"组长、中国社会科学院中国廉政研究中心理事长李秋芳认为，我国反腐倡廉建设从理念和举措上还需在几个方面着力。首先是确立"廉洁发展"理念，把廉洁文化植入社会主义核心价值体系之中；还要培育对贪腐行为的零容忍社会心理，既要办好大要案，也要做到"小腐即惩"；强化对党员干部从政行为的监督；此外，还要拓展专项治理工作领域，用严格明确的制度规范公职人员行为。

### 让官德考察成为"铁门槛儿"

官德不彰，民风不淳，从古至今，概莫如此。

当今谈起官德，有些干部特别是领导干部的不规言行，确实让人嗤之以鼻。且不说那些贪得无厌的贪腐官员，就是那些主宰一个部门、一个行业的"掌门人"，其道德品质，有的连普通百姓都不如。这么说是不是有点过分？记者认为并不过分。比如，发生在 2011 年，沈阳市沈河区工商局局长杨晓松大闹某报社的事，就让人大跌眼镜。

据报道，杨晓松的妻子和儿子开了一家面包店，因销售的粽子变质长毛，被某报社曝光。为此，杨晓松一家"咽不下这口气"，非要杀杀记者的"威风"。于是，不但其妻大闹报社，杨晓松更是带着大批人马冲击报社，干扰报社的正常办公秩序，并扬言要和记者单挑。更让人愤怒的是，大闹报社的事情发生后，杨晓松不但不反省自己的错误，而且为了掩盖大闹报社的真相，他利用自己的人脉关系封锁消息，企图让报社不要针对此事发稿，也不要接受别的媒体采访。杨晓松的行为表明，领导干部的道德风范在他身上已荡然无存，公务员的守法意识、职业道德意识也与他彻底无缘。正如当地老百姓所指责的："作为一个工商局的局长找报社记者'单挑'，这与黑社会老大有什么两样！"

像杨晓松这样官德缺失，对政治道德、职业道德、家庭美德和社会公德不以为然、不屑一顾的领导干部，恐怕还为数不少。眼下个别领导干部道德失范、言行乖张、雷语不断，着实让人所不齿。有威吓记者的如："小心你的小命"、"那么我是不是拉屎也要告诉你？臭不臭也要告诉你……"等；有傲视百姓的："我是交通部派下来的……你们这些人算个屁呀！"、"领导就是骑马坐轿，老百姓想要公平，臭不要脸"等，不一而足。

这些丑行恶言，虽然只是表现在少数干部身上，但也不可小觑。当然，改革开放 30 多年来，我们党坚持贯彻干部队伍"四化"方针和德才兼备原则，干部队伍的整体素质确实有了明显提高。但也必须承认，在经济社会发生深刻变化的条件下，少数干部道德滑坡的现象仍较严重，有的对党和国家缺失忠诚，丧失信念，言行不一；有的把市场规则引入党的政治生活，跑官要官，买官卖官；有的放松品德修养，放弃个人操守，情趣低下，包养情妇情夫……少数干部的这些无德之行，败坏了社会风气，损害了人民利益，也直接影响了党的形象。为此，在2011年召开的全国组织工作会议上，胡锦涛总书记明确提出选人用人要坚持德才兼备、以德为先的原则。这是在新形势下我们党选人用人原则的新要求，是全面提升干部素质的新任务，必须予以高度重视。

历史经验证明，在中国这样一个传统积淀深厚的大国，社会倡导的主流道德价值能否实现，能否真正起到以德治国和"化育万民"的作用，官员阶层的"公正廉明"是关键，官员的道德高度就是整个社会的道德高度。对不良官德采取"零容忍"，已经没有退路，尤其在全国省、市、县、乡四级党委政府正自下而上进行集中换届的当下。

然而，像杨晓松这类少数"失德"干部为什么能在或者说被提拔到领导岗位？原因虽然很多，但考察干部这个重要关口没有把严把细，不能不说是一个重要原因。据反映，由于官德衡量存在具体量化的困难，考察官德不易操作，所以出现了少数地方在选择干部时对干部品德考察了解只是走走形式，只重政绩，忽视品德表现，致使一些"失德"人员堂而皇之地走上领导岗位。事实说明，要落实选拔干部德才兼备、以德为先的原则，必须把考察官德落到实处，从源头上控制"失德"官员进入领导层。但如何使考察官德真正成为"铁门槛"，挡住缺德者的晋升路，营造重德、尚德、修德的良好氛围？记者联系一些地方的做法和建设分析，认为有四个方面值得借鉴或考虑。

### （一）建立切实可行的干部道德考核指标体系

不可否认，考核干部各地都有自己的一套做法，也可以说各有各的高招。但在考核干部道德方面的成功做法，恐怕就不多了。这就说明，个别领导干部道德沦丧，与某些地方的干部道德考核标准缺失有很大的关系。因此，要坚持选用干部将"德"放在首位，应当依据《公务员法》的要求，建立、健全一套符合实际、切实可行的干部道德考核指标体系，对干部"具有良好品行"进行具体规范，着力在干部政治品德、社会公德、家庭美德和职业道德等方面分别给予合理权重。可能有人会说，家庭美德无足轻重，其实不然。前不久，江苏省沭阳县对96名乡科级"一把手"考核中，就把"能孝敬父母、忠于配偶、关爱子女、尊重邻里"作为个人品德考核的重要内容，得到了干部群众的广泛赞同和支持。有的干部说得好，"家德"折射"官德"。一个不能清白为人者，何以清白为官？一个不能善待父母者，何以善待百姓？一个对家庭缺失道德责任感的人，怎能指望他对国家履责、对社会负责？在建立的干部道德考核指标体系中，应把严查热衷于信仰上"唯鬼神"、服务上"唯上级"、工作上"唯形式"、制度上"唯专制"、人生上"唯名利"作为任务指标提出来。对官德进行全面考察、综合分析，准确评价干部的德才表现，以得出科学合理的结论。

### （二）把吸纳广大群众参与评判落到实处

俗话说得好：群众的眼睛是雪亮的。一个干部的品德好不好，不是看一时的即兴表演，而是看平时的一贯表现。因此，最有发言权的不是上级领导，也不是考察官员，而是经常与之相处、接触的干部群众、左邻右舍。所以要充分掌握一个干部"德"的真实情况，就得真心实意地吸纳广大群众参写评判，并给他们撑腰，让他们知无不言，言无不尽。2011 年，重庆市创新干部考核方式，变"官评官"为"民评官"，收到的效果就很好。据报道，今年重庆市把参与民主测评、民意调查的人员范围由以下级和同级为主，扩大到以服务对象和一般群众为主，变"官评官"为"民评官"，并尽可能地将主观、抽象的考核指标，转化为群众易于感知评判的具体项目和量化标准，切实扩大群众在干部考核中的话语权。重庆的做法值得借鉴。有些建议也很值得参考，例如某单位提出，吸纳广大群众参与评判干部的"德"：一要强化公开工作，将考察对象的情况于考察前公示，让大家广而知之，让群众广泛参与。二要制定激励措施，以调动群众参与评议干部的积极性。三要畅通群众反映意见的渠道，便于群众讲真话，反映真实情况。四要健全保护措施，使适时举报、反映真实情况者免遭打击报复。

### （三）改进考察方式，提升考察水平

考察在人、在方法，考察者水平不高，方法不对头，就很难收到好的考察效果。因此，提高考察水平，让考察方法切实可行，是让官德考察成为"铁门槛"的重要一环。山西省蒲县煤炭局原局长郝鹏俊在北京、海南等地有房产 35 处，身家达数亿元。对于这样一个毫无官德的贪腐干部，居然在煤炭局长岗位上干了十几年。这期间，群众多次举报过，也经历了多次考察整治，但每次郝鹏俊都能瞒天过海，局长照当不误，究其原因，除了他与某些领导有着千丝万缕的联系，出了问题会有各方的人出面说情外，就是对他的考察不深不细，没有抓住他的要害部位，用纪检部门的话说，就是抓了芝麻丢了西瓜，让他得以长期逍遥法外。这足见改进考察方式、提高考察水平有多么重要。为此，有人建议当前考察干部官德应做到三个结合：一是换届考察与平时考察相结合；二是正式谈话与暗访调查相结合；三是平时品德表现与危急时刻行为相结合。更要真正深入基层、深入群众、深入工作场合和"八小时外"，全面了解掌握有关情况，客观辩证研判收集信息，认真写出符合客观实际的"官德"考察报告。

### （四）考察者要勇于碰硬，敢于动真格的

人们知道，考察干部是关系干部升降的重要关口，考察者免不了要碰到"软的"：说情讨好，送礼换关照；遇到"硬"的：言词恐吓、人身

伤害。因此，要真正做到将"德"放在首位，让"德"成为干部升迁的"铁门槛"，考察者就要勇于碰硬，敢于动真格的。一是在对考察结果的评判上，要严格把关，不为利害所扰、不为甜言所惑、不为人情所困、不为威吓所惧，坚决把"无德"、"缺德"、"寡德"的干部挡在门外，公平、公正、公开地推选出群众拥护、德才兼备的人。二是对在岗的"缺德"干部，一经发现，要坚决拿下，绝不祖护、绝不姑息、绝不纵容。借用一句形象的话就是：勇当"打铁匠"，敢于硬碰硬；不学"木匠"，睁一只眼，闭一只眼；不学"泥瓦匠"，总是和稀泥。

总之，贯彻"德才兼备、以德为先"的选人用人原则，各级党委和组织部门责任重大。对于干部"德"的考察，一定要全面、客观、准确。要注意干部的政治品质、思想作风和道德修养，在当前省、市、县、乡党委政府换届工作中，确保把那些政治上靠得住、工作上有本事、作风上过得硬、人民群众信得过的干部选拔到各级领导岗位。

## 土地出让频腐败

所谓土地出让，是指国家将国有土地使用权在一定年限内出让给土地使用者，由土地使用者向国家支付土地使用权出让金的行为。它是土地进入土地一级市场法定的主要途径。

由于土地具有增值功能，且属于不可再生资源，按照市场供求规律，土地供给的稀缺性与需求的无限性，便成了经济转型时期权力寻租谋利的集中领域。我国土地资源数额巨大，极易滋生土地出让腐败。

的确，土地出让腐败在各地时有发生——在土地出让过程中，相关国家工作人员，利用职务之便以权谋私、弄权渎职、贪污挪用、行贿受贿、挥霍浪费，导致国有资产大量流失，损害了社会正义和社会公正，危害了市场经济的健康发展，损害了政府在民众心中的形象。

从制度上规范土地出让行为，有必要在制度层面对土地出让腐败发生的原因进行分析。

在我国，所有权归国家的土地的使用权出让，必须由政府主导，土地使用权方可进入土地一级市场。由于实行政府垄断土地一级市场制度，任何企业和个人要取得土地使用权必须通过各级政府，要么由政府行政划拨，要么通过土地出让。正是因为土地资产的重要性和土地一级市场的政府垄断性，围绕着土地，政府和市场上的企业或者个人发生着频繁往来。这个过程，既是政府行为，又是市场行为，极易产生腐败。正如农业部政策司原司长郭书田所说："土地出让金成为地方财政的重要来源，每年约有 5000 多亿元，属于预算外资金，是土地严重流失的强劲驱动力。"土地供应制度的缺陷主要表现在土地审批制、土地配置双轨制和土地出让"拍卖挂牌招标协议"制度等方面。

土地审批是政府权力介入土地市场的根本手段，这也是土地出让腐败最根本的体制性根源。土地出让环节中，审批的权力在市（县）级政府，以及市（县）的国土资源局手中。这些有审批权的单位及其领导，在监督缺位情况下和土地腐败暴利的驱动下，极可能发生权力寻租。比如在"慕马大案"中，辽宁省沈阳市原副市长马某想批多少土地给黑社会性质犯罪组织老大刘某便可以批多少，令人震惊。

我国实行的土地配置双轨制，增大了发生土地出让腐败的可能性。政府通过无偿的行政划拨和有偿的土地出让两种方式供应土地。在法律规定不明确和监督不力情况下，企业为了无偿占有国有土地，可能会通过贿赂打通关节，竭力非法争取土地划拨，后果自然是国有土地资产的大量流失。如马某将 3.5 亿元的土地资产无偿划拨给刘某，便是钻了双轨制的空子，给国家造成数亿元损失。另一寻租途径便是政府将本应划拨的土地变成出让，以非法取得土地出让金，后果是导致基本的城市市政建设不到位，阻碍经济发展。

如今，我国实行"拍卖挂牌招标协议"制度出让土地，相对于以前的协议为主的出让制度确实是巨大进步。但这种制度仍然有很大弊端，仍然无法杜绝土地出让腐败。土地出让有协议、拍卖、招标、挂牌四种合法形式。协议出让最易产生暗箱操作，而拍卖、招标、挂牌出让方式具有较强竞争性，因而被认为是较为公正的出让方式。这三种形式在信息公开不充分、政策设置不合理情况下，仍然有产生寻租行为的可能。如在挂牌出让中，个别地方违反国家政策，挂牌出让信息公开不充分、不及时，挂牌公告设定种种限制，限制潜在竞买人。

从实际运作的意义上说，任何国家的行政权力都是掌握在少数人即行政官员手中，而任何官员都有其自身相对独立的利益，这就存在着从私利出发滥用公共权力、滋生腐败的可能。监督制度是遏制权力寻租必不可少的手段，但在土地出让领域，监督制度运行绩效不甚理想。

在土地出让的政府行为中，理论上能够对政府进行监督的主体很多，但实际中，过多的监督主体反而使监督工作难以落实。如果监督机构的行政级别低于被监督机构，那么这种监督实际上没有多大效能。上级的监督往往是一种事后监督，因而不能很好地预防腐败的发生。社会监督，只有在事件的危害到达非常大、非常明显的程度时，才会起作用。在土地出让过程中，对政府监督的不力、不到位，给一些官员腐败造成了可乘之机。

民主集中制既是我国国家机构的组织原则，也是党的基本组织制度。它包括民主基础上的集中、集中指导下的民主两方面含义。但在现实中，往往存在这种现状：在决策时只有集中，在承担责任上只有民主，导致决策的不科学、不民主和责任承担的不明确。所谓"行政首长负责制"是指各级政府及其部门的首长在民主讨论基础上，对本行政组织所管辖的重要事务具有最后决策权，并对此全面负责。这两个制度运作起来可能会导致权力过于集中，行政首长专断决策，从而为行政权力寻租提供条件。

在我国，市（县）的土地管理权主要落在市（县）政府主管领导身上，以及市（县）国土资源局负责人、管理者手中。这些人在管理土地问题上拥有一定程度的绝对权力。根据权力的黄金定律，岂能不产生腐败？以"慕马大案"为例，如果民主集中制、民主讨论、民主决策真正落实了，马某怎会可能轻易地将价值 3.5 亿的土地无偿划拨给刘某？这确实值得我们反思！

【贪渎档案】

## 补牢在亡羊之后

　　高某，男，28岁，汉族，中专文化，原系工商银行沈阳市兴顺支行肇工储蓄所储蓄员。高某在1999年3月至2001年4月间，在代售国债业务中，通过做假凭条、做假账的手段，先后6次侵吞公款87万余元，全部用于个人炒股。在办理储蓄业务中，高利用"柜员制"业务存在的漏洞，将储户的定期存款取出转入股票账户炒股，2000年11月至12月先后三次将储户定期三年储蓄共计69万余元，全部套出据为己有。2001年10月19日，沈阳市铁西区法院以贪污罪判处高某有期徒刑十年，剥夺政治权利二年。

　　对于这个案件涉及的问题，可以总结为以下三点：

　　1. 银行管理上存在漏洞和薄弱环节是"高案"发生的主要原因，银行在账、款、章、证四大业务操作上，对临柜重要岗位管理及规章制度的落实上有待加强。高某的作案手段每一步都属违规操作，其作案得逞完全在于管理工作中存在漏洞。储蓄检查辅导员责任心不强，专业科对一些问题只从表面简单处理，于是高某可以在长达两年零两个月作案时间内，作案次数达9笔，涉案金额达150余万元。

　　2. 储蓄所主任及其他员工思想麻痹，使高某作案有了可乘之机。支行在人员管理上，重业务水平，轻思想素质，特别是缺少职务犯罪预防教育。高某在案发前曾长期用大额资金炒股，此举未引起任何警惕。有的员工不注意保管名章被盗用，有的员工三级卡被复制，使高有了可以浑水摸鱼的机会。

　　3. 检察官认为，面对诱惑而产生的心理发育滞后所带来的年轻人犯罪问题，必须引起重视。本案中，从心理状况分析，高某对新生事物接受能力强，思维敏捷，好胜心强；另一方面，他情绪不稳定，自闭又敏感，做事不计后果，享乐主义观念非常突出，这些心理是导致他犯罪的主要主观原因。

　　同时，这个案件也给我们很多启示：为尽快化解"高案"带来的不利影响，工商银行沈阳市兴顺支行一方面积极同铁西区检察院沟通，成立"预防职务犯罪领导小组"，聘请区检察院的有关领导担任顾问，在员工中广泛开展深层次的职务犯罪预防教育；另一方面在全行开展反思、整改系列活动，化消极为积极，确保支行经营管理工作的顺利进行。具体措施如下：

**（一）从加强职务犯罪预防工作着手，开展法制宣传教育**

结合"高某案件"，支行采取请检察官上大课、讲案例及组织员工参观大北监狱等多种形式的教育活动，进一步增强员工法制观念。

各部门不断完善各项管理规定，加大对规章制度执行情况的检查、考核力度，在全行干部员工中逐步建立起"三不"防线，即：构筑法律威慑防线，使人不敢犯罪；构筑思想道德防线，使人不想犯罪；构筑制度防线，使人不能犯罪。

**（二）从管理工作的薄弱环节着手，进一步加强规章制度的贯彻执行力度**

从"依法治行"的高度，针对管理工作中的薄弱环节，查思想动态、查制度落实、查工作职责；摆管理漏洞、摆工作隐患、摆存在的问题。

**（三）从整改提高着手，建立职务犯罪预防工作机制**

整改工作通过三个方面进行：一是加强对员工的法制教育，及时通报各种案例，举案说法；二是严格各项规章制度，建章建制；三是加大管理力度，将职务犯罪预防纳入银行管理之中，加强内部管理，将管理工作落实到人，层层负责并强化各级管理人员的敬业心与责任感，加大对易发案岗位及重要岗位的稽核检查力度。

只有深刻反思暴露出来的问题，认真汲取教训，采取积极果断措施，对隐患和漏洞进行整改，全面完善经营管理工作的各个环节，才是处理"高某案件"引发问题的最终目的。为使全行干部员工以"高案"为鉴，充分认识开展预防职务犯罪工作的重要意义，支行在区检察院的指导和部署下，采取"个案预防"、"系统预防"、"同步预防"等手段，完善了职务犯罪预防的工作机制，认真落实了各项预防要求。真正做到了一手抓管理，一手抓经营，确保支行经营管理工作协调有序进行。

# 港廉署反腐模式

"我非常幸运，出生在一个极度贪污腐败的社会。"在清华大学公共管理学院廉政与治理研究中心举办的政府治理学术沙龙上，香港廉政公署前副廉政专员兼执行处处长郭文纬，以这样一段带着些许黑色幽默的开场白，向国内同行们介绍了香港廉政公署成功的反腐模式。

郭文纬这位近30年来一直工作在香港廉政公署，令贪污腐败者头疼的反贪先锋这样描述自己的反贪生涯："上世纪70年代，香港的贪污腐败现象十分严重，我有幸很早就加入了廉政公署，并成为廉政先锋，从一名普通的调查员一直做到了廉政专员，使我有幸亲历了香港从一个腐败严重的城市发展到今天这样一个比较清廉的社会。"

从 20 世纪六七十年代开始,香港人口不断膨胀、社会飞速发展,社会资源不足以应付发展的需要,贪污风气日渐浓厚,"茶钱"、"黑钱"等各种贪污受贿名堂层出不穷,腐败已成为香港最严重的社会问题。

1974 年,香港廉政公署应运而生。经过几十年的不懈努力,香港的反贪污受贿工作取得了巨大成果,廉政公署成功的秘诀就是推行三管齐下反贪法。

廉政公署自成立以来,一直推行三管齐下的方式,这三管包括执法、预防和教育,三个环节相辅相成,缺一不可。

香港廉政公署分为执行处、防止贪污处和社会关系处,共有 1300多名工作人员,其中的 1000 人在执行处工作。执行处负责接受市民举报,研究、调查贪污腐败者的罪行;防止贪污处共有 100 多人,负责研究如何减少各政府部门及公共机构出现贪污腐败;社会关系处也有约 100 名工作人员,他们负责教导香港市民认识贪污腐败的危害,并鼓励市民积极支持反贪工作。

在透明国际公布的 2004 年全球政府清廉指数排行榜中,中国香港名列第 14 位,而在近年的排名中,中国香港一直在亚洲名列前茅。

郭文纬说,香港的反贪污受贿之所以能取得成功,关键是拥有一支非常专业的队伍。要想成为廉政公署的一名普通职员,光实习期就需要两年半时间,其中必须经过反复的培训、实践,通过考试之后才能成为正式职员。

另外,除了这支训练有素的专业调查队伍外,廉政公署还拥有电脑专家、会计师、律师、管理顾问、公共教育专业人士等各领域专家,以破解贪污腐败者设置的各种障碍。

廉政公署成立初期,举报人中,匿名举报占了 60%～70%,但后来,举报人中,具名举报的人员占了 75%,并且都愿意配合调查。

郭文纬说,对于这些举报人员,廉政公署会严格保守秘密,不必担心泄露任何信息。除此之外,廉政公署建立了 24 小时的投诉机制,鼓励公众举报。

"关于举报范围,我们称为零度容忍,无论是大贪还是小贪,100 元、10 元,甚至 1 元都要处理,只是调查力度不一样。在接到举报电话后,我们有一支快速反应队,随时待命出击。"郭文纬表示。

郭文纬说,一般官员贪污就会对社会产生很大影响,而高官腐败对政府、社会的危害就更大了。对于这些腐败高官而言,教育对他们所起的作用很小,送他们去学习,结果很可能是让他们一边嘴里说着改正,一边手里忙着收钱。

"如果贪污受贿的结果像一个天平，一边放着 1000 万元，一边则是坐牢甚至杀头，他们自然不会贪。但这些高官都是有知识的聪明人，如果能把证据消灭干净，并且有很硬的后台，被抓的几率很小，那么这些人就会贪污。廉政公署的任务就是要让这些贪污腐败官员全部离开政府部门。"郭文纬表示。

郭文纬认为，目前，大陆因贪污受贿等问题获罪的官员中，其家人大多也共同犯罪，防止高官贪污受贿，廉政公署的办法一直就是申报利益冲突。所谓的利益冲突就是指官员因私人利益而未能适当地履行其公职。私人利益包括员工本身、家人或亲属、朋友，以及与其有密切交往，或是其欠下恩惠而必须作出回报的人的财政或私人利益。

早些时候，"反贪要从娃娃抓起"的观点在国内引起热烈讨论。郭文纬认为，廉政教育要从娃娃抓起。

在香港，政府对公民的反贪教育非常重视，廉政公署会利用电视台、电台、海报等传媒进行宣传，还会拍摄一些有关的电视剧，以此鼓励公众举报贪官。

另外，廉政公署还特别制作了一些卡通片放给儿童看，让孩子们逐渐了解反贪的意义。到了大学时期，每个大学生都要参加廉政公署的讲座，以免走上工作岗位后犯错误。

"有时候，会有官员找我们说情，但根本不用理他们，因为他们管不着我们。"郭文纬说。

在香港，廉政公署的廉政专员只对最高行政长官负责，廉政公署还拥有拒捕权、扣留权、查询资料权等特别权力。

虽然廉政公署拥有广泛的调查权，但也有完善的监察与制衡机制，防止权力泛滥。廉政公署直接向行政长官负责，必须定期在行政会议上汇报工作。同时，香港立法会也有权要求廉政专员解释相关政策及经费使用等问题。

郭文纬说："在与广东省检察院等部门合作办案中，我觉得内地的反贪工作越来越专业化，比从前有了很大进步。"

## "反贪利刃"——"双规"制

"天不怕，地不怕，就怕纪检干部找谈话。"这是时下流行在中国官场上的一句顺口溜。对于有违纪违法嫌疑的官员，纪检监察机关对他们采取必要的党内措施——"双规"。"双规"制度令腐败官员闻风丧胆。

所谓"双规"是指党的纪检监察机关对有违纪违法嫌疑的党员采取的一项措施，即在规定的时间、规定的地点交代问题。在行政监察系统，"双规"又被称为"两规"或"两指"。

据著名反腐专家、中纪委研究中心前主任李永忠介绍，20 世纪 80 年代末 90 年代初，国内腐败现象呈易发、多发的态势。纪检监察机关临危受命，承担起查处严重腐败案件的重任。虽重任在肩，但纪检机关的手段却只有一张嘴、一支笔（只能询问和记录）。在此尴尬情况下，一些能够突破的大案要案常常"被煮成夹生饭"（指案件办不彻底）；一些本该被绳之以法的腐败分子，眼睁睁地逃脱惩处。于是，"反贪利刃"——"双规"应运而生。

1990 年发布的《中华人民共和国行政监察条例》和 1994 年发布的《中国共产党纪律检查机关案件检查工作条例》，分别以国家法规的形式和党内纪律的形式，把这一产生于实践中的"非常规"做法——"双规"常规化。

中纪委、监察部合署办公后，"双规"在查处重大案件中的使用范围逐渐扩大。1997 年《中华人民共和国行政监察法》颁布实施后，"双规"成为突破要案的一种行之有效的重要手段。

其间，中纪委查处的大案要案，包括陈希同案、胡长清案、成克杰案、陈良宇案，以及党的十七大以来查处的刘志华、杜世成、朱志刚、黄松有、王华元、陈绍基等一批高官腐败案，都是在"双规"这把利剑下迎刃而解的。

"双规"并非正式司法程序的一部分，而是一个先于司法程序的对有违纪违法嫌疑官员人身自由进行限制的党内措施。

"双规"措施，经过纪委常委会讨论，决定对线索材料初核之时，就可采用。在检察机关最初无充分证据，又必须依法办事，不好直接出面的情况下，为防止串供、毁灭证据等情况的发生，往往由纪委出面先行采取"双规"措施。

而在"双规"的背后，有一整套办案指挥体系为之运转。凡是被请到纪委办案基地的贪官们丑态百出，"双规"下不超过多天，他们就全都坦白了。

## "黑名单"引新风暴

从 2005 年元月 1 日起，全国检察机关启用行贿犯罪档案查询系统，对建设、金融、教育、医药卫生和政府采购五个领域的"行贿黑名单"实现全国联网。记者以此项工作做得较为靠前的河南省平顶山市湛河区检察院为例，关注平顶山市检察机关的行贿犯罪档案查询系统建设。

"求求检察院再给我一次机会，千万不要把我列到行贿黑名单里去，不然我在这行里就混不下去了……"2005年12月30日下午，一名因向某学校领导行贿而被判处缓刑的"包工头"任某找到湛河区检察院职务犯罪预防科科长吴秀梅苦苦哀求。

湛河区检察院为进一步规范和纯洁辖区建设行业的市场秩序，加大从源头预防和治理工程建设等领域职务犯罪的力度，早在2003年底就开始尝试利用检察办案资源，将近年查处的行贿人的相关资料收集、整理成册，选择出情节恶劣的10余人组成"行贿人黑名单"，推出了建筑行业行贿人资料库，以此向有关单位提供以行贿记录查询为主要内容的"诚信咨询服务"。在此基础上，该院在上级检察机关的统一部署下，于2005年岁末开始试运行行贿犯罪档案信息查询制度，此制度实行以来，不仅对贿赂犯罪行为起到警示震慑作用，而且促进了辖区的社会诚信建设，受到各方肯定。

"行贿黑名单"的"大名"叫做行贿犯罪档案查询制度。这是根据最高人民检察院统一部署，对1997年以来，法院生效裁判认定构成犯罪，发生在建设、金融、医药卫生和政府采购部门的个人行贿犯罪、单位行贿犯罪、向单位行贿犯罪、介绍贿赂犯罪等案件，录入行贿犯罪查询系统、对外接受查询。行贿案件判决后，同级人民检察院将在收到案件后三日内把行贿人及单位录入"黑名单"。检察机关只负责查询，并如实提供查询结果，由查询单位根据查询结果作出处理，并向检察机关作出反馈。

这个被称为"行贿黑名单"的查询系统最大的特点是全国联网，行贿犯罪分子只要在一地犯事，全国各地都可以查到犯罪信息。建立行贿犯罪查询系统，开展公开查询，找到了运用法律和经济手段制裁职务犯罪特别是贿赂犯罪的办法。检察机关建立行贿犯罪档案查询系统，促进了检察机关法律监督方式的改革和创新，实现了对办案和其他执法活动中所形成的资源和信息的有效利用，推动了检察预防与行政主管部门自身预防的有机结合，促进了检察机关法律监督和行业行政监管的优势互补，形成了预防合力，实现了监督和监管实效的最大化，体现了新形势下强化法律监督能力的内在要求。

据平顶山市人民检察院副检察长张建民介绍，最高人民检察院2005年11月份推出行贿犯罪档案查询制度时，全球著名的反腐败非政府组织"透明国际"在其网站中对中国出台的此项新制度进行了重点介绍，认为"'行贿黑名单'这一新制度的出台在一定程度上弥补了原有措施的缺憾，有助于构建一个更加合理的反腐制度体系。"该组织还认为，"这种有效、透明的黑名单制度为其他国家和一些国际组织树立了很好的榜样。"

为什么检察机关只在建设、金融、教育等五个领域启用行贿犯罪查询系统呢？在行贿犯罪查询的范围选择上，高检近几年经过再三权衡，最后选择了公众关注的焦点领域，包括建设、金融、教育、医药卫生和政府采购 5 个领域的贿赂犯罪高发易发环节。据了解，中纪委 2003 年进行的一项调查显示，38.54% 的受访者认为建设工程领域的腐败问题最为严重。全国人大常委会《建筑法》执法检查组的另外一项调查也表明了建筑工程领域腐败问题的严重性，调查结果表明："近年来查处的行贿受贿案件中，发生在建筑业领域的占三分之一以上。"在 2005 年年初中纪委进行的反腐民意调查中，建筑工程、医疗卫生、教育、公共投资、土地审批等被群众选为五大腐败领域。正是在这种背景下，最高人民检察院推出了"行贿黑名单"制度。

新制度的推行实际包含了两个方面的战略部署。一方面是在重点领域进行重点防控：建筑、政府采购等领域容易滋生腐败；金融领域一旦发生腐败，数额特别巨大，影响也恶劣；医疗卫生、教育则和人们日常生活联系紧密，是测试民情民意的重点领域。另一方面则是把预防的关口前移，从注重事发查处向注重事前预防转移。检察机关查办职务犯罪，就要有针对性地对腐败重灾区进行严厉打击。

"'黑名单'的建立主要是为了遏制甚嚣尘上的在招投标、公共采购、信贷审批、招收公务员或招收学生等贿赂犯罪高发易发环节上的腐败现象，让行贿的不敢行贿，那么想受贿的也就没门了。"但高检为了厘清检察权与行政权的区别，检察机关只提供"行贿黑名单"的查询，但不干预、不参与对查询有行贿犯罪记录的个人或单位的实体处理。检察机关只负责查询，并如实提供查询结果，至于根据查询结果做出何种处理，完全由查询者自主决定。

在上级检察机关的统一安排部署下，平顶山市检察院根据最高人民检察院《关于开展行贿犯罪档案查询工作的管理规定（暂行）》的要求，组织所辖各县区检察院，积极运用最高人民检察院预防厅组织研发的行贿犯罪档案查询计算机管理系统，对行贿犯罪案件进行档案收集、录入、储存、查询，实行电子化管理，2006 年元月份正式对外接受查询。

根据有关规定，对于单位行贿犯罪的，档案录入内容包括单位名称、住所、犯罪基本事实等内容；对于个人行贿犯罪的，包括个人姓名、身份证号、犯罪基本事实等内容。

"黑名单"的日常运作情况是，平时各地市级检察院以上检察机构都有系统后台操作的权力，不断地添加数据库内容，同时，系统使用不存在查询收费问题，所有的录入项目都是法院公开资料，只是提供一个查询平台，供有关单位查询。"黑名单"没有退出机制，行贿信息一旦输入就不能删除。

针对"行贿黑名单"制度，平顶山市建筑业有关人士说，这项制度的建立和完善,无疑会将行贿者的风险成本提高到一个前所未有的高度。有相当一部分进入"行贿黑名单"的行贿个人和单位,将受到进一步的处理;而且,那些有行贿不良记录的单位和个人,在涉及建设、金融、教育、医药卫生系统和政府采购部门的招投标过程中,无疑会被低评甚至取消投标资格。从反腐倡廉、规范市场秩序的意义上说,"行贿黑名单"的存在价值不容小视。

## 十年省部级高官落马盘点

(共计 74 人,不完全统计)

| 类别 | 姓名 | 落马前职务 | 案发时间 | 罪名 | 处罚 |
|------|------|-----------|----------|------|------|
| 党和国家领导人 | 陈良宇 | 原中共中央政治局委员、上海市委书记 | 2006 年 9 月 | 受贿罪、滥用职权罪 | 有期徒刑18 年 |
| 中央部门 | 刘志军 | 原铁道部部长、党组书记 | 2011 年 2 月 | 涉嫌严重违纪 | 尚未宣判 |
| | 张敬礼 | 原国家食品药品监督管理局副局长、党组成员 | 2010 年 6 月 | 被控受贿罪、诬告陷害罪、非法经营罪 | 尚未宣判 |
| | 何洪达 | 原铁道部党组成员、政治部主任 | 2009 年 3 月 | 受贿罪、巨额财产来源不明罪 | 有期徒刑14 年 |
| | 郑少东 | 原公安部党委委员、部长助理 | 2009 年 1 月 | 受贿罪 | 死刑,缓期二年执行 |
| | 黄松有 | 原最高人民法院副院长、二级大法官 | 2008 年 10 月 | 受贿罪、贪污罪 | 无期徒刑 |
| | 朱志刚 | 原全国人大财经委员会副主任委员、全国人大常委会预算委员会主任 | 2008 年 10 月 | 受贿罪 | 无期徒刑 |
| | 邱晓华 | 原国家统计局局长 | 2007 年 1 月 | 重婚罪 | 被判刑(已出狱) |
| | 郑筱萸 | 原国家食品药品监督管理局局长、党组书记 | 2006 年 12 月 | 受贿罪、玩忽职守罪 | 死刑 |
| | 田凤山 | 原国土资源部部长 | 2003 年 10 月 | 受贿罪 | 无期徒刑 |

| | | | | | |
|---|---|---|---|---|---|
| | 黄胜 | 原山东省副省长 | 2011 年 11 月 | 涉嫌严重违纪 | 正在接受调查 |
| | 张万青 | 原山东省政府秘书长、办公厅主任 | 2011 年 4 月 | 涉嫌严重违纪 | 正在接受调查 |
| | 刘卓志 | 原内蒙古自治区副主席 | 2010 年 12 月 | 涉嫌严重违纪 | 尚未宣判 |
| | 宋晨光 | 原江西省政协副主席、省委统战部部长 | 2010 年 7 月 | 涉嫌严重违纪 | 尚未宣判 |
| | 张家盟 | 原浙江省人大常委会副主任 | 2010 年 4 月 | 涉嫌严重违纪 | 尚未宣判 |
| | 孙淑义 | 原山东省政协主席 | 2009 年 12 月 | 涉嫌严重违纪 | 正在接受调查 |
| 地方党政 | 李堂堂 | 原宁夏回族自治区政府副主席 | 2009 年 10 月 | 受贿罪 | 无期徒刑 |
| | 黄瑶 | 原贵州省政协主席 | 2009 年 10 月 | 受贿罪 | 死刑，缓期二年执行 |
| | 宋勇 | 原辽宁省人大常委会副主任 | 2009 年 10 月 | 受贿罪 | 死刑，缓期二年执行 |
| | 许宗衡 | 原广东省深圳市市长 | 2009 年 6 月 | 受贿罪 | 死刑，缓期二年执行 |
| | 陈绍基 | 原广东省政协主席 | 2009 年 4 月 | 受贿罪 | 死刑，缓期二年执行 |
| | 王华元 | 原浙江省纪委书记 | 2009 年 4 月 | 受贿罪、巨额财产来源不明罪 | 死刑，缓期二年执行 |
| | 米凤君 | 原吉林省人大常委会副主任 | 2009 年 3 月 | 受贿罪 | 死刑，缓期二年执行 |
| | 皮黔生 | 原天津市委常委，市委滨海新区工委书记、管委会主任 | 2008 年 12 月 | 受贿、滥用职权罪 | 死刑，缓期二年执行 |
| | 陈少勇 | 原福建省委常委、省委秘书长 | 2008 年 7 月 | 受贿罪 | 无期徒刑 |

| | 孙善武 | 原河南省政协副主席 | 2008 年 9 月 | 受贿罪 | 死刑，缓期二年执行 |
|---|---|---|---|---|---|
| | 孙瑜 | 原广西壮族自治区政府副主席 | 2007 年 11 月 | 贪污罪、受贿罪 | 有期徒刑 18 年 |
| | 段义和 | 原山东省济南市人大常委会主任 | 2007 年 7 月 | 爆炸罪、受贿罪 | 死刑 |
| | 宋平顺 | 原天津市政协主席 | 2007 年 6 月 | 涉嫌严重违纪违法 | 自杀身亡 |
| | 杜世成 | 原山东省委副书记、青岛市委书记 | 2007 年 4 月 | 受贿罪 | 无期徒刑 |
| | 庞家钰 | 原陕西省政协副主席 | 2007 年 1 月 | 受贿罪、玩忽职守罪 | 有期徒刑 12 年 |
| 地方党政 | 刘志华 | 原北京市副市长 | 2006 年 6 月 | 受贿罪 | 死刑，缓期二年执行 |
| | 王武龙 | 原江苏省人大常委会副主任 | 2006 年 10 月 | 受贿罪 | 死刑，缓期二年执行 |
| | 李宝金 | 原天津市人民检察院检察长 | 2006 年 6 月 | 受贿罪、挪用公款罪 | 死刑，缓期二年执行 |
| | 李宝金 | 原天津市检察院检察长 | 2006 年 6 月 | 受贿罪、挪用公款罪 | 死刑，缓期二年执行 |
| | 刘维明 | 原广东省副省长 | 2006 年年初 | 涉嫌严重违纪 | 被"双开" |
| | 何闽旭 | 原安徽省副省长 | 2006 年 6 月 | 受贿罪 | 死刑，缓期二年执行 |
| | 朱作勇 | 原甘肃省政协副主席 | 2005 年 12 月 | 受贿罪 | 有期徒刑 12 年 |
| | 荆福生 | 原福建省委常委、宣传部部长 | 2005 年 10 月 | 受贿罪 | 无期徒刑 |
| | 王昭耀 | 原安徽省委副书记 | 2005 年 9 月 | 受贿罪、巨额财产来源不明罪 | 死刑，缓期二年执行 |
| | 吕德彬 | 原河南省副省长 | 2005 年 6 月 | 买凶杀妻 | 死刑 |

续表

| | 王有杰 | 原河南省人大常委会副主任 | 2005年3月 | 受贿罪、巨额财产来源不明罪 | 死刑,缓期二年执行 |
|---|---|---|---|---|---|
| 地方党政 | 徐发 | 原黑龙江省人民检察院检察长 | 2005年3月 | 违反党纪 | 跳楼自杀 |
| | 李达昌 | 原四川省副省长 | 2005年1月 | 滥用职权罪 | 有期徒刑8年 |
| | 张凯 | 原广东省人大常委会副主任 | 2005年1月 | 涉嫌严重违纪 | 被开除党籍 |
| | 侯伍杰 | 原山西省委副书记 | 2004年12月 | 受贿罪 | 有期徒刑11年 |
| | 阿曼·哈吉 | 原新疆维吾尔自治区政府副主席 | 2004年10月 | 涉嫌重大经济案件 | 判决结果不详 |
| | 徐衍东 | 原黑龙江省高级人民法院院长 | 2004年10月 | 涉及问题严重,已不适于担任领导职务 | 被"双开" |
| | 丁鑫发 | 原江西省人民检察院检察长 | 2004年7月 | 受贿罪、挪用公款罪 | 有期徒刑17年 |
| | 徐国健 | 原江苏省委常委、省委组织部部长 | 2004年6月 | 受贿罪 | 死刑,缓期二年执行 |
| | 韩桂芝 | 原黑龙江省政协主席 | 2004年6月 | 受贿罪 | 死刑,缓期二年执行 |
| | 张宗海 | 原重庆市委常委、市委宣传部部长 | 2004年4月 | 受贿罪 | 有期徒刑15年 |
| | 张国光 | 原湖北省委副书记、省长 | 2004年2月 | 受贿罪 | 有期徒刑11年 |
| | 吴振汉 | 原湖南省高级人民法院院长 | 2004年6月 | 受贿罪 | 死刑,缓期二年执行 |

| | | | | | |
|---|---|---|---|---|---|
| 地方党政 | 刘克田 | 原辽宁省副省长 | 2003年8月 | 受贿罪 | 有期徒刑12年 |
| | 程维高 | 原河北省委书记、省人大常委会主任 | 2003年8月 | 严重违纪 | 被"双开" |
| | 刘长贵 | 原贵州省副省长 | 2003年3月 | 受贿罪、巨额财产来源不明罪 | 有期徒刑11年 |
| | 刘方仁 | 原贵州省委书记 | 2002年10月 | 受贿罪 | 无期徒刑 |
| | 田凤岐 | 原辽宁省高级人民法院院长 | 2002年8月 | 受贿罪 | 无期徒刑 |
| | 柴王群 | 原云南省委宣传部部长 | 2002年4月 | 受贿罪 | 有期徒刑12年 |
| | 潘广田 | 原山东省政协副主席 | 2002年3月 | 受贿罪 | 无期徒刑 |
| | 麦崇楷 | 原广东省高级人民法院院长 | 2002年3月 | 受贿罪 | 有期徒刑15年 |
| 中央企业 | 田学仁 | 原吉林银行董事长 | 2011年11月 | 涉嫌严重违纪 | 正接受调查 |
| | 张春江 | 原中国移动通信集团公司党组书记、副总经理 | 2009年12月 | 受贿罪 | 死刑,缓期二年执行 |
| | 康日新 | 原中国核工业集团总经理、党组书记 | 2009年8月 | 受贿罪 | 无期徒刑 |
| | 王益 | 原国家开发银行副行长 | 2008年6月 | 受贿罪 | 死刑,缓期二年 |
| | 陈同海 | 原中国石油化工集团公司总经理、中国石油化工股份有限公司董事长 | 2007年6月 | 受贿罪 | 死刑,缓期二年执行 |
| | 张恩照 | 原中国建设银行董事长 | 2005年3月 | 受贿罪 | 有期徒刑15年 |

第五章 贪官落马百姓喜 邪气消沉正气隆

续表

| | | | | | |
|---|---|---|---|---|---|
| 中央企业 | 厉建中 | 原中国航天科技集团公司科学技术委员会副主任 | 2004 年 3 月 | 贪污罪、受贿罪、挪用公款罪 | 无期徒刑 |
| | 王钟麓 | 原浙江省国际信托投资公司党组书记、董事长、总经理 | 2003 年 8 月 | 受贿罪、滥用职权罪 | 有期徒刑 12 年 |
| | 高严 | 原国家电力公司党组书记、总经理 | 2002 年 9 月 | 涉嫌经济犯罪 | 被"双开"(已潜逃出境) |
| | 王雪冰 | 原中国建设银行行长 | 2002 年 1 月 | 受贿罪 | 有期徒刑 12 年 |
| 部队 | 王守业 | 原海军副司令员 | 2005 年 12 月 | 贪污罪、挪用公款罪 | 死刑,缓期二年执行 |
| | 刘广智 | 原空军指挥学院院长 | 2004 年 3 月 | 间谍罪 | 死刑 |
| | 肖怀枢 | 原兰州军区副政委 | 2003 年 | 挪用公款罪、贪污罪、受贿罪 | 有期徒刑 14 年 |

(注:享受副省部级待遇的厅局级官员,以及出事后又复出的副省部级以上官员未纳入统计范围。)


**落马高官腐败特征**

从上表可以看出,近 10 年来落马的官员主要呈现以下几种特征:

①以官员所在系统划分,落马的副省部级以上官员主要以地方党政官员为主,中央部门、中央企业和部队系统人数较少。其中,党和国家领导人 1 人;中央部门官员 9 人;地方党政官员 51 人;中央企业 10 人;部队 3 人。

②以年份划分

| 2011 年 | 2010 年 | 2009 年 | 2008 年 | 2007 年 | 2006 年 | 2005 年 | 2004 年 | 2003 年 | 2002 年 |
|---|---|---|---|---|---|---|---|---|---|
| 4 人 | 4 人 | 12 人 | 6 人 | 7 人 | 7 人 | 10 人 | 11 人 | 6 人 | 7 人 |

③以省份划分,除西藏、青海和海南之外,中国大陆其他 28 个省、市、自治区均有副省级以上官员落马。其中山东最多,有 6 人;广东次之,5 人;浙江、天津、辽宁、黑龙江、河南、福建、贵州各有 3 人;吉林、江苏、江西各有 2 人;上海、宁夏、广西、陕西、北京、甘肃、

安徽、四川、山西、新疆、重庆、湖北、湖南、河北、云南、内蒙古各有 1 人。

④以受刑结果划分,大部分已宣判的落马官员罪名中都有"受贿罪"。其中获死缓的有 22 人;获有期徒刑的有 20 人;获无期徒刑的有 12 人;获死刑的有 4 人;还有 2 人自杀,1 人外逃。

⑤涉案金额巨额化。近年来查处的腐败省部级官员涉及的金额巨大,动辄上千万甚至上亿元。如,经北京市第二中级人民法院审理查明,原中石化董事长陈同海利用职务便利,在企业经营、转让土地、承揽工程等方面为他人谋取利益,收受他人钱款共计折合人民币 1.96 亿元。

⑥窝案化势头明显。一些腐败官员贪腐行为败露后,往往引发所辖地区官场的"大面积塌方"。腐败官员在政治上拉帮结派,经济上相互牵连,结成了利益同盟。如,2004 年被称为建国以来最大的卖官案主角——原黑龙江省绥化市委书记马德落马后涉及绥化市下辖 10 个县市众多处级以上干部,仅绥化市各部门的一把手就有 50 多人。其也是原黑龙江省政协主席韩桂芝和原国土资源部部长田凤山这两个正省部级干部落马的导火索。

⑦私生活糜烂。原中纪委研究室副主任刘春锦指出,受处分的厅局级干部中,90%的落马贪官都有包养情人,甚至有多个贪官共用一个情人的现象。事实上,落马的省部级贪官包养情人,甚至嫖娼和共用情妇的情形也很普遍。如,原山东省委副书记、青岛市委书记杜世成就曾和原中石化董事长陈同海共享情妇。再如,2008 年 4 月,原吉林省人大常委会副主任米凤君在吉林省长春市吉隆坡大酒店一包房内和两名卖淫女"激战"时被办案人员抓获。

## 【教授点评】

所谓"骥走崖边须勒缰,人至官位要缚心",党员干部作为人民的公仆要遵守最起码的善良、正义,做事符合道德要求,忠于职守、廉洁奉公,将立党为公、执政为民作为自己的天职。然而,这只是理想境界,现实并非如此,由于主客观各方面的原因,职务犯罪时有发生。

面对职务犯罪,预防是关键。职务犯罪预防是一项复杂的社会系统工程,它不仅需要社会各阶层、各领域、各部门的共同参与,而且需要通过法律、制度、教育等多种手段和途径进行综合治理。关于职务犯罪的预防,首先国家层面应全面推进体制改革创新,加强监督制约,用规章制度遏制违法犯罪案件的发生。建立健全规章制度,建立各个环节的严格责任制度,彻底改变无章可循、有章不循、违章不究的现象。对于管理过程中过度集中的权力，要采取分权原则，从而加强相互之间的监督和制约。其次，探究职务犯罪的原因，正处于转型期尚不完善的市场经济固然是一个外在原因，但"苍蝇不叮无缝的蛋"，国家机关工作人员的素质也至关重要。因此要对国家机关的工作人员加强思想和法制教育，增强其自我约束能力。最后，发扬民主，拓宽监督渠道，使国家工作人员的职务行为出现在民众的视线里，充分发挥民众对职务犯罪的监督作用。各方共同努力，力争使职务犯罪成为无源之水、无本之木，净化吏治。

预防职务犯罪，贪渎档案中介绍的香港廉政公署反贪渎模式为我们提供了很好的借鉴。首先，该模式注重执法、预防和教育相结合。教育从娃娃抓起，利用电视媒体等新闻媒介着重宣传，在人们内心植入不想贪的理念。其次，该模式拥有一个业务素质精良的团队，并且有配套的法律保障从业人员的权利，使得从业人员能够在查办职务犯罪的过程中破解犯罪者设置的各种障碍。再次，该模式注重发扬民主监督，切实保护举报者的人身安全，免去了举报者的后顾之忧。最后，该模式采取零容忍政策，无论贪污数额多少，一律处置，在人们内心植入不敢贪的理念。

贪渎档案中还提到了全国检察机关启用的行贿犯罪档案查询系统，该系统的建设标志着中国在预防职务犯罪的道路上迈出了标志性的一步。首先，该系统涉及建设、金融、教育、医疗卫生和政府采购五个行贿犯罪高发领域，能够切实起到预防作用。其次，该系统体现了两个战略：重点领域重点防控；把预防的关口前移，变注重事发查处为事前预防。最后，该系统免费向公众提供查询服务，从而更加方便民众的查询和监督。总之，"行贿黑名单"这一新制度的出台在一定程度上弥补了原有措施的缺憾，有助于构建一个更加合理的反腐制度体系。

面对职务犯罪，预防为本，整治为标，应做到标本兼治。坚持打防结合是预防职务犯罪最有力度、最能体现成效的办法。在实践中，仅有制度建设、宣传教育是不行的，要想取得预防职务犯罪的最佳效果，还必须坚持打防结合的原则，不断加大打击的力度。

俗话说，"打击是最有力的预防"。打击，从广义上讲是一种特殊预防，检察机关可以通过加大办案力度，强化办案措施，突出办案重点，提高办案质量，不断揭露、证实和惩处职务犯罪活动，有效地遏制职务犯罪高发多发的势头。并发挥惩一儆百的震慑作用，体现检察机关依法查办职务犯罪案件的威力，不断增强广大人民群众同职务犯罪作斗争的自觉性和积极性。预防，是打击的自然延伸和拓展，可以通过加强教育筑起思想防线，增强"免疫力"，树立"不想犯"的意识；可以通过加强管理健全防范制度，规范办事行为，创造"不能犯"的机制；可以通过加强监督形成严密制约，编织监控网络，形成"不愿犯"的格局。打击和预防虽然是两种表现方式，但两者是相互贯通、相互渗透、相互促进的，有效的打击必将为预防工作创造有利的条件，扎实的预防工作一定能巩固和拓展打击的成果。因此，要坚持两手抓两手都要硬，实现"贪官落马百姓喜，邪气消沉正气隆"的局面。

# 第六章　追忆往昔空伤怀　时过境迁泪满襟

## ——贪官忏悔录

### 身后无径思回头

权力是一柄双刃剑，"挥"之不慎会伤及自身；权力是一把炽热的火，"燃"之不察会将自己焚毁；权力是一泓激流的水，"掘"之不疏会招致灭顶之灾。腐败分子落得可耻下场，归根结底是他们只看到了权力的"利好消息"，而忽视了"风险"的存在，权欲熏心，疯狂弄权、玩权、亵权，直至走上不归路。

这些人在职时，眼前本来有通向辉煌的光明之路，却偏偏伸手作案，而待到身陷囹圄之时，才痛悔万千。昔日的高官、今日的囚徒声泪俱下说"反腐"，从其忏悔的态度来看，真可谓穿心透肺！但一切都悔之晚矣！这正是"眼前有路忘缩手，身后无径思回头"。

### 一、山东省政协原副主席潘广田的忏悔

潘广田在短短6年中，从处长被提拔至副省级干部，这足以表明我们党对党外民主人士的关心、爱护和重视。但潘广田不仅不珍惜这种信任，反而任由贪欲随着权力的不断扩大而恶性膨胀。一方面，潘广田对金钱有着强烈的占有欲；另一方面，他收受每一笔贿金又都非常谨慎，以期逃避法律制裁。

2003年4月23日，潘广田因犯受贿罪被山东省济南市中级人民法院依法判处无期徒刑，剥夺政治权利终身，并处没收财产8万元，赃款赃物予以没收上缴国库。

"我第一笔受贿就是在担任商业信贷处处长不久，就是李某的一万港元。此后随着权力的增大，随着接触面的开阔和心理的放松，我收受贿赂的笔数越来越多，金额也越来越大。对于受贿，我也知道是犯罪，也有畏惧心理，但是相对来讲还有侥幸心理，认为这么些人受贿，能查到

我吗？又不是我一个。另外，我受贿都是很秘密的，只是两个人交易，怎么能会查到我呢？我有种种侥幸心理，侥幸心理实质就是贪欲。

"对我的犯罪行为，我只能用四个字来概括，那就是悔恨欲绝。

"在此我奉劝那些有权的，一定要以我为戒，慎用权力！那些（行贿）人送的哪里是钱，分明是定时炸弹，说不定哪个环节出了问题就会爆炸！"

## 二、河南省人大常委会办公厅原副主任李国富的忏悔

李国富出生在漯河市舞阳县一个普通农家。1996 年 11 月，他参加了厅级干部公开选拔，调任河南省人大常委会办公厅副主任，实现了由非厅局级到厅局级的跨越。

但他利用自己的职务便利，收受、索要他人贿赂，最终把自己送进了牢狱，可以说是作茧自缚。

2002 年 11 月 24 日，李国富因犯受贿罪被河南省驻马店市中级人民法院依法判处有期徒刑十三年，剥夺政治权利二年。

"世界观、人生观、价值观的错位，使我的灵魂扭曲。走上犯罪道路，说到底是'三观'错位的结果，就我个人来说，是在'灵魂'上出了问题。……不追求生活奢侈，却长期发展婚外情；不崇拜金钱，却大肆收受和索取贿赂。这种扭曲的'三观'，带来的必然是扭曲的灵魂。

"在不健康的吹捧、恭维声中，我自己飘飘然起来，还想当更大的官，出更响的名，把手伸向不该伸的地方，得到的却是臭名，结果自作自受，走上了违法犯罪的道路。

"权力一旦和金钱结合起来，就等于开始了慢性自杀。……说不懂党纪国法，不懂什么是犯罪，这话我自己都不相信。我这双手曾经制服了多少罪犯？而今天却不得不面临在逮捕证、判决书上摁手印的现实。那些给你金钱的人，其实看中的是你手中的权力，他们收买的也是你的权力，他们是想从你的权力中捞取更多的金钱。结果，我不但丧失了权力，到手的金钱也成为过眼烟云，成为我犯罪的证据。

"法律面前人人平等。我知道自己所犯罪行的严重程度，我清醒地认识到，主动交代问题、积极退赃，是我对组织挽救应持的态度，也是我悔悟应有的表现，泪水洗刷不掉自身的污垢和丑陋的灵魂，认罪服法是我唯一的选择。"

## 三、河北省国税局原局长李真的忏悔

李真，这位号称"河北第一秘"的传奇人物，如同夜空中璀璨的一颗星星，瞬间的美丽绽放之后就湮没在了无尽的黑暗之中。

李真曾经这样说:"如果用我的死能唤起那麻木的、贪婪的、腐朽的贪官们觉醒的话,那就恳请尊敬的法官判处我死刑,以谢国人!"

2002 年 8 月 30 日,李真因犯受贿罪、贪污罪,数罪并罚,被河北省唐山市中级人民法院依法判处死刑,剥夺政治权利终身,并处没收个人全部财产。

"生和死原本离得这么近,近得只有一线之隔,而架着这条线的就是信念。人生如屋,信念如柱;柱折屋塌,柱坚屋固。人可以没有金钱,但不能没有信念。丧失信念,就会毁灭一生。人一旦丧失信念,就像一头疯狂的野兽,不是掉进深谷,自取灭亡,就是被猎人开枪打死。这也是我想奉劝在位的官员们的话。

"苏联解体后,我就错误地认为,与其一旦江山易手,自己万物皆空,像苏联解体后,有些高官为养家糊口,去看大门、卖馅饼,不如权力在握之时及早做些经济准备。可现在共产党的江山依旧稳如磐石,我却完了。"李真说。

### 四、海关总署原副署长王乐毅的忏悔

不思进取、贪图享乐、骄奢淫逸的思想在王乐毅身上滋长,谦虚谨慎、克己自律少了,想房子、孩子和个人的事多了,导致他犯了严重的错误和罪行,滑到腐败的泥坑中。

2002 年 9 月 6 日,王乐毅因犯受贿罪被北京市第二中级人民法院依法判处有期徒刑十三年。

"回顾自己参加革命 38 年,入党 28 年来,是党组织把我由一名农村孩子逐渐培养成高级干部。遗憾的是,近几年没能很好地保持晚节,在一片赞扬和奉承中变得飘飘然,满足于整天忙忙碌碌,自我感觉良好。不知不觉地放松了学习,放松了对自己的严格要求,产生了'船到码头车到站,再过几年就退休'的错误想法,'不思进取、贪图享乐、骄奢淫逸'的思想在自己身上滋长起来,谦虚谨慎、克己自律少了,想房子、孩子和个人的事多了,导致自己犯了严重的错误和罪行,滑到腐败的泥坑中。

"古人说:'不矜细行,终累大德。'如果当时能意识到这一点,及早悬崖勒马,决不会落得今天这样一个淹死在酒里,烧死在烟里,压死在不差钱物里的可悲下场。可惜后悔晚矣。

"我由一个比较好的干部走上了违法犯罪的道路,成为腐败分子,尽管有很多客观原因和受社会上存在的庸俗作风影响,但根本原因还是自己造成的,如果我在上面那几个方面把握住自己,时时刻刻用党员标准、党的纪律、党的领导干部准则严格要求自己,经常做到'自重、自省、

自警、自励'，就决不会发生今天这种事情。"

### 五、辽宁省沈阳市原市长慕绥新的忏悔

慕绥新在忏悔书中说道："拥有权力既可建功立业、青史留名，也可腐化堕落、遗臭万年。我忘记了我曾经的誓言，把人民授予我的权力异化为个人权力，使自己变成'一手红，一手黑'，一方面为百姓办好事，另一方面背地里搞腐败的'两面派'。不听党的话，不讲原则，放弃思想改造，正是我走向犯罪的根本性政治原因，也是我最惨痛而深刻的教训。"慕绥新的忏悔内容，正是我们党员干部要引以为戒的。

2001年10月10日，慕绥新因犯受贿罪、巨额财产来源不明罪，数罪并罚，被辽宁省大连市中级人民法院依法判处死刑，缓期二年执行，剥夺政治权利终身，并处没收个人全部财产！

"拥有权力既可建功立业、青史留名，也可腐化堕落、遗臭万年。我忘记了我曾经的誓言，把人民授予我的权力异化为个人权力，使自己变成'一手红，一手黑'，一方面为百姓办好事，另一方面背地里搞腐败的'两面派'。不听党的话，不讲原则，放弃思想改造，正是我走向犯罪的根本性政治原因，也是我最惨痛而深刻的教训。我从最初接受礼物觉得理亏、心虚，到一次收受10万美元觉得心安理得。从一个60年代大学毕业分配到工厂接受再教育的穷工人，到现在身家千万元的腐败分子，在回顾反思这些变化时，确实有些后怕甚至心惊肉跳！

"总之，我的错误是相当严重的，给党和人民的事业带来的损失是不可挽回的。但我真诚希望全党同志能从我的反思中吸取教训，把摆在我们面前的腐败问题解决好，不犯错误，不走弯路，为党和人民多做有益的事情。"

### 六、辽宁省沈阳市中级人民法院原院长贾永祥的忏悔

昔日政法干部——沈阳市中级人民法院原院长贾永祥，因受贿、贪污、挪用公款、巨额财产来源不明罪被判无期徒刑，成为阶下之囚。革命意志衰退，把享受作为晚年生活追求的目标，是导致他走上犯罪的思想根源。

2001年10月9日，贾永祥因犯受贿罪、贪污罪、挪用公款罪、巨额财产来源不明罪，数罪并罚，被辽宁省营口市中级人民法院依法判处无期徒刑，剥夺政治权利终身，并处没收个人全部财产。

"现在我深深认识到在和平发展时期，在中国社会由计划经济向市场经济转型期间，正义与邪恶的斗争较量无处不在，金钱美色的诱惑无处

不有，共产党员特别是党的领导干部始终处在党性与私心贪欲作斗争的火线上，面临着冷酷严峻的考验。把握不住自己，就会葬身深渊，这怪不了客观环境，只能怪自己放松了思想改造，没有共产党员的操守，是自毁前程。

"现在我也认识到，干坏事，多和少没有什么本质的区别，大和小没有什么性质不同，小的干多了就会干大的。500多天的监狱生活，使我感到了自由对一个人是多么宝贵，能够为党和人民工作是多么幸福，能够体面做人是多么值得珍惜。"

### 七、浙江省台州市市委宣传部原部长苏建国的忏悔

苏建国在他的忏悔中写道："在价值观的问题上我错误地认为，一个人的价值，必须通过事业、权力、财富来体现，尽管自己并不缺钱用，还是千方百计聚敛钱财，以此来体现自己的价值，现在回想起来，是多么荒唐可悲。"

2002年8月7日，苏建国因犯受贿罪被浙江省嘉兴市中级人民法院依法判处有期徒刑十三年，赃款48.8万元予以追缴，上缴国库。

"通过组织的教育引导和自己的深刻反思，我深深认识到自己已经成为党内的垃圾、人民的罪人。自己把自己推向了万丈深渊。这些年来，我在经济上贪得无厌，不择手段多方敛财，从收钱收物到炒股、入股分红，可以说是无所不为。在生活上放纵自己，道德败坏，追求灯红酒绿、声色犬马，追求感官享受，多次参与嫖娼和赌博。如此堕落，哪有丝毫党员领导干部的气味，我为自己感到无地自容。

"在价值观的问题上我错误地认为，一个人的价值必须通过事业、权力、财富来体现，也就是说，一个人的事业越辉煌，权力越大，财富越多，他的价值也体现得越充分。按照这个价值观，一方面，我在工作上也很勤奋，很努力，尽力把工作做好；另一方面，我私欲膨胀、钱迷心窍，尽管自己并不缺钱用，还是千方百计聚敛钱财，以此来体现自己的价值，现在回想起来，是多么荒唐可悲。价值观偏离导致一错百错，真可谓'失之毫厘，差之千里'。"

### 八、湖南省建筑工程集团总公司原副总经理蒋艳萍的忏悔

湖南省第一个因经济问题接受公开审理的女厅级干部——蒋艳萍落马了，但她的"至理名言""在男人当权的社会，只有懂得充分开发利用男人价值的女人，才能算是真正高明的女人"仍在三湘大地流传。透过蒋艳萍的"至理名言"，足可看出她耐人寻味的人生观、价值观。

2003 年 2 月 28 日，蒋艳萍因犯受贿罪、贪污罪、介绍贿赂罪、巨额财产来源不明罪，数罪并罚，被最高人民法院依法判处死刑，缓期二年执行，剥夺政治权利终身，并处没收个人财产人民币 100 万元。

"现在我才觉得，美国、欧洲、香港这些花花世界不必去，但有三个地方一定要去看一看。一是贫困地区，看看那些辛苦一年赚不到几百块钱的人们是怎么生活的，要时刻记住知足者常乐；二是去火化厂看看，'人死方知万事空'，生不带来死不带去，也不该去贪；三是到监狱里看看，你才体会到人生最大的痛苦莫过于失去自由，更不要去贪。高墙外的世界是多么的精彩和珍贵，只有到此时才能真正诠释'生命诚可贵，自由价更高'的内涵。"

### 九、厦门海关原关长杨前线的忏悔

杨前线忏悔道："作为祖国经济长城中的边关守将，我失城失地，让走私分子如入无人之境，影响如此之坏，只有杀了我以警示后人。这也是我剩下的唯一的一点价值。我觉得自己罪不可恕，只有以死谢罪。以我的死再次警示海关的后人，使他们真正把好关，守好门，把海关建成党和人民信赖的真正保卫祖国经济的坚不可摧的钢铁长城。"

2000 年 11 月 8 日，杨前线因犯受贿罪、放纵走私罪，数罪并罚，被福建省厦门市中级人民法院依法判处死刑，剥夺政治权利终身，并处没收个人全部财产。

"古训云：'奖一激千，奖之；杀一儆百，杀之。'作为祖国经济长城中的边关守将，我失城失地，让走私分子如入无人之境，而且竟然是我的朋友，危害如此之大，影响如此之坏，只有杀了我以警示后人，这也是我剩下的唯一的一点价值。

"领导干部的犯罪根源，我看都是大同小异。不外乎放弃了世界观的改造，贪图安逸、享受，被金钱、美女、权力所俘虏，几句话就可以概括了。我觉得自己罪不可恕，只有以死谢罪。以我的死再次警示海关的后人，使他们真正把好关，守好门，把海关建成党和人民信赖的真正的保卫祖国经济的坚不可摧的钢铁长城。"

### 十、湖北省武汉市公安局原局长杨世洪的忏悔

"现在我才明白，瞎收好处，无异于火中取栗……我想对所有仍在领导岗位上的同志们说，珍惜幸福生活，廉洁为官！"这是杨世洪衷心的忏悔之语。

2006 年 3 月 21 日，杨世洪因犯贪污罪、受贿罪、挪用公款罪，数

罪并罚,被湖北省高级人民法院依法判处无期徒刑,剥夺政治权利终身,并处没收个人财产人民币 130 万元。

"经自己帮助轻松赚大钱的不乏其人,可我自己却'囊中羞涩',心理难以平衡。特别是 1993 年自己首次到香港招商时,穿着精心挑选的当家西服,却不想被港方人员耻笑,不让上场。这件事给了我极大的刺激,觉得香港人那种消费层次无论如何这辈子一定要达到,不然就枉活一世了。于是,自己在与私营老板们接触中很快就被他们那种'一掷千金'的风度所腐蚀和击倒,成了一头驯服的'黄牛',被牵着鼻子走。我之所以走到今天这个地步,就是因为没有真正解决'革命为什么,当官干什么,身后留什么'的问题,可惜我领悟到这一点已经太迟了。

"我从一个领导干部沦落到今天的地步,其中的教训令人深思,当官不可贪钱,手脚不干净就要受制于人,贪污受贿的门一旦打开,就难以关上。现在我才明白,瞎收好处,无异于火中取栗……我想对所有仍在领导岗位上的同志们说,珍惜幸福生活,廉洁为官!"

新中国成立以来,特别是改革开放以后,有多少党员领导干部和国家公职人员贪赃枉法,背弃理想和誓言,走到了党和人民的对立面啊!

一些曾经信誓旦旦,要清正廉洁、名垂青史的人,却因贪欲膨胀而丧失了党性、人格,贪权、贪财、贪名、贪色、贪赃枉法,导演了一幕幕惊心动魄的丑剧!

"他们,有的曾经是党的高级干部,有的曾经是掌握司法权的执法者,有的曾经是掌握人财物实权的局长、处长或经理……然而,他们堕落了,腐败了,在权力、金钱、美色的诱惑下,世界观、人生观、价值观扭曲了,观念和行为的堤坝溃败了!法律是无情的,不论腐败分子隐藏多深,一旦丑行败露,必将穷途末路,身败名裂。轻者垮台受审,锒铛入狱;重者沦为死囚,留下千古遗恨!"

同时,我们党对腐败分子,不论是谁,不论职务有多高,不论隐藏有多深,都决不姑息,决不手软!

## "七笔账"惊醒贪官

大凡贪官受到法律惩处、付出自由或生命代价的时候,往往会有"悔不当初"的忏悔。这忏悔是贪官迟到的悔悟和本性的复苏,给人以强烈的内心震撼。部分落马贪官在囚室内自算的"七笔账",令人深思。

### 贪官一："算政治账，我自毁前程"

"在看守所，我无时无刻不在反思自己为什么会走到这里。我由一个普通农民的儿子，通过个人努力特别是组织的培养和领导同志的关心才成长起来。我先后担任几个重要部门的"一把手"，是本地少有的几个令人羡慕的干部之一，管理着成百上千的职工，对人、财、物拥有重要的决定权，每到一处前呼后拥，令人尊敬，但从我被戴上手铐的那一刻起，就宣判了我政治生涯的终结。

"我多年的辛勤努力毁于一旦，公职没了，党籍丢了，不仅亲手断送了自己的政治前程，还给党和政府的威信和干部队伍的形象带来了严重损害。去年 7 月 1 日，我在看守所里迎来了党的生日。那一天，我躲在监舍的角落整整哭了一天，不是我最敬爱的党抛弃了我，而是我脱离了党的怀抱。回想这一切，我几乎连活下去的勇气都没有了。"

### 贪官二："算经济账，我倾家荡产"

"在看守所里，我一直在想，人活着到底是为了什么？钱是人人向往的，但拥有多少钱才算多、才满足呢，钱又能带给你一切吗？

"我曾经聚敛了那么多钱财，而现在却身无分文，恰恰是我曾经向往的'钱'蛀空了我的灵魂，带给了我牢狱之灾。到了这时，我才真正把'钱'看得很淡很淡，等待我的是漫漫刑期和铁窗生涯，再多的财富又有何用？生不带来，死也不可能带走。

"如果没有对钱的贪欲，靠合法的收入，住，我有宽敞的房屋；行，我有专车接送；吃、穿更是不用操心；工资收入也足以让我过上富有的生活，营造一个幸福家庭。但这一切现在对我来说都已经化为乌有，想得到最多反而失去得更多。"

### 贪官三："算名誉账，我身败名裂"

"我的名字曾经是'强人'的代名词，我从未想到'劳改犯'这个名词有一天会和自己联系在一起。我曾经拥有鲜花、掌声，享有成功、地位。我曾是家里的光荣和骄傲，是父母最大的安慰，是儿女引以为荣的父亲和他人生值得信赖的第一位老师、引路人，也是妻子愿为之放弃事业的好丈夫。但今天，这一切荣耀竟成为人所唾弃的耻辱。今后，我的名字将和'贪官'这个词连在一起，也给我儿女和家人的名誉和前程带来无情的打击，这是用生命都无法挽回的，一旦失去就将永远不会再回来，这种损失太重、这种代价太大。我的脸上将永远刻下'贪官'的烙印，我也无法再面对我的亲朋，更无颜告慰父母的在天之灵。"

### 贪官四："算自由账，我身陷牢笼"

"没有自由将失去生命的精彩，失去自由是人生最大的痛苦，渴望自由的感觉也许只有失去自由的人才能真正体味到。

"现在我和杀人犯、抢劫犯、盗窃犯等曾被视为'人渣'的各种犯人同所服刑，在这里，我不敢说自己从前是个当官的，也不敢说自己是因为腐败进来的，怕他们的嘲弄和殴打。

"一个死刑犯从我身旁走过，他身上的脚镣手铐的哐当声时时让我心惊肉跳，刚开始我整夜整夜地睡不着，即使后来偶尔入睡也是噩梦连连，经常吓醒。

"在这里，我看不到日出日落，眼前的天是方的、地是方的，周围只有高墙铁网和荷枪实弹的武警，以及偶尔从铁窗外飘过的几朵白云，我将在漫漫铁窗高墙下度过余生。

"我甚至天天盼望检察官来提审我，因为这样可以暂时脱离囚室带来的恐惧和郁闷，享受一丝新鲜空气和自由。

"反思我的前半生，我将一生的追求、一生的奋斗都毁在了自己的贪欲之中，悔恨是不能用言语来表达的，这种自责的痛苦时时吞噬着我的心，那味道真是生不如死。"

### 贪官五："算健康账，我身心交瘁"

"现在我是深深体会到了什么是'蹲监坐牢'了。在这里要遵守监规，所有的行动都要听号头的吆喝和驱使，一日三餐也只有米饭、馒头和咸菜。我有时能在脑海中浮现在职时的情景，那时什么都吃腻了，现在虽定期吃到荤菜，但早已索然无味。伙食还在其次，内心的煎熬和万般的悔恨无时不在消耗、透支自己原本多病的身体。以前我打球、长跑、练太极等体育活动，自我保健，生病了有着良好的医疗保障和就医条件，而现在天冷了能有一个热水袋就是我最大的满足了，生病了能有几片药吃就高兴了，我不知道能否经受住这漫长铁窗生活的煎熬。

"我用贪欲换来了妻离子散，买来了高墙铁窗的禁锢，买来了一年四季都脱不掉的'黄马夹'，这就是一个贪官的下场，腐败迟早是要付出代价的！自己以往总是把领导干部警示教育大会当'耳旁风'，不去联系实际、联系自己，而是抱着侥幸心理，失去了一次次主动自救的机会。在看守所里，才深深体会到，'健康和自由才是最重要的人生价值'，'健康的身体、和睦的家庭才是最大的幸福'。"

### 贪官六："算家庭账，我妻离子散"

"在看守所里，我无时无刻不在思念孤独的妻子和在外的儿女，想着他们是如何度过这难熬的每一天的，每次不得不出门时，是否有意识躲开熟人；想着他们谁去买菜，谁在做饭，怎么吃的，还能否吃下去；想着他们是不是承受不了这种巨大的打击，身体也如我日渐消瘦。当我听说妻子曾几次想跳河自杀后，我彻夜未眠，几乎哭瞎了眼睛。

"我已经有3个多月没有和我的家人见面了，但夜里经常做梦，只有那时才能等到一家人团聚和欢声笑语的时刻，而醒来后回味这短暂的甜蜜，只能让我更加悔恨自己。

"我的家庭本来和睦幸福，这都因我的贪婪而葬送，我不知道刚走向社会的儿女怎样面对残酷的现实和世人的冷眼，如何去承受这巨大的落差，我酿的苦酒不得不让我的孩子承担，也不知道妻子以后如何独自支撑起这个残破的家。我愧为人父，没有给孩子带来健康向上的人生表率；愧为人夫，没有给妻子带来平安幸福的家！"

### 贪官七："算亲情账，我众叛亲离"

"现在，我的周围都是些以往我所不齿的'社会渣滓'，杀人犯、抢劫犯、盗窃犯，听到的只是叮当响的镣铐声，我不敢、也不愿和他们交流，只能躲在囚室的角落里暗暗垂泪。

"想从前，家人以我为荣，亲友亲近我，群众仰慕我，下属敬畏我。多少人主动上门和我攀亲戚、套近乎、恭维我，围绕着我的是一张张笑脸、一声声溢美之词。我走进了监狱高墙内，听说那些平素和我家交往密切的亲朋好友再也没有到我家去过，那些曾和我同窗共读的同学也不再炫耀和我的浓情厚意。又有谁愿意和一个腐败分子有牵连和瓜葛呢？是我的行为让他们远离了我，我愧对曾经关心我的亲朋好友、同事同乡。失去了亲情，也失去了友情，脱离了社会，我从此成了一只断线的风筝无依无靠，只能在漆黑中飘摇。"

## 【贪渎档案】

### 妄想吃到后悔药

高勇，原任四川省成都市委常委、宣传部部长。2006 年 11 月 18 日，四川省内江市中级法院以受贿罪、巨额财产来源不明罪判处高勇死刑，缓期二年执行。法院经审理查明：高勇在 1996 年至 2001 年，先后利用担任四川省凉山彝族自治州副州长、中国证监会成都证管办副主任、中国证监会贵阳特派办主任职务之便，受贿 955.4 万余元。此外，高勇对 666.5 万余元的财产不能说明合法来源。

1996 年至 1999 年，高勇利用担任凉山州副州长主管经济工作职务之便，两次收受广东深圳某营业部经理送的好处费 140 万元，多次向四川一投资公司董事长张某索要款物共计 122 万余元。1999 年至 2002 年，高勇利用担任中国证监会成都证管办党委副书记、副主任，中国证监会贵阳特派办党委书记、主任的职务之便，先后多次索要和收受巨额贿赂：一家软件公司给了他 83 万元，一家科教单位给了他 90 万元，他还向一家集团索要了 120 万元……检察机关指控，1996 年至 2004 年，共有 23 个单位送给高勇的全部或部分款项，是以支持高勇出书或者买书名义给他的。

"我常妄想哪位诺贝尔奖得主能研发出后悔药……我真希望发生在我身上的一切都是一场梦！我想从头再来，真希望有机会再为党工作，很希望能有机会尽一些孝道，以弥补我对党和人民，对父母和家庭的过失。

"任何人并非一开始就很好或很坏，总有一个思想形成、演变、发展乃至蜕变的过程。24 年前，我大学毕业并考取了研究生，之后被公选进机关学习锻炼。在党组织的精心培养下，1996 年 31 岁的我便被作为知识型干部下派到凉山州任主管经济工作的副州长。我苦干、实干，努力为凉山 17 个县、市经济发展和企业干实事好事，为干部群众所接受，也因此获得了'全国民族团结模范个人'的殊荣。但也就是在这一期间，随着自身环境和地位的变化，听到说自己好的多了，以及受社会风气的影响，我的头脑开始发热，心中的拜金主义、拜物主义也开始抬升，认为还是有钱才能办事，于是我便放松了对自己的约束和要求。

"开始，我小打小闹地接受了不少人送的'好处费'。后来在收受了大笔的'好处费'后，我见没有什么事，就产生了一个错觉，认为这就是随大流，只有随大流才能进步。大笔大笔的'好处费'使我的胆量得到了锻炼。后来，接受上百万元的贿赂也不心虚了。

"在我思想深处一直有一种错误认识：一定不要占公家一分钱，只要不拿国家的钱就没事，朋友之间的事别人不会知道。殊不知，天网恢恢，疏而不漏。

"其实我也不断参加各种形式的学习和组织工作，但自己并没有用心去学，而是用嘴去学了。并且在自己心中的私欲、贪欲出现时，也没能切实警觉反省，导致我在证监会工作后又做下了这些蠢事。重复犯下如此严重的错误，一个重要原因在于自己漠视对党纪国法的学习，虽然参加了学习但没能真正触及灵魂和本质，没有真正听进党组织的教育。

"我长期从事经济、金融工作，身边最多的朋友就是各种类型的大小老板、企业家，几乎每一个工作阶段，我身边都有这样的朋友。我觉得他们有能力，而且他们中一些人也比较讲义气，在我最困难的时候来看我、关心帮助我，所以我乐于同他们交往。正因为这样，我忘记了自己的党员领导干部身份，没有把握好交往中的应有尺度。特别是对朋友间的走动往来也逐渐感到正常，以致当他们提出以'支持我出书'给我'赞助'时，我欣然接受，直到最后一发不可收拾。

"其实我作为一个较早涉猎证券市场的半专业人士，经济条件已经不错，为什么还要欣然接受'赞助'？我真后悔！后悔没听从父母和妻子的告诫：'不要跟老板们走得太近。'

"我在金色年华倒下了，反省自己，根源就在于自身对社会生活思想观念和价值的选择把握上有失误，在于自身对各种诱惑尤其是金钱诱惑的自我掌控力差，自我克制把握力不行，经不住诱惑，管不住自己。其根本还在于自己放松了马克思主义人生观、价值观的学习改造，私欲、贪欲膨胀侵占了自己的思想灵魂。

"我的教训是惨痛的，但愿有我这种经历的同志猛醒，赶紧去主动投案；但愿正在或准备伸手的人赶紧停住，不然等待你的就是高墙、铁窗。自由、尊严、平安和健康才是人生最重要的。"

## 如果再回到从前

杨万利，浙江省台州市发展和改革委员会产业发展处原处长、台州市重点工程领导小组办公室原主任（副处级）。检察机关查明：2002年8月，台州市某公司经理翟某为感谢杨万利为他在承接临海市某中学污水处理工程中提供的帮忙，送给杨万利20万元。12月12日，台州市黄岩区法院以受贿罪判处杨万利有期徒刑九年。

杨万利在被检察机关立案侦查期间写下了这份悔过书。

"世上没有单而又纯的'钱'字，在它的背后，总是隐含着这样或那样的玄机，纵使给你带来'钱'的人是你的铁哥们儿，但一切的根源都一样，他们是不会平白无故地送钱给你的，你必须严肃认真慎重地去对待和分辨。翟某是我初中同学，当我大学毕业回到故乡这座小城时，他出现在了我的身边，而且与我的关系越走越近，亲近到所有的同学同事都知道翟某是我最要好的朋友，甚至有近10个春节他都是在我老家或我的岳父家一起度过的。

"2002年，临海市某中学污水处理工程被确定为浙江省B类重点工程。当年四五月间，我去临海谈项目，翟某适时地出现在了我和该校领导中间，很自然地商谈到该项工程，最后他顺利地签订了施工合同。就在我去北京挂职锻炼的前夕，翟某找到我，掏出一沓钱对我说：'到北京要花钱，这些你先拿着。'

"我心里十分明白，这些钱是烫手的山芋碰不得。假如，送这笔钱的不是翟某，而是与我关系一般的人，我知道自己肯定不敢接受。可是，眼下这钱是自己的好兄弟、铁哥们儿给的，我收下钱时一下子变得心安理得起来，毕竟我也帮他承接到了工程。当时，贪婪可怕的欲望占据了上风，这笔钱我就这样笑纳了，没有一丝难为情，相反心里乐开了花。

"故事的结局，就是我人生中的这次'乐开花'，让自己戴上了冰冷的手铐。回想起翟某因涉嫌行贿罪被检察机关立案侦查的这十几天以来，特别是自己被检察机关叫去询问取证，我的生活、工作彻底改变了。恐惧、痛苦、后怕、绝望包围着自己，站在台州市政府大楼15层自己办公室的窗口，我曾产生过从这里纵身一跃的念头。但想到自己76岁高龄的老母亲，我打消了这个念头，我真是愧疚万分，当长跪不起以谢罪啊！最后我作出决定去检察机关投案自首，当我走出家门时，女儿冲上来抱住我问：'爸爸你什么时候回来呀？'闻听此言，我心如刀割！

"当警车把我带到高高的铁门前，当厚重的铁门在自己的身后'砰'的一声关上时，我的心坠入了万丈深渊。我最对不起的是三个人——母亲、妻子和女儿，想到她们我就会心痛。我最愧疚的是培养自己多年的组织和自己一干就是20年的单位，我辜负了市里领导对我的期望。我这个昔日临海的高考文科状元、名牌大学毕业生，市级机关副处级领导，转眼间已成为人民憎恨、不屑一顾的阶下囚。我在小小的牢房内，脑海里总是回响着那句'如果再回到从前'的歌词。

"世上没有后悔药，自己犯下的错误必须自己去面对，接受应有的惩罚和处置。不管最后是怎样的结果，我都将积极做一个有益于社会、有益于人民的新人。"

## 权钱交易牺牲品

　　樊甲生，湖南省郴州市委原常委、宣传部部长。2007 年 7 月 12 日，湖南省株洲市中级法院开庭审理了樊甲生受贿、行贿、巨额财产来源不明案。

　　检察机关指控：樊甲生利用职务之便，与其妻子涉嫌共同收受贿赂 70 万元人民币，樊甲生个人涉嫌单独收受贿赂 117 万元人民币、5 万美元、5 万元港币。樊甲生为了达到自己职务升迁的目的，先后 9 次向郴州市委原书记李某行贿 63 万元人民币。此外，他还有 400 余万元人民币不能说明合法来源。

　　这是樊甲生在法庭上的忏悔。

　　"我是一个农民的儿子，在党和人民的教育培养之下，从一个农村青年到担任村级领导、乡级领导、县级领导，一步步成长为市级领导。我万万没有想到，今天我会站在被告人席上，在庄严的国徽面前，接受法律对我的审判，成为一名罪人。我痛心疾首，然而现实毕竟是现实，经过长时间的痛定思痛，我对自己的一生有了较清醒的认识。在此，我将这些坦露，请接受我的忏悔，接受我心灵的洗刷，接受我灵魂的拷问。

　　"身为一名市级领导，我没有真正从思想上解决立党为公、执政为民、廉洁从政的问题，在巨大的经济利益和诱惑面前，成了金钱的俘虏。我在县级领导岗位上工作十多年，那个时候勤奋工作，扎实为民办实事，严于律己，自认为算得上一名清官。但是到郴州市工作后就变了，变成了金钱的俘虏。

　　"我在郴州市工作这些年，想自己的事多了，想群众的事少了；为自己谋利多了，为群众谋利少了。放松了学习，放松了思想约束，放松了纪律约束，放松了党性锻炼。思想一放松，金钱意识就乘虚而入，并诱惑我一步步走上违法犯罪的道路。一个领导干部如果不立党为公、执政为民、廉洁从政，必定要被人民抛弃，必定要被历史抛弃，这就是我的教训。

　　"我在县里任职时，我和妻子都能保持廉洁，做到不收礼品，不收礼金。刚到郴州市任职时，我还是坚持自己在县里确立的信念，保持廉洁。但过了一段时间以后，我发现这样做自己的生活圈子越来越小。于是，我渐渐地不再坚持心中的信念，不再坚持党性，在逢年过节开始采取"复送"的方式接受，你送我一点礼品，我送你一点礼品。对于礼金，我也从拒收发展成接受，收受的礼金数额也越来越大；对熟人朋友有求的事，我由不打招呼发展到打招呼；对上级领导，我也从不送礼品、礼金，发展到送礼品、送礼金，而且送的钱也是由少到多。就这样，我渐渐地走上了犯罪的道路。

"我从县委书记的岗位调到郴州市，开始任市长助理、市政府助理巡视员，并被安排到国家机关挂职锻炼。那一段时间，找我帮忙的人有一些，但不太多。2003 年我任郴州市委常委，进入市委班子后，找我的人逐渐多了，请我帮忙的人也随之增加。我为他们的事向有关部门打过招呼，逢年过节他们就来感谢我。开始我还是拒绝接受，但有些人三番五次地来，我也就接受了。

"现在想来，如果没有党和人民给我的权力，我能为找我的人帮什么忙？我打招呼谁会听？也正是因为我打招呼起了作用，人家才会逢年过节来感谢我，这是权力在发生作用。党和人民给了我权力，但我没有掌握好，成了我权钱交易的工具，成为我滋生腐败、走向犯罪的条件，这是一个万分惨痛的教训。权力是党和人民给的，只能为党服务，为人民谋利益，不能够为自己谋私利。如果私欲膨胀，用党和人民给的权力搞权钱交易，为自己谋私利，党和人民是不会容忍的，法律也是不允许的。最终，我成了权钱交易的牺牲品。

"我的行为已经违反了党纪，违犯了国法，可是一段时间内我还心存侥幸。而无情的事实告诉我，公正的法律告诉我：莫伸手，伸手必被捉。只要你做了违法的事，就会有证据，是逃不掉的，就会受到法律的制裁。无论你官居何职，都逃不了法律的制裁。

"经历了这次惨痛的教训，我认识到一个领导干部必须牢固树立法制观念，必须带头守法，必须依法行政，必须在法律范围内活动。在法制社会里，没有特殊的公民，更没有特殊的工作。我犯了严重的错误，深知对不起党，对不起人民，对不起我的亲人，我一定认真汲取教训，努力改造，重新做人。"

## 私心杂念引祸水

冯阳，江西省大余县下垄钨业有限公司原总经理（正处级），2006 年 9 月被法院以受贿罪判处有期徒刑五年，并处没收财产 5 万元。

法院经审理认定，冯阳利用担任国有下垄钨矿矿长及下垄钨业有限公司总经理的职务便利，在 2002 年 12 月至 2006 年春节，在对外签订该公司及其下属左拨坑口残矿回收发包及续包合同过程中，多次非法收受合同承包方的贿赂 35 万元。

在赣州市检察院召开的廉政训诫会上，冯阳现身说法，作了深刻的忏悔。

"我出生在一个矿工家庭，3岁就随着父母来到矿山生活。我从一名普通的矿工干起，在组织的培养教育下，慢慢走上了矿长和公司总经理的领导岗位。几十年的矿山生活，使我深深体会到了矿工的艰辛。担任领导职务后，我曾努力工作，为提高企业业绩、改善矿工生活尽了自己的一份力。可是，我却在对外经济交往中铸下了大错。

"2000年3月我担任下垄钨矿代理矿长后，就有不少人找我，要求我在残矿回收承包一事上给予关照，有的人还带来了大笔的现金，可我都没有动心，因为我知道不能这么做。直到2002年底，陈某为相同的事找了我好几次，我经不住他的再三纠缠，看在是熟人的情面上，又考虑到他是当地公安机关的领导干部，以后我们矿山在护矿、维持治安秩序等方面还要有求于他，而且只要他能履行合同义务，承包给陌生人还不如承包给他，这样既能增加企业收入又便于管理。综合考虑这些因素，我答应了陈某的要求，让他以亲戚的名义承包了公司下属的左拔坑口一个中段的残矿回收。我没有召开班子会议，没有经过集体讨论，就自己一个人把这么大的一件事给定下来了。

"2003年2月，陈某在承包开工后不久，就拿了5万元现金到我办公室，说是感谢我的关照。我当时不肯收，但经不住陈某的再三劝说，最后还是收下了。我想，反正送钱是他自愿的，不好伤他的面子，更何况现在社会上那么多人都富起来了，自己辛苦一年才赚一点钱，真是太亏了。就这样，我的私心杂念战胜了理智，让我在犯罪的道路上迈出了第一步。

"这扇大门一打开，可怕的歪风邪气就全吹进来了。一年内，陈某分两次共送给我12万元，还有王某、曾某等人，当这些合同承包方以我的孩子要出国、我要买房子等借口送钱给我时，我都收下了。当时我觉得社会风气就是这样，没有什么关系。现在想一想，他们为什么不送钱给别人、不去关心别人？还不是看中了我手中的权力！他们希望承包矿山发财，而像我这样立场不坚定的人，就自然成了他们的目标和俘虏。

"查找我犯罪的原因，主要还是在思想根源上出了问题。生活在这么复杂的社会环境中，不去自觉提高抵制诱惑、拒腐防变的能力，就必定会出错。我总以为社会上发生的那些职务犯罪案例，不会在自己身上重演，我能够把握住自己，谁知道还是败在了自己的私心杂念上。实际上，我并不缺钱花，可我明知不对、明知不能做的事，还是去做了。送钱的人总是安慰我说'放心、没事'，我也怀着侥幸的心理，才酿成了今天的大错。现在回想一下，我要那么多钱干什么？

"除了没有在思想上筑起一道防线外，我还错在居功自傲，听不进不同意见。我带领企业顺利改制后，效益大增，企业步入了良性循环发展的轨道。在这些成绩面前，我开始居功自傲，听不进不同意见。其实'忠言逆耳，良药苦口'，行政'一把手'的权力很大，自觉接受组织和群众的监督尤为关键。

"收了钱后，我心中一直压着一个沉重的包袱，直到我走进检察院的大门。2006年3月，在一次党风廉政会议上，当我听到"常修为政之德、常思贪欲之害、常怀律己之心、常弃非分之想，做到不为名利所累，不为物欲所惑、不为人情所扰"时，我觉得这些话就是专门对我说的，我现在不是就已被物欲所惑、被人情所扰了吗？当时我感触良多，觉得不能再这样下去了，不久后，我来到检察机关自首。

"现在，压在我心上几年的包袱终于卸下了，我也深刻认识到了自己所犯下的罪与错。这次的教训对我来说代价太大了，也值得其他同志借鉴和反省。"

## 不当追求酿恶果

陈家荣，四川省成都市司法局原局长，2007年1月11日因受贿罪被判处有期徒刑十五年。

法院经审理查明：2001年至2005年，陈家荣在担任彭州市委书记期间，在相关公路绿化、办公楼修建等6项工程和购买土地等事项中，多次收受请托人送的贿赂款共计人民币381万元和美元2万元。这是成都市涉案金额最大的商业贿赂案件。

"其实，在刚参加工作及以后相当长的一段时间里，我的思想是比较单纯的，满怀激情想认真搞好工作，干一番事业。就是要到彭州时，我也曾暗暗发誓要堂堂正正做人，认认真真干事，在彭州这个舞台好好实现一下自己的人生价值。但做了市委书记，当了'一把手'后，随着职位的升高，权力的扩大，找我的人多了，说好听的话的人也多了，于是自己的头脑逐渐开始膨胀，自以为是的思想越来越重。

"当市委书记，可以说是行有车，食有肉，丰衣足食不用愁。但是自己仍然不满足，满眼看到的都是高消费的生活，特别是随着接触人群层次的多样化，加之受市场经济一些消极因素的影响，自己的人生观、价值观开始出现异化。尤其是看到一些老板本事不大，水平不高，却神通广大，坐名车穿名牌，自己的心理开始不平衡了。

"随着思想的下滑，以及各种现实的催化，自己的世界观、人生观、价值观发生了质的变化。把自私当做了人的本性，认为人人都是自私的。在人生观上则认为，人生一世，草木一秋，转眼就百年，应该早点捞点钱，过有品质的生活才行。就这样，我开始在思想上形成了一种自私的价值观即'办实事、图实惠'。在这种错误思想的指导下，我的金钱观也发生了变化，认为钱越多越好。我开始从推推让让收红包，到逢年过节收礼金基本上来者不拒，再到后来开始插手建设工程招投标、土地出让。从最初收钱时心跳加快、手发抖，到后来看着一捆捆的人民币收起来也心安理得。

"自己作为市委书记，党风廉政建设的第一责任人，本应在反腐倡廉方面做出表率，切实抓好党风廉政建设的各项工作。但自己并没有那样做，甚至认为条条框框太多了，烦琐得很。在一些具体问题上喜欢讲无原则的变通，如建设工程招投标、土地拍卖本不是自己管的事，不该去插手，自己却为了一己私利干扰了招投标和拍卖的公正、公平；明知受贿是犯罪，自己还去做，总认为这是两个人之间的事，不可能被人发现。

"过去在大会小会上，我还应景式地教育干部'一定要廉洁，千万不要利用手中的权力为自己谋福利，这是非常危险的'。现在想起来，觉得很滑稽，我在会上讲廉洁，会下却面不改色心不跳地收受礼金。由于自身不正、说不起硬话，对下属的要求也越来越松。现在想想，人家凭什么给我钱？还不是看重我手中的权力。要是我在'清水衙门'，也不会有人给我送钱。

"记得第一次受贿，那个人把装有几十万元现金的提包送到我办公室，当时我的心情既兴奋又害怕。我给送礼的人打电话，声音都有点发抖，说让他把钱拿回去。但对方告诉我说，这仅仅是他的一点心意，让我放心，这事就只有我们俩知道，他是不会说的。

"每次收到的钱，我都没动过。为了不引起麻烦，我经常是以岳母或兄弟姐妹的名义存起来，直到案发时，我受贿的钱都没有用过，分文不少地交了出来。钱，这个身外之物，现在看来并没有带给我幸福。案发前，它带给我的是心虚、失眠、惊吓。案发后，它带走了我的自由，带走了我家的温馨，带走了我为党和人民服务的机会。我多想时光倒流，哪怕让我回到艰苦年代，吃粗茶淡饭，只要过自由生活，我也心甘情愿。但这只能在梦里实现了，现在悔之晚矣！"

## 控制欲望常省身

蔡先全，四川省简阳市中医院原院长。2001年至2005年，他利用职务之便收受贿赂114万元，另有71万余元巨额财产不能说明合法来源。

2006 年 1 月，蔡先全因犯受贿罪、巨额财产来源不明罪，被资阳市中级法院判处有期徒刑十六年，并处没收财产 35 万元，非法所得 187 万余元予以追缴。此案是 2006 年 7 月 31 日中央治理商业贿赂领导小组办公室披露的 15 起典型商业贿赂案件之一。

"我于 1999 年 6 月至 2005 年 5 月任四川省简阳市中医院院长。我平时没有很好地听从领导的教导，放松了自己的学习，没有经受住金钱的诱惑，加之法律意识淡薄，存在侥幸心理，结果走上了犯罪道路。现在想来，我愧对党和组织的多年培养，辜负了领导对我的栽培，深感后悔。

"2001 年下半年，经营医疗设备的某公司总经理罗某了解到我们医院准备购买一台彩超机，便托人与我联系。经过一番考察后，我代表医院与该公司签订了以 129 万元购买彩超机的合同。此后，罗某经常打电话催我付款，有一次他直接告诉我说："给你 20 万元好处费，不经过中间人直接给你办张卡，把钱打入卡上。"我表示同意，并提供了自己的身份证复印件。不久，罗某就把有 20 万元存款的银行卡给了我。2003 年 3 月，罗某得知我院要购买 CT 机，便向我推销进口的东芝 1 秒机，并说生意做成了给我 50 万元的好处费。我说："到时候再说吧。"当时有三家公司竞标，当然进行招投标只是走个形式，最后还是确定购买罗某公司的 CT 机，价格为 349 万元。之后，罗某履行承诺给了我 50 万元的好处费。

"2000 年 11 月，医院以联合开发土地的名义进行招标。我当时带有倾向性意见要由刘某中标，所以就把他的分打高些。后来，刘某要我帮忙尽快办好拆迁旧房的有关事情，并想增加承接门诊大楼的装修工程，我都一一办到了。为了感谢我以中医院名义申请减免配套费和异地绿化费，感谢我在增加工程项目上给予的关照，刘某分四次送给我现金 35 万元。

"2003 年底，医院准备选定一两家公司集中供药。在与一家药品经营公司的招聘人员梁某洽谈时，梁某承诺给医院让利，并另按采购额的 5%给我个人回扣。我说'不存在'，意思是不计较给多给少。2004 年 2 月，我们签订了药品供销协议。之后，我 7 次收受梁某送的回扣共计 9 万元。

"面对大笔金钱的诱惑，我也犹豫过多次，直到案发前仍在犹豫，想把钱交给单位添置一件大型全自动生化仪。但我始终没有实施，因为心存侥幸。现在终于明白了，人啊，要控制自己的欲望，不应该贪图非法之财，也不要心存侥幸认为可以蒙混过关。

"我现在深感后悔，给党和组织抹了黑，由于自己的不廉洁犯罪行为，不配做一个党员和领导干部。请求组织把我作为反面教材，教育其他党员干部引以为戒，不要步我的后尘，要遵纪守法，廉洁自律。"

## "节日病"害人害己

任登宏，甘肃省陇南市政协原副主席（副厅级）。2008年1月9日，任登宏涉嫌受贿、巨额财产来源不明案在甘肃省天水市中级法院开庭审理。

检察机关指控，任登宏在担任礼县县长、县委书记期间，先后多次收受他人贿赂49.5万元、价值88.4万余元的两套商品房、IBM笔记本电脑1台。另外，检察机关在任登宏的家中共查扣现金320多万元，以及金元宝1个、金条3根等，除去任登宏夫妻的合法收入外，尚有134万多元和3根金条、1个金元宝，任登宏不能说明合法来源。

"20多年来，我由一名教师到进入行政机关工作，从副科级、正科级干部到副区长、副县长、副书记、县长、县委书记，再到市政协副主席。一路走来，一路汗水，一路坎坷，一路光环，这些光环和待遇得益于党组织的精心培养，得益于人民群众的大力支持和信任。然而就是在这些光环和待遇之下，自己放松了学习和思想上的改造，淡化了理想信念，忘记了农民本色，淡化了宗旨意识，扭曲了正确的人生观、价值观、权力观，受社会大环境及消极腐败现象的影响，没有经受住权力与金钱的严峻考验，从而一步一步地走上了犯罪的道路。这就是我的人生轨迹：农民——教员——干部——领导——罪人。真是己之所为，人之所叹，人之所弃，人之所恶，人之所憾。

深刻剖析自己的犯罪原因，我觉得有以下几条：

1. 把学习当成应付差事

放松了学习，这是我走上犯罪道路的一个重要原因。我平时看书学习很肤浅，对党员领导干部廉洁从政的有关规定学得不深不透，把学习当成了一种应付差事，走了过场。当县委书记时，每年我和各单位都要签订党风廉政建设责任书，但只知道检查别人，未能对照检查自己。自己平时看的反腐典型案例也不少，就是对自己没有对照检查和反省，没有通过学习来清洗自己的大脑，做到警钟长鸣。

我把父亲生前教导自己的'宁给后人留书，不给后人留金'的话也置之脑后。正是由于自己放松了学习，从而导致思想下滑，也就形成了走向犯罪的思想基础。

2. 对于腐败行为见怪不怪

放松学习是淡化信念的基础，而信念一旦走偏，就会走向犯罪。这些年，社会上存在着一些消极腐败的现象；加之我身边不少有点实权的大小人物都在捞钱，就像老百姓形容的那样'无官不贪、无官不腐'。看到这些，我错误地认为腐败已经成为不治之症，否则，为什么反腐败越反越多，甚至越反越大，如陈良宇、王怀忠、李真、程维高等人。与他们相比，自己这点腐败又算得了什么？正是由于这种消极腐败思想的存在，致使自己的信念偏离，于是对腐败行为在思想上麻痹了，行为上也见怪不怪了。所以，逢年过节别人送的钱财我也就自然而然地收下了。

记得前些年，逢年过节，亲朋好友、下属、同事之间互相走动拜年，也就送点清油大米、土特产品。后来，发展到送中档烟酒，再后来变成高档烟酒，偶尔也有送红包的，但是数目不大。随着社会的发展，现在送红包成了一种风气，数目也越来越大。大家都心照不宣，过年送红包成了社会的潜规则。所以，一到春节，我家里就有难以挡驾的拜年者，少的 500 元，多的 2000 元，再多的 5000 元至 1 万元。就这样年复一年，我家的现金收入逐年增多，我也在不知不觉中走上了犯罪的道路。

3. 开始追求享乐

人生观、价值观的严重扭曲也是我走上犯罪道路的一个原因。由于理想信念的偏离，导致了我人生观、价值观的严重扭曲。

工作中，总是觉得缺点什么，觉得以前人们常说的'人生的价值在于奉献'这样的话已经过时，甚至不合时宜。无私奉献的精神没有了，金钱第一、利益至上的意识增强了；艰苦奋斗的精神下滑了，而追求享乐的意识增强了；耐得住寂寞、守得住清贫的意识下降了，攀比心理逐渐增强了，渐渐地产生了见钱眼开、不拿白不拿的意识。

4. 存在自满情绪和侥幸心理

自满情绪、侥幸心理也是我走向犯罪的另一个原因。说实话，几十年来，由于自己是农民的儿子，不管在哪个岗位上工作，我都很珍惜，都很卖力。在具体工作中，一直遵循'吃百姓之饭、穿百姓之衣，莫道百姓可欺，自己也是百姓；得一官不荣，失一官不辱，莫道一官无用，地方全靠一官'的古训。对于有人说'十个百姓说你好，不如一个领导说你好'，我的观点是先让百姓说你好，再让领导说你好。所以，我认为只要把大多数百姓的事情办好，腐败一点又何妨？

这种思想实际上是一种只要经济发展了，腐败一点算什么的思想。同时我还认为，人人腐败，真正抓到的又有几个？自满情绪、侥幸心理的存在，导致我一步步走上了犯罪道路。

5. 想为退休后养老留点退路

二线思想也是我走向犯罪的一个原因。2006 年，我所在的陇南市全面换届。自己的年龄偏大，显然要从县委书记的岗位上退下来，进入二线。为了将来经济宽裕一点，为退休后养老留点退路，所以我就出现了短期行为。为此，当别人提出要给我好处时，我也就不加分析地接纳了。

我的教训是惨痛的。手莫伸，伸手必被捉；法网恢恢，疏而不漏，这些警言在我身上得到了很好的体现。我愧对这些年党组织对我的精心培养，愧对人民对我的支持和厚爱，愧对父母的养育之恩和谆谆教诲，愧对妻子对我工作的大力支持。现在，只有坦白交代自己的犯罪行为，承担全部的法律责任，争取法律的宽大处理，才是我唯一的选择。"

## 定时炸弹身上绑

刘晏宏，郑州航空管理学院原副院长（副厅级），主管后勤、基建工作。2003 年任郑州航空管理学院东区建设工程指挥部副总指挥。2007 年 2 月 3 日，河南省检察院以刘晏宏涉嫌受贿罪对其立案并交由安阳市检察院进行侦查。现此案已侦查终结，进入审查起诉环节。经检察机关初步查明，刘晏宏涉嫌收受 13 人 24 次贿赂共计 46.5 万元。

这是 2007 年 4 月 27 日刘晏宏在看守所里写下的悔过书。

"我参加工作 30 余年，担任高校领导职务多年。在近几年的工作中，多次收受他人贿赂，累计金额数十万元，于 2007 年 2 月 14 日被检察机关决定逮捕。

"我是一个农家子弟，在党的长期培养教育下，成长为高校的一名领导干部。我也曾是好学生、好干部、好党员，可又是什么原因导致我一步一步走上错误的道路呢？被检察机关采取强制措施以来，我一直在不断反省，尽管我走上错误道路的原因是多方面的，但根本原因是自己作为一名党员领导干部放松思想改造，作风不正造成的。

"作风正，行为才能正。我从一开始坚决不收别人的任何钱物，发展到多次收受他人钱物，而且越收越多，一发不可收拾。现在想起来，当我收第一笔钱的时候，实际上自己的作风已经出现问题，错误的世界观、人生观、价值观已经产生。说实话，开始收别人钱的时候我也是极其害怕的，可又是什么原因使自己变得越来越平静了呢？是自己的作风逐渐发生了蜕变，在诱惑面前失去了坚定的自控能力，最终导致一步步走上错误的道路。

"自从到看守所以来，我经常彻夜难眠，痛苦万分。我深知，由于我的错误给党的形象抹了黑，辜负了党组织对我的长期培养和教育，严重损害了学校的形象，并造成了恶劣的影响。我被查处的消息，对本来身体就不好的妻子来说无异于雪上加霜，她还要对年过八旬的父母隐瞒这件事，而我却不能给她任何照顾。

"我能想象到她的痛苦。老伴老伴，关键时刻无法相伴，我难言心中之苦；儿子即将完成学业走向社会，在他人生的关键时刻，多么盼望听到父母的鼓励和寄语，可我带给他的却是晴天霹雳，他心中的创伤有多重，我不敢想。我的兄弟姐妹，他们年龄最小的也在 60 岁以上，我平日里因工作忙，很少回去看望他们，但他们从无怨言，对我唯一的希望就是好好工作，平安生活。我也承诺过他们，一定做到，可到头来我不但没有做到，反而给他们丢了脸。我的家人，我的亲人，他们今后如何面对社会压力，我不敢去想，这一切都是我造成的。

"我从内心里感到，对不起党组织，对不起学校的全体师生，我无颜面对他们。此时此刻我是多么希望重走一次人生路啊，但我知道这已经不可能了。当前，最重要的就是积极配合司法机关，深挖自己的犯罪根源，认真悔罪自新。

"在失去自由的日子里，我深深体会到，一个人应万分珍惜自己的人生，珍惜工作，珍惜生活，千万别拿人生、工作、生活当赌注，一个人要想走好人生的每一步，首先应练就一身过硬的好作风。只有自己作风正，作风硬，歪风才吹不垮，面对诱惑才不动心，糖弹才击不倒。同时，切记不要心存任何侥幸。要想人不知，除非己莫为，事实上在接收别人财物的同时，也埋下了一颗定时炸弹。不义之财是洪水、是猛兽、是祸根，千万不能取。我现在只恨自己明白得太晚了，清醒得太晚了。我要奉劝那些仍存有糊涂思想的人，千万别学我，千万别再糊涂了。我真心希望别人能从我身上吸取教训，千万不要重蹈我的覆辙。"

## 人情关系需谨慎

尚军，安徽省卫生厅原副厅长，曾先后任原阜阳地区（后改为阜阳市）中级法院院长、阜阳市副市长、阜阳市委副书记等职。2006 年 10 月 25 日，安徽省安庆市中级法院开庭审理了尚军涉嫌受贿、巨额财产来源不明一案。检察机关指控，1992 年至 2005 年，尚军在阜阳任职期间，先后收受 41 人所送钱款共计人民币 90 万余元、美元 200 元，并为他人谋取利益。此外其还对 98 万余元的家庭巨额财产不能说明合法来源。

在检察机关侦查期间，尚军亲笔写下了悔过书。

"几个月来，在检察院的领导和办案人员的教育和帮助下，我进一步认识到自己犯罪行为的严重性、危害性。我深感对不起组织，对不起人民，对不起曾关心过我、支持过我的领导和同事，也对不起年迈的父母和家人。我对此悔恨终生！

　　"我从一名领导干部堕落成罪人的教训是极其深刻的。一是由于我平时放松了政治学习，因而在大是大非面前，在原则性的问题上迷失了方向。二是放松了世界观的改造，没有树立正确的人生观、价值观、荣辱观，拒腐防变的能力不强，经不住诱惑，致使自己在金钱面前打了败仗，当了俘虏。三是没有正确对待自己手中的权力。多年来，自己在领导岗位上掌握着一定的权力，但我没有真正认识到这是组织上对我的信任，没有看到这是责任，反而把这种权力当成捞取个人好处的工具和资本。四是没有过好人情关。由于自己是本地干部，老乡、老同事、老部下比较多，在与他们的交往中，没有把握好度，抹不开情面，对于他们的盛情看望不好意思推辞，对他们提出的要求也难以回绝，看不清这些人情往来的实质，因而放松了防线，放弃了原则，结果被'人情关系'一步步推进了犯罪的深渊。五是疏于对家人的教育和管理，没有看好家门。

　　"我走上犯罪的道路，最根本的原因是由于我放松了对世界观的改造，放松了廉洁自律这根弦，放松了自我约束，法制观念淡薄！是人情关系迷住了我的眼睛，是侥幸心理让我一错再错，是金钱毁了我的一生，我为此所付出的代价是惨重的！我辜负了党组织的培养和教育，我感到十分的痛苦、内疚和悔恨！我决心悔过自新，重新做人。"

## 谋取私利亦罪恶

　　黎岭，四川省丹棱县原县委书记、人大常委会主任，曾任眉山市国土资源局局长、眉山新区建设指挥部副指挥长、眉山市滨江路开发建设办公室主任。2007 年 1 月 10 日，他因犯受贿罪、巨额财产来源不明罪被判处有期徒刑十年零六个月。

　　法院经审理查明：黎岭在任职期间，利用职务之便，先后非法收受他人财物 158 万余元，并有 73 万余元的巨额财产不能说明合法来源。司法机关在这个昔日被称为"清官"的贪官家中搜出的财产相当于当地一个农民 706 年才能挣到的钱。

　　"'欲而不知止，失其所以欲；有而不知足，失其所以有'。两年前我坐在明亮舒适的办公室里，时常自在地踱着方步，享受着人们的尊重和恭维，感受着人生的乐趣和成就。而今，我却身陷囹圄，饱受牢狱之苦。

　　"回想刚参加工作那会儿，我怀着满腔热血，凭着自己的勤奋、努力和工作能力，从医药公司仓库保管员逐步升到眉山市国土局局长兼眉山新区建设指挥部副指挥长、滨江路工程建设办公室负责人，再到后来的丹棱县委书记。这一路走来，我的生活也有了质的变化。从前，外面的人总是形容我：为人处世谨慎低调，工作有能力、有魄力，都叫我'清官'。后来，一声声称赞逐渐变为一封封举报信，我知道终究要为自己所做的事还债。

"一开始，我和一些'朋友'只是在一起吃饭、唱歌、喝茶、打牌，每次都是他们买单，我总觉得过意不去，也怕影响不好，提出自己给钱，但对方一句'你非让我下不了台'让我也不好再坚持，后来逐渐也觉得理所当然了。

"'朋友们'左一句'兄弟'、右一句'哥'的热情打动了我。有一次一个'朋友'送给我一双皮鞋，说是我一个局长老是穿一双皮鞋未免太没有面子了；后来我要出国考察，对方又专程托人到成都送给我美金，说是出国方便使用；在我装修住房和购置家具上又总是出钱出力……他的'关心'细致，让我觉得这些'兄弟'会来事、讲义气，值得交。

"第一次收受'铁哥们儿'送来的贿赂时，面对2万元的现金、一箱'五粮液'酒及腊肉等物品，好长时间我都睡不好觉，但过了一段时间见风平浪静，紧张的情绪也随着自己的侥幸心理和对物质的占有欲望而化解。此后，我在工作上能关照的都尽量关照。

"正是这些会来事的'兄弟'让我出了事，这些讲义气的'铁哥们儿'让我失了原则。

"每次收受巨额贿赂后，我心里都很不安，那一捆捆钱就像一颗颗埋在脚下的地雷。

"我不缺钱，我和妻子都是公务员，有固定收入，生活衣食无忧，我也知道受贿是犯罪。可是，每当看到老板们送来的还系着银行封条的钞票，我就会有一种强烈的占有欲，加上'不要白不要，要了也不会有人知道'的侥幸心理，一道道心理防线被自己的欲望攻破，我一次次把党纪国法抛之脑后……直到案发后才醒悟，但为时已晚。

"面对自己种下的恶果，我想起这几十年的工作历程，想起了当初的雄心壮志，想起了收受不义之财时的忐忑，也想起了案发前的恐慌，可现在一切都尘埃落定了。直到此时，我才真正感受到：首先，我犯了罪，应该受到法律的惩罚；其次，我辜负了组织对我的培养和重用；最后，我对不起自己的家庭，给家人带来了痛苦。

"剖析思想根源，我之所以走上犯罪的道路，是因为我放松了对世界观的改造，淡化了为人民服务的宗旨。在市场经济大潮中，没能抵挡住金钱的诱惑。加之当今社会风气不正，觉得在经济交往中得到一些经济利益，得到一定的好处，只要不出卖公共利益，就没有罪恶感。

"最近，我常常在反思，如果上天可以再给我一次机会的话，我肯定不会这样做。"

## 受贿阴影伴生活

李雄，国务院经济体制改革办公室宏观体制司原副司长。1993年12月，李雄利用担任原国家经济体制改革委员会办公厅处长兼副主任秘书的便利条件，接受原湖北省黄石市康赛集团股份有限公司的委托，帮助该公司在原国家经济体制改革委员会停止受理上报材料后，被确认为进行规范化股份制试点单位。事情办成以后，康赛集团党委书记张某几次到北京，劝李雄买一些康赛的股票。后来，康赛集团董事长童施建打电话给李雄，说给他留了30万股康赛公司原始股票。不久以后，张某到北京，将两个股东账户卡交给李雄，一个卡上是20万股，一个卡上是10万股。此后不久，张某告诉李雄，康赛每股已经卖到6元，问李雄要不要把股票处理掉。得到李雄认可后，童施建将股票以每股6元处理，获差价款120万元。后童施建按李雄提供的两个账户各汇来60万元，共120万元。

2001年10月李雄因犯受贿罪被法院判处有期徒刑十五年。

"这些年来，我虽然没有什么突出的成绩，但路子走得是正的，工作、学习中底气是足的，但后来竟然伸手窃取不属于自己的东西。在原湖北省黄石市康赛集团上市的过程中，通过股票谋求数额巨大的金钱，走上了犯罪道路，这是我自己始料不及的，更令我痛悔不已。

"1991年初，我到原国家体改委工作。环境变了，机会多了，我开始羡慕起那些有着大把大把钞票的经理、老板来，也想尝试一番。后来遇到康赛集团上市的机会，与康赛集团负责人建立了良好关系，就迈出了滑向泥潭的第一步……

"康赛党委书记张某（已被判处有期徒刑十年）第一次来找我，提出弄点股票的时候，自己还能拒绝，但经不起后来的再三劝诱，就答应下来。当时做1万股的交易，心里也是忐忑不安的。到了1996年，我从张某手里接过的股票已有30万股。30万股变成120万元钱的时候，我才感到害怕。

"其实，我有几次都深深感到道德、纪律和法律之剑已悬在自己的头上。第一次是接过30万元股票，第二次是康赛集团董事长童施建（已被判处有期徒刑十五年）要把钱汇过来，第三次是体改办'三讲'的时候。这几次，我本来都可以缩手悔过，但终因贪欲太盛，没有迈出这一步。

"以前，我对搞'关系学'的人也看不惯，但近几年，自己也逐渐热衷于认老乡、交朋友，把这些关系看得比工作还重。康赛集团是湖北家乡的企业，又是朋友介绍来的，自己就非常卖力地帮助协调关系。

"接受了康赛的股票款后，我的内心世界发生了混乱，坦荡与自信没有了，心里总是被一层阴影笼罩着，感到底气不足，有一种挥之不去的东西。

"当我在拘票和捕票上签字的时候，当我戴上冰冷的手铐的时候，当我提着被褥走进监室的时候，我深切而真实地感到悬在头上的法律之剑落下来了。失去自由与艰苦的生活让我开始品尝到法律惩罚的滋味，体会到违法犯罪的代价。

"我出生在农村，父母都是农村基层干部，在当地有非常良好的声誉。我曾经那样真诚地追求理想，那样严格地要求自己。但是，现在已不再严格要求自己，个人的小算盘在思想上有了一大块栖息地，自己也就具有了双重人格。最终，个人利益像洪水一样，冲破江堤，肆意泛滥，淹没了原则，淹没了理想，也毁坏了自己。

"千言万语难以表达我的悔恨，虽然泪水不能洗刷我的罪过，但我还是要在这里深深地说一声'对不起'。如果日月能倒转，江河能回流，打死我也不会走错这一步。"

## 无视法律酿恶果

王英福，宁夏回族自治区政协办公厅原正厅级巡视员，曾任宁夏回族自治区土地局局长、国土资源厅副厅长。2007 年 1 月 19 日，王英福被法院以受贿罪、巨额财产来源不明罪一审判处无期徒刑，剥夺政治权利终身。法院经审理查明，王英福利用担任宁夏回族自治区土地局局长、国土资源厅副厅长、残联理事长等职务便利，受贿 270 多万元，对千万余元的巨额财产不能说明合法来源。

"宁夏长城发展集团有限公司自 1999 年至 2003 年在建设一些项目征用多宗土地时，相关报批手续都由我审签。2001 年，我向该公司负责人提出想要某小区的两套营业房，该公司负责人按我的要求将两套价值 50余万元的营业房发票及购房合同上的购房人改名后送给我。我收受后让他人出租，获取租金收益。这两套营业房实际上是我利用职权收受贿赂的犯罪问题，房子实际上已经是我的了。刚开始我并没有认识到问题的严重性，在检察官的教育下，我终于认识到这种行为也是收受贿赂的犯罪行为。我深刻认识到自己利用职权收受贿赂，严重触犯了国家法律，犯下了罪行。我实施的这些触犯国家法律的行为，是我长期以来没有认真改造思想，没有认真学法和严格守法的恶果，我愿意接受法律对我的制裁。在今后的日子里，我一定会痛改前非，重新做人。

"2002 年底,我让银川某装饰有限公司李某为我装修私宅,宁夏荣恒房地产集团有限公司负责人闻讯让其副总经理王某联系了我,由该公司出资我装修。我让李某与该公司联系办理出资装修私宅事宜。2002 年11 月 13 日,在荣恒公司支付了 36 万多元的装修款后,当日我就审签同意了该公司办理出让 6 万多平方米的国有土地使用权设定登记手续。2003 年 1 月,在我的责难下,该公司又向李某支付 10 万元装修费。作为国家机关工作人员,而且是国土资源厅的副厅长,接受了他人为我装修房子的贿赠,这严重触犯了国家的法律。我的这种犯罪行为实在对不起党对我多年的培养,对不起组织对我的信任。究其思想根源,是我多年来放松了思想的改造,淡忘了党纪和国法的严格约束。

"1998 年,宁夏华龙实业有限公司经理杨某找我帮忙征地。杨某在征用这块地期间找我说:'下面同志(指处室)的工作我来做,你不要反对就行了。'我说知道了。后来这块地在征用过程中,统征所的负责人找我请示是否要统征,我表示按程序办,后来他们又请示收取的统征管理费怎么办,我说在管理规定允许的范围内考虑适当照顾。年底,我就将划拨给宁夏回族自治区公路局国有土地中的七亩多地调整划拨给了该公司,并为该公司支付征地补偿费用方面谋取利益。1999 年夏天,杨某为酬谢我,将一套价值 43 万多元的营业房以 20 万元低价转给了我,并按我的要求将此房以我女儿名义办理了产权证明。这样,我收受营业房差价贿赂达 23 万多元。

"全部问题的关键是在批准这七亩多地的程序中,我违反了土地审批权限和程序,越权行政,由自治区土地局直接发文批地,而没有上报自治区政府审批。在关键的审批环节上,我作为局长签发了文件,负有不可推卸的责任,负有主要责任。我作为土地管理部门主要负责人,执法犯法,破坏了基本法律的正常执行和法律规定的正常程序,这是一种严重的失职失责,在这个问题上我没有推卸责任的理由,这是我一生中的一个沉痛教训。"

## "三盆水"误冲前途

励奎铭,浙江省宁波市政协原副主席(正厅级),曾任余姚市市长、宁波市交通局局长等职,2007 年 9 月 4 日被浙江省杭州市中级法院以受贿罪、滥用职权罪,一审判处有期徒刑十三年,并处没收个人财产人民币 10 万元。

"1997 年 9 月,组织上决定任命我为宁波市交通委员会主任、宁波市交通局局长。到任不久，我就忙于甬金高速公路宁波段的准备工作。在一次全局干部职工大会上，我表态：要把这条高速公路作为自己任期内的主要'政绩工程'来抓，要克服一切困难保证工程及早立项，尽快通车，要把工程建成民心工程、廉洁工程、样板工程。

"经过多方努力，2000年2月，预算总投资达19.3亿余元的甬金高速公路宁波段工程终于由交通部批准立项了，我甭提有多高兴了。但是立项后，我发现工程缺少资金，于是又决定通过引进外资建设该工程。这一建设高速公路的引资新方式得到了省、市领导的肯定，我更加信心十足，决定好好表现一番。

"同年初，宁波市交通委下属的宁波市交通投资开发有限公司（以下简称宁波交投公司）总经理虞某、副总经理林某等人，与奥地利人达力斯经多次谈判，签订了意向书，外方表示愿意投资甬金高速公路宁波段，条件是工程要由外商总承包建设。虞某等人向我汇报，我也明知我国招投标法律规定总承包需要招投标，但我引进外资心切，就一口同意了外方的要求。

"2000年6月8日，宁波市交投公司和奥地利爱尔瓦格有限公司签订了合作协议，共同出资组建中外合资公司，约定总投资2.3亿美元，公司注册资本金9200万美元。其中中方应注资920万美元，占10%；外方应注资8280万美元，占90%。总投资和注册资本间的差额部分，由外方在国外银行贷款解决，工程由奥地利的阿尔皮内建筑有限公司承包建设。

"但是，合同签好后，外方的注册资本金一直没有到位，直到2001年10月，爱尔瓦格公司第一期15%的注册资本金1242万美元才姗姗来迟，但其余的资金却再也没有到位。为了让工程早日动工，我同意由宁波剡界岭高速公路有限公司总投资，注册资本的差额改由向国家开发银行贷款，并由宁波交投公司在建设期内无条件连带责任担保。虽然我知道这是一条'不平等条约'，但为了我的'政绩'，我接受了。

"2002年3月23日，经我同意，剡界岭公司与阿尔皮内公司签订了《甬金高速公路施工合同协议》（即总承包协议），根据协议，甬金高速公路宁波段以建安费概算包干的方式总承包给阿尔皮内公司建设，节余归总承包商，超支不补，合同价为12.39亿余元人民币。我在该协议上签了字。

"因该总承包协议违反《招标投标法》的有关规定，交通部、浙江省交通厅均明确要求我们解除总承包协议。我这时候如果能悬崖勒马，后果就不会像现在那样惨重。但是为了留住外商，为了我在有关领导面前许下的诺言，为了我的面子工程，我违反相关规定，既未向市政府汇报，也未通过招投标方式选择代建单位，而是采取名为代建制实为总承包的方式操作,擅自决定将甬金高速公路宁波段工程由阿尔皮内公司总代建。并且我向外商拍胸脯,保证他们在代建制下取得与总承包相同的利益,还向他们作出'由宁波市交通局承担由此引起的法律责任'的承诺。

"2004年1月,当时我已任宁波市政协副主席,但仍主持市交通局工作。因外方注册资本金仍未到位,当交投公司有关人员向我汇报应对方案时,我擅自作了'维持代建大框架、保持相对稳定'的要求,没有对各方反映的工程代建费过高的问题要求进行调整。

"由于我一系列的擅自盲目决策,使外方多获得了代建费人民币24381.16万元,除去外方已到位的资金1242万美元,实际上已经给国家造成了上亿元人民币的重大损失。

"2005年12月28日,甬金高速公路宁波段竣工,全长185公里的甬金高速公路全线贯通。我陶醉在'政绩工程'的一片赞美声中。但是,这条连接浙江东部和中部的黄金快车道,通车不到一个星期,就险情频发,尤以宁波段为甚,开通七天,被迫关闭。

"我没想到结果会是这样,我整天担心检察院会来找我。果然……

"我刚担任宁波市政协副主席时,在保持共产党员先进性教育活动中,写过一篇《厚德载物 修身求真务实立业》的文章,曾在宁波不少领导干部中传读,现在想来颇具'黑色幽默'。我曾写道:'领导干部要有一个良好的廉政形象。人生大致有两种状态自己难以把握,一种是失败的时候,一种是成功的时候。其实后一种比前一种更难把握,"得意"不"忘形"!越是在成功的时候,越要谦虚谨慎。特别是在清正廉洁问题上,要警钟长鸣,时刻警醒。一要小事自律,防微杜渐;二要持之以恒,严防死守;三要知足常乐,无欲则刚。说实话,现在当干部难,要当个"好干部"更难,为什么?一任务重,责任大,重于泰山;二发展快,变化大,瞬时万变;三诱惑多,陷阱深,防不胜防。为此,我们常要用好三盆"清洁水":第一盆水"洗头",防止头脑发热,做个清醒冷静的官;第二盆水"洗手",不捞不占,不贪不腐,做个清白廉洁的官;第三盆水"洗脚",腿脚利索,深入实际,做个求真务实的官……'

"其实,我这'三盆水'都没用好,被'政绩工程'冲昏了头脑,滥用职权,擅自决策,造成国家巨额损失;我的手也并不干净,虽然我在这条高速公路工程中没收一分钱,但这几年我利用手中的职权,为他人谋利,收了人家40多万元的财物。都说自己倒在高速公路的'政绩工程'下,实际上我的脚早就走错了地方。

"唉,原本现在我可以在家安度晚年了,没想到落到这般地步,怎一个悔字了得?"

## 自引祸水悔已晚

王维洲，江苏省宿迁市体育局原局长、党组书记，2007 年 6 月 15 日被江苏省宿迁市中级法院以受贿罪判处有期徒刑六年，没收个人财产 5 万元，违法所得 22.3 万元全部被没收并上缴国库。

法院经审理查明，王维洲在担任宿迁市体育局副局长、局长期间，于 2001 年至 2006 年利用职务之便，非法收受 9 人财物计 22.3 万元，并为他人谋取利益。

"2006 年 12 月 30 日，是我终生难忘的一天。这一天，我被宿迁市检察机关立案侦查。经过办案人员耐心细致的教育，我如实交代了所有的犯罪事实。经过这些天来的反思，我觉得自己走上犯罪道路的原因有以下几个方面：

"一是在市场经济大潮中，我经不住诱惑，迷失了方向。市场经济给我国社会、经济带来翻天覆地的变化，人民群众的生活水平得到很大改善。但是，唯'金钱论'、'一切向钱看'的思潮也有所抬头。比谁的钱多、比谁阔气的攀比心理也无所不在地侵蚀着人们的心灵。在这种情况下，稍不留神，就会钻进'一切向钱看、有了钱就有了一切'的死胡同。我就是没有经得住金钱的诱惑，走上了犯罪的道路。

"二是我的世界观、人生观、价值观发生扭曲。我刚走上工作岗位时，尚能严格要求自己，谨小慎微，努力工作，一步一步走上了领导岗位。时间长了，我认为自己的职务已经到顶了，对自己的要求也随之降低。世界观、人生观、价值观发生变化，这是我走上犯罪道路的根本原因。

"三是心存侥幸把我推向犯罪的深渊。行贿人送给我钱物，开始时我还是严厉拒绝的。后来，经不住行贿人的百般'围攻'，我的心理防线逐渐被攻破，发展到后来心安理得地接受贿赂。人一旦成为金钱的奴隶，就会一发而不可收，我就是在利令智昏的情况下，冲破防线，被金钱所击倒。当时，我还错误地认为，受贿的人比比皆是，不一定就能查到我的头上。这种侥幸的心理使我在受贿时脸不红、心不跳，终于把自己推进了犯罪的深渊。

"我从一名人民公仆，蜕变为人民的罪人，这个教训是极其深刻的。我辜负了党组织对我的培养，损害了党政干部在群众中的形象。我从一介平民一帆风顺地走上领导岗位，倾注了党组织对我的培养与厚爱。当我取得成绩时，党组织及时给予表彰鼓励，我曾两次受到国家级表彰，这里面我是做了一些有益的工作，但各项工作的开展并能够取得成绩，还是党组织支持、培养的结果。回顾党组织为了培养我所花的成本，不是用金钱可以估算出来的。可是，党把我培养成人，我却把自己变成了鬼。

"我的犯罪也给家庭造成了无法弥补的伤害。我有一个很好的家庭，妻子贤惠、能干，在单位和外界特别受人尊重，儿子懂事、上进、好学，家庭氛围其乐融融，亲友关系良好。当我出事后，家庭的脊梁倒塌了，亲属所受的压力可想而知，我还怎么有脸面对他们？

"我犯下了不可饶恕的罪行，是组织发现得早，惩处了我，教训了我，也挽救了我。我将进一步查找犯罪原因，只有从思想上深挖犯罪的动机、根源，才能更好地悔过自新，重新做人。自己犯了罪，就要自食其果。

"我之所以走上犯罪道路，是长期不学法、不懂法、以身试法的结果。在今后的生活中，我必须好好补上法律这门课，在自己的后半生中，做一个遵纪守法、自食其力的公民。

"我已经犯罪了，受到法律的制裁，这是罪有应得。希望现在的领导干部能以我为戒，切记'手莫伸，伸手必被捉'的道理，防患于未然，做一个对社会、对人民有益的人。"

## 修身齐家乃是福

吴广春，安徽省铜陵市原市委常委、组织部部长（副厅级）。2007年10月25日，安徽省安庆市中级法院对吴广春涉嫌受贿、巨额财产来源不明案进行了开庭审理。

检察机关指控，吴广春在担任安徽省合肥市原郊区（后改为包河区）区委副书记、代区长、区长、区委书记、区人大常委会主任期间，利用职务上的便利，收受贿赂共计人民币144.7万元、美元3500元。此外，其对人民币174万余元、美元4980元的家庭财产不能说明合法来源。

根据检察机关的指控，在吴广春所涉嫌收受的近150万元贿赂款中，由其本人经手收下的只有13万余元，而经其妻子及其子女之手收受的就近130余万元。部分受贿款是在吴广春拒贿后，行贿人又转送给其妻子，由其妻子予以收下并转告给吴广春的。

"我是一个农民的儿子，通过自己的努力一步步地走上了领导岗位，真的没想到自己会走到今天这一步。我感到十分痛心，后悔莫及。我辜负了组织的期望，对不起关心、培养我的各级领导。我给我的家庭带来了巨大的痛苦和精神打击，我对不起父母和子女，以及关心我的亲朋好友。现在想来，在这么多年里，自己确实放松了对世界观的改造，以致对社会上一些不正常的现象看得多了，也就茫然了，一旦茫然了，也就'下水'了。

"我不仅没有管好自己，也没有管好我的家属，我所收受的钱物，全是亲戚、朋友来请托送的，有90%的钱物是他人托我的爱人转送的，我最亲的人一步一步地把我送上了法庭。人心都是肉长的，谁不想好？谁不想有更大的发展？我现在思考最多的就是如何以最好的态度来争取从宽、从轻或减轻处罚；我现在最期望得到的就是在组织和司法机关的关心、帮助和挽救下，重获自由。

"在整个案件的调查过程中，我始终积极配合组织和司法机关调查、了解有关情况。我对自己存在的问题都主动、如实地作了全部交代。对家属的问题，我都主动承担了所有责任。我请求组织和司法机关能考虑到我为党工作30多年，在被有关部门找去谈话前已主动退还76万元和上缴廉政账户5万元的实际情况，考虑到我86岁的老母亲体弱多病，行走不便，一个人在农村老家生活需要人照顾，特别是根据我能主动如实交代全部问题和家里想尽一切办法退清赃款的客观事实，对我从轻、从宽、减轻处罚，让我早日重获自由，回到社会，重新做人。"

## 锒铛入狱始醒悟

索好玺，原任河南省安阳市中小企业服务局（安阳市乡镇企业管理局）局长（正处级）。1997年至2007年，索好玺在担任河南省安阳县副县长、县委副书记、代理县长、县长，安阳市乡镇企业管理局局长、安阳市中小企业服务局局长期间，利用职务便利，非法收受、索取57人的贿赂款共计人民币236.9万元。2007年12月25日，法院以受贿罪判处索好玺有期徒刑十五年，剥夺政治权利五年。这是索好玺入狱后写下的悔过书。

"我出身于农村，在党的关怀教育下，成为一名县处级干部，今天落马走向犯罪，真是思绪万千。

"我今年57岁，18岁参加工作，由于自己成长的道路比较顺利，就放松了对主观世界的改造，在人生观、价值观上偏离了党的要求。在任职期间，我利用职权，接受别人送的钱物，并一步步走到了今天这个地步。我所走过的路，正确的是党培养教育的结果，错误的是我违背党的纪律、国家法律造成的，我自己应当认真忏悔。

"分析我所犯错误的原因，主要有五个方面：一是不学习，二是不约束自己，三是不能正确使用职权，四是胸无大志，五是没有强有力的自控手段。

"我在当'一把手'期间，工作上缺少有效的自我控制手段，往往是自己定事情，自己说了算。这就形成了自己的错误自己认识不到，别人也管不了。同时，认为自己年龄大了，在仕途上已经到站了，不会再升迁提拔，也就无所求了，于是放松了对自己人生观的改造，迷失了方向和目标追求。这就是社会上所说的'59现象'的真实体现。

"直到现在，我才感受和体会到什么是幸福、什么是快乐。

"当幸福与你擦肩而过后才知道失去的痛苦。我被审查后，就与家人失去了联系，听不到他们的声音，看不到他们的容颜，想念之苦，思念之痛，是常人感受不到的。我到现在才感受到，人最大的幸福就是全家人能在一起，其乐融融，吃好吃歹、穿好穿差、官位高低、钱多钱少都是次要的；才真正知道了什么叫孤独，2007年的中秋节我是在看守所度过的，往年是全家人聚在一起，这一年是分居多处。风儿轻、月光明，对我又有何用？别人赏月我凄凉，真是'抬头不望月，低头泪两行'。

"经过这一段铁窗内的反思，我对快乐有了新的认识：一个人能够完全支配自己的行为，永远有自己的生活规律和空间，在社会的规范之内自由自在地生活，才叫真正的快乐。

"通过这一阶段的痛苦思考，我真正认识到，钱实际上是身外之物，每个人一天只不过是吃三顿饭，睡一张床。千万不能为钱所累，更不能为钱所害。钱毁了我的后半生，我识之已晚，后悔莫及，教训深刻。

"我参加工作已经40年了，由于我所犯的错误严重，必将被党组织给予处分，这是罪有应得。虽然我从本意上想干好工作，为党效力，但是我犯下了严重的错误。

"我父母亲都80多岁了，两位老人一生辛苦，只盼我这个儿子事业有成，他们平常支持我工作，教育我成长。可我却没有在身边孝顺过父母亲，老人病了没有端过一碗水，喂过一次药，实为不孝，真乃惭愧。我辜负了他们的期望。时至今日，人无来生，教训深刻，终生难忘，悔之晚矣。"

## 大起大落悟人生

侯伍杰，山西省委原副书记。他在担任山西省委常委兼太原市委书记期间，于2000年9月至11月，三次收受时任太原市公安局副局长的邵某给予的美元10万元和价值港币5万余元的手表一块，以上款物折合人民币共计88万余元。2006年9月18日，北京市第二中级法院依法以受贿罪判处其有期徒刑十一年。

这是侯伍杰在法庭审理时作的最后陈述。

"我原是一名受党教育多年的干部,今天站在被告人席上感到非常羞愧,非常悔恨,我诚恳接受法庭代表法律、代表人民对我的审判。

"我1945年出生,在学生时代就积极要求进步,在大学时光荣地加入了中国共产党,并主动要求到最艰苦的地方去,毕业时我被分配到山西省条件最艰苦的吕梁山区。从县里到地区,一干就是十六七年,自己也由一名刚出校门的青年学生成长为一名领导干部。就在自己担任山西省委常委、太原市委书记期间,因为一时不慎犯了极其严重的错误,自己也从一名领导干部成为了一名罪犯。

"回顾这样一个大起大落的人生经历,我感慨万千。在邵某(山西省临汾市公安局原局长,曾任太原市公安局副局长,2005年11月因犯受贿罪被判处有期徒刑九年)给我送钱的时候,我确实感到很突然也特别反感,也很害怕,当拒收不成他放下钱跑掉时,我确实想过要把钱还给他,后来也曾多次给他退钱,但一直没退成。为什么一直没有退成,自己也没有采取其他果断措施,这其中最主要的原因就是自己不想和他撕破面子,觉得应该和他把话讲清楚,然后把钱退掉就行了。而我错就错在这儿,党风问题是关系执政党存亡的关键问题,而自己却把这样一个关系党的生命的重大原则问题当做了个人的问题,这些钱从一开始就应该坚决不收,在退不掉的时候也应采取果断措施把钱上交给组织。这种又要退又要考虑方法的思想就是一种对犯罪纵容和包庇的行为,就是丧失党性原则的表现,其结果是害了自己。

"千里之堤溃于蚁穴,一个人犯错误不一定要有思想准备,往往在一件事上丧失原则,就可能犯下天大的错误,形成犯罪,造成不能挽回的损失。我的教训就深刻说明了这个问题。现在我追悔莫及,但后悔已晚。

"另外,自己之所以走上犯罪道路,还有一个重要原因就是没有始终经得住金钱的诱惑。在给邵某退钱时,就因为自己在潜意识里曾产生过动摇,致使退钱不坚决,措施不够果断。如果自己当时坚持原则,还是能用其他办法把钱退掉的,实在退不了也应上交给组织。如果当时我这样做了也就不会有今天这个结果。说到底还是自己的意志不坚定,才导致了今天的犯罪。

"作为一个长期从事领导工作并已走上重要领导岗位的老同志,我本应在履行党的宗旨、执行党的政策、遵守党的纪律等方面身体力行,做好工作做出表率,但由于私心贪念,犯了极其严重的错误,以致形成犯罪,自己的行为辜负了党的培养和人民的信任,对不起党对不起人民。我为自己的所作所为付出了惨痛的代价,亲手毁掉了自己的一生。

　　"在党组织找我谈话之前，尽管自己思想斗争激烈，压力很大，但我知道不能一错再错，应正确面对，因此在谈话的第一时间里，我主动坦白交代了自己的问题，并随即向组织上交了赃款赃物。在以后中纪委和北京市检察机关对自己的审查过程中，我都积极主动配合，因为我清楚地知道自己的行为已经构成犯罪，理应受到党纪国法的处理。虽然自己已经被开除出党，并将受到法律的制裁，但我会用自己的教训来教育家人和子女，不要埋怨任何人，要正正派派做人。我今后在改造中也要认真学习，在自己的有生之年为党和人民再做一些有益的事情。"

## 狱中省身警他人

　　陈光，山东省单县科技局原副局长，曾任中学教师、县委组织部电教中心主任。检察机关侦查查明：2002 年，在山东省实施"东西结合，突破菏泽"战略过程中，单县与胜利油田结成帮扶对子，陈光被委派到胜利油田挂职物资供应处办公室副主任，在此期间他利用职务之便，挪用公款 10 余万元与他人合伙做生意，收受贿赂 6.6 万元。2007 年 3 月，陈光被法院以挪用公款罪、受贿罪判处有期徒刑三年。

　　自 2006 年 5 月 25 日被羁押在山东省菏泽市看守所，在单县检察院检察官的耐心教育帮助下，我悔悟之心日重，回想过去，思考未来，夜不能眠，写下《荣辱三字经》100 句，以表悔过，警示他人。

《荣辱三字经》

人世间　路千万　谨选择　慎判断
良莠分　是非辨　荣与辱　只一念
走正道　途光明　走邪道　路泥泞
不学法　吃尽苦　一失足　恨千古
进高墙　失自由　关铁窗　泪水流
猛回首　已滑远　方知恨　悔已晚
坐监室　如针毡　身心煎　苦做伴
胸中闷　饭难咽　夜已深　难入眠
想亲人　思家园　想父母　风烛残
受儿累　内心寒　想妻子　伴数年
多操劳　受牵连　想儿女　正当年
遭打击　怎承担　众亲朋　亦无颜
所有事　皆我缘　不悔过　怎能安
内心痛　如刀剜　检察人　及时挽

讲政策 指出路 细分析 挖根源
看悔过 重表现 对问题 讲透彻
所犯罪 交代完 既洗心 又革面
改前非 重做人 快出狱 早团圆
放包袱 向前看 去私心 除杂念
靠双手 报社会 八荣耻 记心间
用吾事 教育人 党政干 以我鉴
遵党纪 守国法 反腐败 力倡廉
警常示 钟长鸣 时拧紧 一根弦
洁身好 一生安 为祖国 多贡献
社会和 家庭暖 享幸福 万万年

## 心怀侥幸铸大错

蔡树林,江苏省通州市中小企业发展局原局长。1997年1月至2006年1月,蔡树林利用担任乡镇党委书记职务之便,收受贿赂10万余元,2006年7月4日被法院以受贿罪依法判处有期徒刑五年零六个月。

"反思自己的所作所为,我心情十分沉重,深感辜负了党和人民对我几十年的培养与教育,也辜负了上级领导对我的重用。检讨自己,教训是深刻而惨痛的。

"在行使权力的过程中,如果把它作为一种责任,那就会权为民所用,如果把它作为一种资本,那么各种不正常的经济往来就会接踵而至。我现在才认识到,送礼者看中的是我手中的权力,目的是获取某些方面的关照,从而获取利益。为什么过去我总觉得在一个乡镇打开局面容易,巩固和扩大局面难?当我刚到一个乡镇,往往人生地不熟,没有复杂的人际关系和经济关系,无私无畏,开展工作相当容易,但当工作一段时间后,伴随不正常的人际关系的产生,在工作中或多或少要考虑关系、利益,'有私无为',要想扩大工作局面相对就难了。为什么常常感叹干部人走茶凉、世态炎凉?道理很简单,对送礼者来说你已经失去了使用价值,他也失去了送礼的意义。你挡不住金钱诱惑之日,也就是开始腐败堕落之时。

"对送礼者来说,逢年过节馈赠礼金是最好的借口,而对我们这些收受者来说,逢年过节收受礼金则是宽容自己的最好理由,我犯错误的时间主要集中在春节,主要的问题就是收受礼金。礼金是一束罂粟花,是一种金钱和人情'苟合'的怪胎，你想拒绝它，就得既要抵挡住金钱的诱惑，还要抹得开朋友的情面，否则就会成为金钱的俘虏。在乡镇党委书记这个岗位上，每到逢年过节如何做到面对礼金而不动心，确实是一个严峻的考验，我就是没经得住这个考验。

"乡镇党委书记这个岗位，交际面相当广，在管辖的范围内外，在日常工作、生活中，要结识相当一部分人，其中不少是以朋友名义出现的，只要你愿意，各种人都会来与你交朋友。其实，朋友是一辆助力车，它可以帮你在正确的人生道路上加速前进，少走弯路，也可以使你在错误的歧途上加速滑向犯罪的深渊。在我工作期间，所结识的朋友大多数看中的不是我的人品，而是我的岗位与权力，这种朋友间的往来是企图在一定时期内得到关照和回报。因此交友必须慎重，否则你会在'朋友'为你挖好的陷阱中越陷越深。

"我一开始就心存侥幸，收受他人钱物时总认为是一对一，连送礼者也言明，此事只有'你知我知'。我心想连自己的老婆都不知道，别人就更不会知道，并自欺欺人地安慰自己，结果错过了出现问题立即改正的机会。在组织审查我之前，有朋友曾提醒我有问题及早投案，但也有人劝我不说，我还是心存侥幸听从了后者。结果我案发后，劝我不说的人却先主动说了。侥幸是过不了关的，只能走进死胡同。

"在领导岗位上，自律就是方向盘，坚持自律就是把握人生，把握不好，就会走向毁灭的深渊。我之所以犯罪与我的自律意识不强有很大的关系。如果一开始我对一些小礼金保持高度警惕，并坚决拒绝，就不会发展到酿成大错。对不正常的经济往来，有很多解决的办法，可以拒绝，可以清退，也可以上交，唯独不能收受，一旦贪欲的堤坝决口，想堵也堵不住。

"作为一名乡镇党委书记，我的教训是极其深刻的，就外部原因来说，如果干部交流的力度再大一点，如果监督力度再强一点，我的错误或许就没有这么严重。当然，外因通过内因起作用，最主要的原因还是自己主观上的过错。"

## 漠视法律入歧途

沈长生，南昌铁路局原党委委员、工会主席（副厅级）。2001 年 2 月，时任南昌铁路局天集房地产公司董事长的沈长生受南昌铁路局指派，与他方合资在安徽设立房地产公司并担任该公司董事长。

2002 年下半年，沈长生在转让该公司股份过程中，利用职务便利，为周某收购该公司压低收购价格，置换股权。2003 年 3 月，沈长生以其子要办鱼饵厂、开发房地产项目需要资金为由，非法收受周某贿赂 200 万元。案发后，沈长生退清了全部赃款。2007 年 11 月 8 日，江西省抚州市中级法院以受贿罪一审判处沈长生有期徒刑十四年，剥夺政治权利二年，并处没收个人财产 10 万元。

"我在党组织的关心培养下，由一名普通的工作人员走上了领导干部岗位。随着市场经济的发展，在改革的大潮中，我这个受党教育多年的党员领导干部，思想和生活方式逐步发生变化，一向谨慎的我最终没有好好地把握住自己，收受了他人的贿赂，走上了犯罪的道路。

"2003 年 3 月，也就是我退居二线之前，我以儿子同周某共同开发房地产为由，向周某要了 200 万元。在我退休之前，我要了不该要的钱，做了不该做的事，给党组织抹了黑，造成了恶劣的影响，损害了党员领导干部在人民群众中的形象。对此我深感内疚，悔之莫及。

"要感谢的是，江西省检察院的办案人员在调查过程中，对我耐心教育，他们坚持原则和人性化的办案作风让我深受感动，让我觉得必须深刻反省自己，痛改前非。

"我问自己，为什么会走到今天这令人悔恨的一步？我想，万事源于自身，内因是起决定性作用的因素。虽然我长期接受党的教育，但由于自己的工作经历太顺利了，自己负责的各项工作都很有起色，为企业也创造了较多的财富，就这样，我开始有了骄傲情绪，开始放松了对世界观的改造和应有的警惕，所以才在守法与亲情、为公原则与自私自利面前，选择了后者，这就等于为自己选择了一条犯罪的道路。我在即将退休前的最后一班车上，将车子开上了错误的轨道，成为了人民的罪人。

"而我身边的亲人亲情，是导致我走上犯罪道路的外部因素。我的孩子离开工作岗位下海经商后，一事无成，还对外欠下债务，这成了我最大的一块心病。于是我想方设法，通过自己的权力和影响，帮他筹集资金，为他创造发展的条件。我让亲情蒙蔽了双眼，麻痹了思想，放弃了作为一个党员领导干部应有的原则，真是一失足成千古恨。

"我走上犯罪道路，还有一个原因就是，在市场经济的冲击下，受多方面的影响，我变得更加现实了。这几年我的思想发生了一个很大的变化，就是我开始认为当干部只能风光一时，有钱才能风光一世。在这种错误思想的指导下，我放松了学习，特别是对法律知识的学习少之又少。我的失足再一次证明，一个不懂法的领导干部，是多么容易做出违法犯罪的事情。

"现在我认识到自己犯罪的严重后果，深感对不起党组织和领导对我的长期培养和教育。我的犯罪行为不仅是对自己不负责任，也是对家庭、对孩子不负责任，在孩子们的心中留下了不可消除的阴影。

　　"在接受调查的这几个月里，我的心情一直没有平静过，我曾经有过错误的认识，但最终在办案人员的帮助下，战胜了自我。我认识到只有正视自己的犯罪事实，才能走出一条新路，重新做人。

　　"现在我的心情无法用言语来表达。我现在能做的，只有以自己诚心悔改的行动，来尽力挽回我给国家造成的损失，挽回在人民群众中造成的不良影响。"

## 放弃悔过食苦果

　　马国孝，原任新疆维吾尔自治区高等级公路管理局总会计师兼财务处处长，2004年因受贿罪被判处有期徒刑八年。这是他在一次党员干部警示教育大会上的"现身说法"。

　　"此时此刻，当我讲述自己犯罪的经历时，内心感到无比的羞愧与自责，我痛恨自己经不起金钱的诱惑，从一个受人尊重的处级领导干部沦落为阶下囚。如果时光还能够倒流，如果选择还可以重来的话，那我绝对不会触犯法律走到今天这一步。宁可日子过得再清贫，我也不愿失去人生最宝贵的自由。

　　"每当夜深人静，我躺在监舍的铺板上思绪万千。自己作为一名受党组织培养多年的国家干部，竟然可悲地做了金钱的俘虏。究其原因是自己放松了思想改造，法纪意识淡薄，受社会上贪图享受错误思想的影响所致。我总觉得自己辛辛苦苦工作了几十年，日子过得很寒酸，尤其看到人们穿着名牌服装，经常出入高档酒店，内心就会严重失衡，想着如果自己和他们一样潇洒那该多好呀。由于自己的内心世界开始腐化堕落，因此在人际交往上必然会放松警惕，根本意识不到别有用心的人与自己套近乎交朋友是怀有不可告人的目的。

　　"害我走上犯罪道路的是一个建筑老板，他承接了新疆一段高等级公路修建之后，存在着结算工程款的问题。老板看中了我这个掌握资金大权的财务处长，通过咨询业务、没事拉家常、请吃请喝等惯用的手法与我结交成为好朋友，最后发展到了每次见面都以兄弟相称。有一次这位老板请我吃饭，席间他从提包里掏出20万元现金塞到我的怀里，动情地对我说：'大哥，我看你家里的条件不怎么好，孩子马上又要上大学了，这算是当弟弟的一点心意，纯属咱哥弟俩的个人交情。'面对这笔巨额现金，当时我的心里非常紧张，我知道他和我们高管局有经济业务关系，收了他的钱就等于是受贿，但到了嘴边的肥肉哪能轻易吐出去，我抱着天知地知你知我知的侥幸心理收下了这笔钱。

"道理很简单，对方出于我家境比较清贫而提供经济上的帮助，那么社会上比我家困难的人多得是，他怎么不给钱资助呢？为什么偏偏看中了我？还不是因为我手里拥有掌管财务的权力。俗话说无利不起早，对方作为商人，赔本的事他绝对不可能去做。当时自己就没有去想这个简单的道理，实际上也不愿意去想，关键是自己膨胀的私欲在作怪。

　　"其实，我曾有过改正自新的机会，却被自己一次次放弃了。资助我钱的老板与我们财务处的同志因结算工程款发生争执，而且态度恶劣得令人吃惊，我当时就意识到他这样有恃无恐，就是因为身后有我这个财务处长作靠山。回到自己的办公室，我就产生了把钱还给他的念头，但最终还是没有舍得，这是失去的第一次机会。第二次是自治区领导在全疆交通系统干部大会上讲，不管是谁收了人家的钱，现在主动坦白上交，组织上一律不予追究。当时我的思想斗争非常激烈，也想着把钱退了解脱自己，但又怕一旦上交了会给自己产生负面影响，最后还是放弃了这次极好的悔过自新的机会。

　　"往事不堪回首，但又不能不回首。自己之所以走上犯罪道路，是有一个必然的过程。我调到自治区高等级公路管理局工作后，看到每年有十几亿的公路建设资金由自己管理、调配，深感责任重大，我下决心要干好工作，做一名清正廉洁的好干部。我把洁身自好一辈子作为自己人生的坐标，在资金管理、调拨、会计核算上都组织得规范严密，得到单位和上级部门的一致好评。但后来在荣誉面前我开始陶醉了，放松了世界观改造，组织生活很少参加，自己的思想渐渐发生了质的演变，最终导致自己执迷不悟，滑向了犯罪的深渊。

　　"我之所以愿意在这里剖析自己的犯罪经历和思想根源，就是想让在职的国家公务人员吸取我的教训，珍惜自己的工作、家庭和所拥有的自由，踏实走好人生的每一步，千万不要为了达到自己的某种欲望而触犯法律，否则下场与我同样可悲。我现在唯一的出路只能是接受改造，彻底洗涤自己的丑恶灵魂。"

## 自由生命金不换

　　魏光前，甘肃省兰州市连城铝厂原厂长，曾获得全国"五一"劳动奖章，享受国务院特殊津贴。2000年4月26日，魏光前因犯贪污罪、受贿罪被一审判处死刑；当年9月，甘肃省高级法院二审维持原判；最高人民法院复核后，以一审判决、二审裁定认定的事实不清，撤销一审判决和二审裁定，发回兰州市中级法院重审。2004年4月，兰州市中级法院以受贿罪、巨额财产来源不明罪判处其无期徒刑。

魏光前在其服刑的兰州监狱里表达了深深的忏悔之情。

"连城铝厂是个山沟里的企业,在市场经济的大潮中遇到了许多问题和困难,需要得到各级部门的支持和帮助。为了和有关部门搞好关系,我们也想了许多办法。如在改革开放初期,生活困难,物资紧缺,企业就购进一些东西,送给相关政府部门的工作人员,结果企业的困难和问题解决起来就较容易。这对我有了一些启发。

"再就是厂里招待客人,最初是'四菜一汤',后来要上酒,再后来一上酒不是五粮液,就是茅台。不仅如此,还要玩乐。为了使这些开支合法化,我们又进而设了'小金库'——给一些人送钱、送贵重物品,就是从这里开支的。

"这些在我的思想上或多或少地起到了潜移默化的作用,让我错误地判断为在市场经济条件下也许就是这个样子。

"在我走上犯罪道路的过程中,不能不提到一个人,他就是我的下属——连海综合开发总公司原经理徐光明(已被执行死刑)。他利用我们厂派他去广州等地搞经营的便利条件,勾结不法商人炒地皮,从中大肆谋取私利。在此期间,徐光明为了蒙我,从1992年到1994年,先后送给我人民币28万元、港币14万元、美金5400元。这些钱,有的我交到了'小金库',有的不能说清楚,反正我是接受了这些贿赂。现在看来,他当时送给我钱就是要堵住我的嘴。由于自己的思想已经开始蜕变,对于他的行贿行为没有足够的警惕,也就见怪不怪了。

"从1993年3月至1995年下半年,广东桂鸿实业总公司原经理潘某(被判处无期徒刑)在我去广州和澳门时,也先后送给我港币12万元、美金4000元。而在徐光明和潘某二人身上,我们厂实际损失的金额达上亿元。

"铝锭是市场的紧俏商品。在我当厂长期间,我给一些人批过铝锭。这些人为了表示感谢,就给我送来了14万余元。刚开始时,我推托不要,但招架不住一些人的轮番轰炸,如果不接受,我倒好像有点'另类',再加上金钱的诱惑,我就慢慢地坦然接受了。

"在看守所和监狱里,我已经度过了快十个年头的铁窗生活,曾被两度判处死刑。在等待最高人民法院死刑复核的日子里,我天天算计着自己还能活几天。每当监牢的门响起的时候,我都会想到是不是我的噩梦来到了。恐惧、无奈和悔恨都不停地在敲打着我,我极力回忆着从前那些自由自在的日子,那是一种怎样的享受啊!

"我的入狱,不仅害了自己,还毁了家庭,让老伴受到了连累,让子女失去了颜面而四处谋生,我的小儿子至今都下落不明。同时,也给企业造成了极大的损害,我的后悔是无法言表的。

"我走到这一步,主要有这么一些想法:一是我认为自己吃了很多苦,想着一旦从领导岗位上退下来,就没有了权,人走茶凉。所以,这种想法导致了心理上的不平衡。二是觉得自己在政治上已没有了升迁的可能,还是为晚年生活做点准备,到时候和老伴养老也不用看别人的脸色。三是想在退下来前给儿女们打下一个好的物质基础。如果自己在台上不给他们帮帮忙,害怕退下来以后会遭他们埋怨。四是自己在做这些事情的时候,总是心怀侥幸。自认为送钱、收钱都是一对一,神不知鬼不觉。可是当我被判以重刑,特别是面临死亡的时候,我才开始细细地品味'人为财死,鸟为食亡'这句古语,也才真正认识到:对于生命和自由来说,金钱的确不值一文。

　　"2004年4月27日,对我来说是一个难忘的日子——这一天,我由死刑被改判为无期徒刑。反思以往,不堪回首,后悔、痛苦五味俱全。我认罪服法,我要坚持用心理健康促进身体健康,用身体健康促进思想和劳动改造。我现在最想说的话就是:什么都比不上自由的可贵,我渴望着自由,我盼望着能早日回归社会,过平平淡淡的日子。

## 贪腐官员忏悔给出的警示

——狱中贪腐官员的忏悔如声声警钟,警示我们的干部手莫伸,伸手必被捉。

　　有人说权力是把双刃剑,既能发挥领导者的作用,服务百姓,又会导致腐败,危害社会,损害人民群众的利益。这话不无道理。应当看到,改革开放以来,我国经济之所以能一直保持着高速增长的态势,是与各级领导干部的努力工作分不开的,即俗语所说"领导带了头,群众有劲头"。但也必须承认,随着经济的发展,各种腐败现象日趋严重,除个案外,窝案、串案、案中案明显增多。

　　据报道,党的十七大以来,全国各地检察机关认真贯彻落实党中央深入推进反腐败斗争的重大战略部署,进一步加大办案力度,2008年1月至2011年7月,共查办职务犯罪案件121410件,涉案人员达157447人。其中,涉及县处级以上官员9335人,国家机关工作人员利用人事权、行政审批权、行政执法权和司法权等实施职务犯罪案件68171人;提起公诉94747人;法院作出有罪判决86684人。犯罪案件数量之大,涉案犯罪人员尤其是高级领导干部之多,令人触目惊心,喜忧交加。喜的是,党中央反腐倡廉,真抓实干,成效明显,让那些贪官得到了应有的惩处,民心受到鼓舞;忧的是,几年间怎么会出现这么多贪腐官员,这是查出来的，还有多少没有查出？

昔日人上人，今日阶下囚。法律就是这样无情。对此有人不解地问："那些服刑的贪官为什么放着'好岗位'、'高待遇'的好日子不过，非要贪污受贿呢？"不为别的，就是那些贪腐官员在牢里忏悔时常说的三个字："为了钱！"是钱把他们诱上了邪路，是钱让他们不择手段，是钱让他们蔑视法纪……真可谓入狱吐真言！从诸多贪官在狱中写出的忏悔材料来看，他们大多是"在岗捞钱不当事，锒铛入狱方醒悟"。

前车之鉴，当引以为戒。那些贪腐官员们的一篇篇忏悔书，就是一部部反面教材，一个个警世钟。

### 绝不让贪欲之念攻克第一道防线

从忏悔材料看，那些贪腐官员有一个共同点，就是一开始都没有搞腐败，都是扎扎实实工作，有的还业绩突出。但后来随着贪欲的膨胀，经不住金钱的诱惑，便踏上了贪腐之路。而其贪腐行为也是从"千里之堤，溃于蚁穴"开始的。正是贪腐"缺口"的不断打开、攻破，使一个个原本廉洁奉公的好干部，终因贪腐之水泛滥而毁了自己。

以受贿罪、贪污罪、巨额财产来源不明罪被判处有期徒刑18年的山东省齐河县财政局原局长任居孟，就是由"小贪"逐渐变成"大贪"的。据他交代，最初，刚刚上任不久的他，对那些送上门的金钱拒绝过、犹豫过、害怕过，最终还是架不住金钱的攻势，"常在河边走，哪能不湿鞋，既然湿了鞋，干脆洗个澡"，他就是这样说服了自己。从此他越陷越深，到头来，所得到的是法律的严惩。任居孟在悔过书中回顾自己从"湿鞋"到"洗澡"的堕落过程时说："这一切都是我的罪恶，现在想来，深恶痛绝、后悔不已。我犯的罪恶十分严重，都与金钱有关，关键是造成这些罪恶的根源不是金钱，而是我对金钱的偏爱……"

贪腐官员的忏悔说明，凡事都有一个从量变到质变的过程，贪欲如黑洞，腐败如吸毒，千万不要小看那"第一次"，有了第一次，就有第二次……面对诱惑，一定要做到手不伸，严守第一道防线。而要做到这一点，平时就要认真学习，加强思想素养，一点一滴打牢拒腐防变的思想基础，永远保持思想的先进性和纯洁性。

### "侥幸"是把贪官引向"不幸"的祸根

"侥幸"是那些贪腐官员忏悔书中的一个热门词汇。如被判处有期徒刑15年的湖北省恩施土家族苗族自治州委原常委吴希宁，他在忏悔书中说："必须警钟长鸣，不能有任何侥幸心理。不要以为别人什么也不知道，不要以为行贿的哥们儿会永远为你保守秘密，也不要以为自己有功劳、有能力就不会受到党纪国法的制裁，更不要以为组织上不会查！要记住，手莫伸，伸手必被捉。"侥幸心理的确是要不得。广西城投集团原董事长高平，就曾认为自己担任了9年的厅级干部，收点贪点组织上不会调查她。就是在这种侥幸心理的驱动下，她在犯罪的道路上越走越远。2011年4月15日，她被当地法院以受贿罪判处有期徒刑12年。

尽管人人都会说廉洁自律很重要，但侥幸心理常常使人作出不正确的判断，认为只有些小贪，不会出大问题，而一次、两次没事，胆子便大起来，时间一长，廉洁这根弦自然放松了，悲剧也就难以避免了。

事实说明，"侥幸"是"不幸"的祸根。心存侥幸往往会给自己埋下不幸，贪官受贿时会顾及行贿人口风紧不紧，其实，在贪腐"共生"的链条中，只有永远的利益，没有永远的朋友。杭州市原副市长许迈永在忏悔书里写道，每当行贿人给他送钱时，他总"心存侥幸地认为，自己所做的这些事是'天知、地知、你知、我知'，不会有问题"，结果贪心越来越重，侥幸心理最终使他锒铛入狱，追悔莫及。

记住，若要人不知，除非己莫为。现实生活中诱惑无处不在，若存侥幸心理，放松警惕，不幸就会不期而至。领导干部只有廉洁从政，始终保持如履薄冰、如临深渊的清醒，才能守住底线，清白人生。否则，以身试法，一时的"侥幸"便可能断送自己的人生。

### "盲目攀比"易把人生追求引向"钱途"

贪腐官员忏悔书中有四个字几乎人人都用，即"盲目攀比"。他们盲目攀比什么？概括地说，大体有两个方面：一是与上级个别领导和个别工作人员比。为了自己升迁，为了争取到好项目，为了取得上级的关照等，这些贪腐官员都不同程度地给上级个别领导和个别工作人员送过钱物，对方也基本是来者不拒。"他们能收，我为什么不能收？"这么一比，贪欲的胆子便大了起来。二是与一些企业的老板比。这些贪腐官员在位时同企业老板打交道较多，关系"密切"。那些老板"论文化水平、综合素质都不如自己高，但他们却能住别墅、穿名牌、开高档车。"这么一比，这些贪腐官员便觉得自己亏了，认为帮他们办事收点"好处费"是应该的，"不收白不收"。

正是这种盲目攀比的心理，把一些本还廉洁的官员引向了"钱途"，开始大把大把地捞钱。重庆市垫江县原常务副县长赵应明和其妻——忠县果业局原局长吴雪梅，本是一对清正廉洁、志同道合的人生伴侣，却因与那些有钱有势的人比钱财、比享受，对金钱产生了强烈的占有欲望，最终走上了歪路。一天，吴雪梅对赵应明说："当不上官，不如趁机捞些钱。"于是赵应明从第一次收受他人行贿的3万元开始，逐渐由小收变成了大收，结果把夫妻俩都收进了监狱。对此吴雪梅追悔莫及，嚎啕大哭："是我害了老公……"

这个案例进一步说明，作为政府官员，守得住清贫，耐得住寂寞很重要，任何时候都不要盲目与他人比钱财、比享受，否则就会心起邪念、脚走歪路，最终只能把自己得到的也失去了，落得个名声臭、钱财空。

### 酒肉朋友送的不是金钱是"纸钱"

那些贪腐官员在忏悔时,差不多都提到"交朋友要谨慎,那些送钱给物的酒肉朋友靠不住"。诚然,这些贪腐官员在位时交的朋友大多是企业老板、大款,平时大吃大喝靠人家花钱,自己办事靠人家花钱,就连自己"泡妞"、"包二奶"所用的钱也是人家掏的。然而,正是那些让他们"甘捞钱"、"吃白饭"的酒肉朋友慷慨解囊的"钱助",才把他们送进了监狱。正如贵阳市原市长助理樊中黔在忏悔书中所写的:"我是被这些房地产开发商用金钱做成的轿子抬进监狱的。他们哪是朋友哥们儿,全都是要我给他们推磨的小鬼。平时他们是屁颠屁颠地围着我转,给我送的不是金钱,而是纸钱(冥币)。"

因受贿被判了3年有期徒刑的原天津市信号厂科长范利民,痛苦地忏悔道:"我恨那些给我送礼、送钱的朋友,是他们用钱买走了我的权力,买走了我的良心。他们求我办事时,甜言蜜语,把我捧上了天;等我出了事,没有人站出来为我说话。我进来了,他们都在外面偷偷地乐,不知道他们又在给谁送钱。"不过,他有一点没弄明白:你出了事,"没有人站出来为你说话",纯属正常,因为按照钱权交易的"潜规则",对方用钱买了你的权力,交易就已完成,自然货银两讫,不再有瓜葛了,"朋友"情义自然也就没有了。

在中国《反腐白皮书》中写有这样一条反腐倡廉的成功经验:"坚持标本兼治、综合治理、惩防并举、注重预防的方针。"所以,党员干部,特别是领导干部,应该以那些贪腐官员的忏悔教训为戒,以拒腐防变的实际行动贯彻"惩防并举、注重预防"的方针。与其像文强、樊中黔、任居孟那样入狱后痛心疾首地忏悔,不如防微杜渐,扶正自己的心,管好自己的手,时时刻刻都坚守"明明白白干事、清清白白做官"这一信条。

### 【教授点评】

明代诗人于谦曾在《石灰吟》中写道:"千锤万凿出深山,烈火焚烧若等闲。粉身碎骨浑不怕,要留清白在人间。"作者以石灰自喻,表达自己为国尽忠,坚守节操的决心,古人尚且如此,今人又何当不为?然而,随着社会的发展,内外因的共同作用,现实社会中出现了种种不和谐的现象。腐败,是一个沉重的社会话题,一种让人民群众恨之入骨的现象。一起起腐败大案让大众触目惊心,多少社会精英、人民公仆倒在了腐败这条战线上,为了私利无视生命、无视集体利益,中饱私囊,最终断送大好前程,成为历史永远的罪人……

综观"贪渎档案"中落马的官员，无不是辛辛苦苦地从基层靠自己的努力，最终打拼出良好的局面，获得社会的认可。然而面对逐渐膨胀的私欲和行贿者的诱惑，在公与私、是与非的博弈中，最终欲望战胜了理智，让手中的权力成为了满足自身贪念的手段。每个贪污渎职者都是从最初的战战兢兢、谨慎小心发展到后期的利用手中权力为所欲为，把党性、道德、法纪都抛之脑后，只认得金钱和权势。殊不知，天网恢恢，疏而不漏，违法违规之事早晚会败露，贪污渎职者必然会为自己的行为付出代价，断送自己的名誉、前途和家庭。而面对法律的制裁，贪污渎职者无不含泪铁窗，回忆往昔岁月，懊悔之情溢于言表，可惜亡羊补牢，为时已晚。

"追忆往昔空伤怀，时过境迁泪满襟"，众多落马官员在法律和牢房面前开始悔悟：权力再大，也是党和国家给予的，不应当异化权力为满足自己私欲的手段；面对行贿者要顶住诱惑，坚持原则，时刻保持头脑的清醒，慎用权力，切忌权钱结合；清正廉洁问题上，要警钟长鸣，时刻警醒；铐锒入狱、身陷囹圄，才感悟愧对父母的养育、妻儿的付出，才明白自由、尊严、平安和健康才是人生最重要的；含泪铁窗，守着头顶寸方天空度日，方知金钱名利都是过眼云烟，生不带来死不带去，只有自由和生命才是最可贵的；不矜细行，终累大德，做人做官要坚守信念，树立正确的人生观、价值观和世界观……

"以史为鉴，可以知兴衰；以人为鉴，可以知得失"，诸多落马贪官的真心忏悔也在警示国家机关工作人员切不可"一失足成千古恨"！而是应当时刻保持自己的党性修养，把国家利益和人民利益放在首位，全心全意为人民服务。一方面国家机关工作人员自身要加强学习，不仅包括专业知识的学习，还包括法律知识、党纲党纪的学习；另一方面国家要加强对机关工作人员个人思想道德素质的培养，通过提升其个人修养，帮助其树立正确的价值观、人生观，让腐败失去存活的温床！此外，国家要加强对贪污、渎职等腐败行为的打击和惩罚力度，将反腐败作为一项持久的、制度化的工作安排。这样内外夹攻，必将使反腐败工作进入一个新的阶段！

"欲治其国者，先齐其家；欲齐其家者，先修其身；身修而后家齐，家齐而后国治，国治而后天下平。"国家机关工作人员是国家和人民利益的代言人，其重要性不言而喻，保证国家机关工作人员的清正廉洁任重而道远！作为一名"公务员"，要时刻谨记自己的职责和立场，切忌陷入迷途，最终落得个"追忆往昔空伤怀，时过境迁泪满襟"！